海子评传

第五版

燎原 著

广西师范大学出版社
·桂林·

海子评传
HAIZI PINGZHUAN

图书在版编目（CIP）数据

海子评传：第五版 / 燎原著. --桂林：广西师范
大学出版社，2023.4
ISBN 978-7-5598-5728-6

Ⅰ.①海… Ⅱ.①燎… Ⅲ.①海子（1964-1989）—
评传 Ⅳ.①K825.6

中国国家版本馆CIP数据核字（2023）第018699号

广西师范大学出版社出版发行
（广西桂林市五里店路9号　邮政编码：541004
　网址：http://www.bbtpress.com）
出版人：黄轩庄
全国新华书店经销
广西民族印刷包装集团有限公司印刷
（南宁市高新区高新三路1号　邮政编码：530007）
开本：920 mm×1 230 mm　1/32
印张：14　字数：240千
2023年4月第1版　2023年4月第1次印刷
印数：0 001~5 000册　定价：78.00元

如发现印装质量问题，影响阅读，请与出版社发行部门联系调换。

第五版前言

燎原

《海子评传》此前共有 4 个版本。

首版本《扑向太阳之豹——海子评传》，2001 年由南海出版公司出版。

第二个版本《海子评传》（修订本），2006 年由时代文艺出版社出版。

第三个版本《海子评传》（二次修订本），2011 年由中国戏剧出版社出版。

第四个版本《海子评传》（最新修订版），2016 年由作家出版社出版。

从以上的版次信息可以看出，首版本之后的 3 个版本，都是以每隔 5 年的时间节奏，对前一个版本的修订和升级换代。

之所以会出现这种现象，是因为每一个 5 年出版合同到期后，同一版本的评传也基本脱销，所以又有出版社联系我再版。但最初书写这部评传时，由于各方面的条件限制，对于海子本人及相关的周边信息,当时很难悉数掌握,而随着这部评传出版后的某种"激活"因素,又有重要的信息出现,包括最初心有顾虑的相关人士主动提供资料。而每一个修订版的出版,又都是一次新的信息打开和涌入,如此再一再二再三,既促成了这部评传的不断丰富,也构成了必须再修订的前提。这种"必须"还在于,当某些关键性信息植入后,原先的枝节性信息便需要淡化或删除;其次,则缘于时间迁延中感受力的深化,要求我必须做出新的表达。因而在后面的版本中,我都一次又一次地施行了大规模的"手术",即使内容更为丰富翔实,也使表达更趋结实精确。从某种意义上说,这部作品也是时间之手和我自己共同打磨而成。而这种打磨,到第四个版本为止,我认为已经完成。

所以,现在的《海子评传》(第五版),除了这个《前言》和正文中局部文字的调整外,基本上再无变动。

最后要说的是,在近年来的诸多诗歌活动中,我不时听到一些新见面的业内人士,包括现今风头正健的教授、副教授们向我提起,说他们上大学时或在高中时代,即已读过《海子评传》。这让我突然想到,从这部评传的首版本到眼下的第五版,转眼间已是20年的时光。就此而言,它也算是在一代甚至两代人的阅读史上,留下了记忆的一部书。而在20年的时光中,一部书能由5家出版社接力性地相继出版,这无论怎么看，都像由各种合力促成的一个奇迹。

　　谢谢奇迹。

2021 年 4 月 22 日

于威海蓝波湾

首版序言

西川

海子并不需要一部《海子传》或《海子评传》,他的生命已经转化为他的诗歌,他因他的诗歌而长存于我们的记忆。是我们需要一部海子的传记,以便使我们自己确信我们就在他的身边。曾有人建议我来写一本《海子传》,但我自认为不是海子合格的传记作者:最明显的事实是,对于海子,我无法做到客观,这意味着我可能会无限夸大我能够理解的海子的部分,而忽略了我不能够理解的海子的部分。在过去的这些年里,我也接触过几位自告奋勇要为海子立传的人,但我不得不说他们并不适合从事这项工作:他们有一种通病,即关心自己胜过关心海子;他们错把海子当成了他们自我幻觉的载体。作为海子诗歌的读者他们或许合格,但作为海子传记的作者他们由于缺乏对于传主的识见而存在致命的问题。更有甚者,个别人甚至因为自己有了为海子作传的念头或打算,便觉得对我拥有了某种权力,这令我反感乃至厌恶。1997 年

4月,曾有一位长沙的小姐因欲作《海子传》而要求与我见面,但她又在信中事先警告我:"你我不妨先各自做好话不投机的准备,老实话总是不大好听。"我不知她为什么觉得对一个她从未见过的人有说这种话的资格,也不知她有什么"不大好听"的实话要对我说。我自知没有权力代海子选择其传记作者,但我有权力选择是否要与某位海子的准传记作者合作。我对只想为自己的冲动、狂想、开悟、心得作传而并不真想为海子作传的人根本毫无兴趣。既然海子是我的朋友,那么在我这里,海子就决不可以被冒充。所以对于那位长沙小姐,我干脆回信说:"我们不必见面。"

海子是一团火、一颗星,但仅只了解这一点并不能写成一本有关海子的书。像为任何人作传一样,为海子作传的人也必须做大量脚踏实地的工作,包括阅读那些构成海子精神背景的书籍,对现成的材料进行细致地比较和分析,寻找并发现线索,对一些当事人进行采访,甚至进行必要的实地勘察。一句话,这其中有一部分属于十足的学术工作,不是个人冲动、气功幻觉或自我期许所能够代替的。也许海子是一个拒绝分析的人,但海子的传记作者可能不得不违逆海子对分析的抗拒。唯其如此,海子才能脱离那种常见的囫囵吞枣式的颂赞而对真正的研究者构成考验。然而,在海子的研究者中囫囵吞枣式的颂赞比比皆是,例如他们可以在对《罗摩衍那》《奥义书》《摩奴法典》等为海子所迷恋的印度古代圣典一无所知的情况下称扬海子从古印度文化中获得了伟大的滋养。据我对印度文化的了解，海子显然并未接受印度人的相对精神和时间观念（否则他不会进入死亡加速度的语言程序），他诗歌中的杀伐幻象也与印度人的杀伐幻象貌合神离（印度人的杀伐幻象不是焦虑和绝望的产物）。但看来一个真正的印度对于海子并不重要，重要的是海子需要一个属于他自己的印度，他需要这样一个印度向他投掷宝石和雷霆。海子有一种高强的文化转化能力，他能够随时将自己推向或者存在或者不存在的远方，与此同时，他又能够将这或者存在或者不存在的远方内化为他生命本质的一部分。当他说"这就是独眼巨人的桃花时节"时，我们不会联想到希腊神话，我们觉得这里的"独眼巨人"简直就是昌平或查湾村里的一个怪物。那么，海子的研究者们应当怎样把握海子的文化转化能力呢？

我对那些读过几首中外诗歌、知道几段文人逸事、能够生搬硬套几个学术术语的所谓文学研究者嗤之以鼻。我尤其不能容忍他们将海子与西尔维娅·普拉斯、朱湘等人拉扯在一起。普拉斯、朱湘、海子都选择了自杀，就像鲁迅、沈从文、罗伯特·洛威尔都选择了活着。这后三位选择了活着的人有什么一致之处呢？所以海子之死并不需要从普拉斯之死或朱湘之死获得意义。海子是自足的，有能力的研究者自然懂得尊重海子的自足性。至于说到普拉斯，她是一位杰出的诗人，但与海子无关；而朱湘，只是一个有怪癖有形式感却缺乏创造力的人，海子强他一万倍。

很显然，拿海子与其他人进行简单的类比称不上严肃的研究工作。由于某些所谓的研究者在精神上达不到研究海子所需要的强度，在视野上不能接近海子的广度，在直觉上平庸至极，因而他们非但没能给海子一个准确的定位，反倒进一步暴露出：即使对他们用以定位海子的人物，他们也缺乏了解。海子生前曾写过一篇短文《我热爱的诗人——荷尔德林》，于是每一位讨论海子的人便都会按照这一路标找到荷尔德林。本来他们应在荷尔德林面前多少有些茫然无措，但他们恰好读到了海德格尔论荷尔德林的文章，于是他们便以请荷尔德林的名义请来了他们更加一知半解的海德格尔。不管海子如何是一位行动的诗人，他都被海德格尔现成的"思"的夹子所捕获。海子的研究者们觉得这一下为海子找到了一处安全的小屋，没想到海子转眼之间便在墙上掏出个洞，溜向了有篝火的地方。到头来海子还是海子，海德格尔还是海德格尔，荷尔德林还是荷尔德林。

我不否认海子与荷尔德林有一些重要的相似处，所以我在阅读斯蒂芬·茨威格《与魔鬼作斗争》一书中有关荷尔德林的章节时想到了海子：

　　回归和向上是他心灵追求的唯一方向，他从不渴望进入生活，只想超越生活。他不了解，也不想了解任何与世界的联系，即使是在斗争的意义上。

　　因此我把他的伤感称为一种莫名的陌生感，一个在天堂外迷路的天使所具有的悲伤。

　　荷尔德林恰恰不是根据重力、色彩，这些具体化的手段来选择语言，而是根据飞翔力、离心力这些抽象化的载体，这些载体将诗人从低等世界载入了高等世界，载入了激情的神性世界中。

　　我在此只是有选择地摘引了几段茨威格有关荷尔德林的并不算十分精彩的文字（出于种种考虑，我把茨威格那些更精彩的文字留给读者自己去寻找，去阅读。此外我还想再次提醒读者，任何人对荷尔德林的任何评述都不应代替我们对海子本人的深入阅读），但仅从这几段文字中，我们已能看出一个好传记作家、研究者对于传主所做出的直取本心的努力。

所以，当我读到下述论及海子的文字时，我无法不为之心动：

一个诡谲的野孩子突然发傻般一念如电的心灵悸动，使我们由庞杂的文化沉积和最基本的生命天性组合的复杂的情感经验，被这旁门斜出的一念之电打个正着，竟也因此而"无端地想哭"！

正是这种不外溢的"羞涩与温柔"，截高了他内心的情绪水位，并掉转了其方向，使他将其完全用之于诗歌的创造。

海子……一直向西，开始了途经古巴比伦、阿拉伯、耶路撒冷、古希腊，最后直到古埃及的飞行。如果我们把埃及的金字塔比作一部隐形的天梯，海子的飞行器则到此拉起闸杆垂直通入太阳。

这些虽未将海子带入考辨，但却对他做出了准确描述的、充满灵动的文字出自燎原的《海子评传》。燎原的文字我以前读到的不多，但他写于1989年11月的有关海子与骆一禾的文章《孪生的麦地之子》却给我留下了深刻的印象。那篇文章帮助许多有劲没处使的血性青年抓住了海子诗歌中的"麦子"

意象，并由此在他们自己的诗歌里大面积地"种下麦子"。通过那篇文章，燎原表明他对海子有一种血亲般的理解，或者说他以自己的精神呼应了海子的精神。他直入生命的写作方式推开了迂阔的理论定说，使得他居然能在只读到海子的《土地》和那些被收入《海子、骆一禾作品集》的有限作品的情况下，对海子做出准确的判断（附带说一句，南京出版社1991年版《海子、骆一禾作品集》的编者周俊、张维从未获得过海子、骆一禾作品的授权。该书所收海子、骆一禾的作品多有讹误）。

我们可以把燎原的《孪生的麦地之子》一文视作这部《海子评传》的前奏。经过对海子全部诗歌的反复阅读和研究，经过对有关当事人多方寻查和采访，燎原写成这部充满激情和力量的《海子评传》，其本身便是一部行动之诗。这是一部有意义的传记，半是"招魂"，半是考辨。它邀请我们"浴火"，它邀请我们经历奇迹；它将海子那幻象汹涌，实体毕现，有时噼啪作响，有时杳渺寂阔，同时又将火光飞溅、速度骇人的广大世界推展于我们面前。不仅如此，在这部评传中，燎原还将海子置诸一部有待重新发现、重新认识的诗歌知识谱系，使我们得以在广阔的历史背景中重新品读海子独异的写作。依然是不仅如此，在这部评传中，燎原还将海子置诸中国20世纪80年代特殊的时代写作环境当中，寄托了我们对于那个时代、那个时代亢奋的诗歌创造，以及那个时代行色匆匆的种种人物的持久怀想。

在这部评传的写作过程中，燎原曾多次与我通电话并曾就一些问题与我面谈。我之所以特别提到这一点，就是因为我由此了解到他的责任感和耐心。他给多少人打过电话、与多少人做过交谈以便核证事实与材料我不知道，但通过他的工作，一些有关海子的情况得到了澄清。例如，我曾以为海子在生命晚期反复写到太平洋，是其将幻象挥霍到极限所致，是其生命解体的征兆；但燎原给了我一个全新的解释，令我恍然大悟：太平洋之所以涌入海子的诗歌与他所念念不忘的B渡海跨洋远赴异国有关。这个形而下的信息加深了我对海子绝望感受的理解，它也再一次印证了许多诗人、作家、思想者指出过的一件事：任何绝望都是渊源有自，任何想象、幻象都不仅仅出自形而上学。当然，我对燎原有关海子诗歌与生平的个别结论并非没有保留：在本书第八章第一节中，燎原认为海子那些写到西方古今诗人、作家、哲学家（萨福、荷尔德林、梭罗、波德莱尔、托尔斯泰、卡夫卡、马克思、维特根斯坦、马雅可夫斯基、叶赛宁等等）的零散短诗，都应像《献给韩波：诗歌的烈士》《水抱屈原》和《但丁来到此时此地》一样被归入《太阳·语言》一部，否则"它们在海子的短诗中显然太突兀，缺乏一种对中心事件或背景的依傍",但我宁愿相信那些零散短诗与《太阳·语言》无关。那些诗多数是随手写下的,有太大的随意性,并不具备进入《太阳·语言》的建构性。我相信诗歌写作中的偶然现象,在海子身上,尤其如此。当然我并不想将我的这一看法强加于燎原和读者。

阅读这部《海子评传》,我心中涌起阵阵亲切、伤感和落寞。那个精干的小个子:大眼睛,戴眼镜,两腮胡子纷乱——他没有死去,正如他曾在梦中向我否定的那样。关注海子的人们通常了解海子与骆一禾晚期诗歌的内在关联,但是他们不太了解在海子和我本人诗歌写作的初期有过相互模仿的阶段。我们曾经共同油印过一册诗集《麦地之瓮》。燎原在本书中提到海子的一行诗:"秋雷隐隐,圣火燎烈。"他问道:"'燎烈'一词又何来?""海子决不认为自己有必要去遵循什么语法规则,讲什么逻辑道理……"但是,这句"圣火燎烈"却是海子从我的《雨季》当中借用去的。即使到海子诗歌创作的晚期,即使我们各自的写作方向已有所不同,我们依然关注对方的写作。在海子的《太阳·弑》中有一段《摘棉花谣》,那是我提供给他的(海子原想为这部诗剧取名《弑君》,骆一禾建议他去掉了"君"字)。提及这些往事,我不是想自高自卖,而是一种温暖自然来到了我的笔端。我们有一些公开的不同,更有一些秘密的相同,那便是我们友谊的基础。往事如歌，昔人不再，不再有这样的朋友，不再有这样的兄弟。我想起有一个夜晚，在昌平，他喝醉了酒，冲我嚷道："放开！放开！想怎么干就怎么干！要热爱胡作非为！"在他死后这些年里，每当我的创作走进死胡同，他那野小子的声音便响起在我的耳畔。

2000 年 2 月 4 日

目 录

一 | 春天，十个海子　　～～～　001

二 | "风吹在海子的村庄"　～～～　005

    1. 查湾：落日中的山岗　　005
    2. 你的母亲是樱桃，我的母亲是血泪　018
    3. 形形色色的造访者　　038
    4. 西川：安抚了逝者魂灵的《海子诗全编》　047
    5. 高河中学　　054

三 | 北京：大学时代　　～～～　061

    1. 三位安徽现代文人的背影　061
    2. 在古典哲学的黑暗王国　064
    3. 浩瀚夜空中的先秦星相　070

4. 骆一禾：朝霞派遣的使者　　　　　　　　077

四 | 烈日烤红的北方平原　　～～～　093

1.《河流》：从水中划上北方陆岸　　　　093
2.《传说》：北方心头难受的火啊　　　　101
3. 泅泳在《但是水、水》中的玄武　　　　110
4. 家园洪水中的龟王　　　　　　　　　　121

五 | 雨水中的草原与麦地　　～～～　131

1. 追随：高原腹地的三幅风景　　　　　　131
2. 欢乐、顽劣的先锋少年　　　　　　　　142
3. 学院派的技术主义时代与王　　　　　　153
4. 麦地：刀子割下的良心　　　　　　　　164
5. 诗坛上尴尬的"傻弟弟"　　　　　　　180

六 | 在昌平的孤独　　～～～　187

1. 昌平：没有回声的寂寞　　　　　　　　187
2. B·阳光灿烂的初恋　　　　　　　　　196
3. "我的琴声呜咽　泪水全无"　　　　　202
4. S·"对我有无限的赠予"　　　　　　217

七 | 大地上的放逐　　　　～～　229

1. 南方冬雨中的浪子叶赛宁　　229
2. 江湖水暖的四川之旅　　　　248
3. A与P：妹妹和姐姐　　　　　257
4. 在西藏：今夜拉萨河没有女神　264
5. "神的故乡鹰在言语"　　　　276

八 | "七部书"：焚身于太阳的幻象　～～　289

1. "太阳七部书"的缘起　　　　289
2. "七部书"概要　　　　　　　299
3. "七部书"核心的太阳　　　　315
4. 诗学文论："七部书"之外的第八部　348

九 | 形而上死　　　　　　～～　365

1. 几个相关事件　　　　　　　365
2. 桃花的幻象和七份遗书　　　372
3. "适时而纯洁的死亡"　　　　391

十 | 后缀：一个备注和若干补充　～～　407

一 | 春天,十个海子

又一个春天了。春天大约从来都是不平静的。在 20 世纪这最后一个春天,一个名曰"北大西洋公约组织"的国际军事集团,分别从美洲和欧洲不同方向的天空围拢,把上万吨的炸药倾泻在巴尔干半岛一个叫作南斯拉夫联盟共和国的国土上;倾泻在城市的公路与桥梁上;也倾泻在地面逃难的拖拉机、驮骡、毛驴、儿童、妇女,以及鲜花开放的原野上。一片又一片的火海中,从大地上炸起的泥土如同黑色的鸟群发出痛楚的尖啸……这是开始于 1999 年 3 月 24 日,人类正在眺望 21 世纪曙光之时的大轰炸,此时的人类正以他天真的乐观主义,急于拥抱新世纪幸福的曙光。

但是,"你所说的曙光究竟是什么意思"?

当不长记性的人类把某个人对于这一世界的自动退场视

作不可思议的行为，并在历经诸如此类的种种暴虐后，仍一再描述"活着"的美好，诗人则对此表示出根深蒂固的疑惑：是的，你所说的曙光是什么意思，"究竟"是什么意思？

1989年3月14日凌晨，诗人海子在黎明前的黑暗中以貌似的颠顶、茫然，在《春天，十个海子》一诗的末尾发出了这一尖锐的质疑。3月25日，他从自己所执教的中国政法大学失踪，当人们于3月26日再次找到他时，他已在山海关的一条铁轨上，与这个世界的卑污一刀两断。这一生命的隐遁是如此突兀、诡谲，仿佛是被上帝突然收回。而年仅25岁的他，则一定是从已经滚滚逝去的和即将滔滔扑来的世纪，看到和听到了我们不能觉知到的什么。10年后的1999年3月24日，当这个世界邪恶、残暴的周期性病毒通过一个多国军事集团毁灭性的轰炸再次发作时，正是他在那个春季离去的前两天。

现在，海子已得安歇。

这个创造了中国新诗奇迹的少年；这个从安徽故乡的雨水和村庄起步，从南方的水泽、河流、庄子、屈原、民间谣曲起步，走向干旱的北方、走向北方草地和青藏高原，又从精神文化上走向古印度、波斯、古希腊和古埃及等人类文明的源头，从埃及的金字塔登顶，直抵太阳的诗歌"王子"；这个在不到 6 年的时间中创作了包括诗剧、诗体小说、寓言故事在内的 10 部长诗，250 多首短诗，以及诗学文论的诗人——现在安歇了。在其故乡安徽省安庆市怀宁县高河镇查湾村，他的骨灰安歇于村庄北面丘陵上一片黑松林掩映的坟头里。坟头在春天四周疯长的植物中，显得略微有些寂寞。

这是 1999 年 4 月的一个下午。那时，我与海子的父亲查振全，安庆诗人李凯霆及其两个学生一共 5 人，站立在诗人的坟墓旁。

坟墓内的海子大约并不会感到寂寞，他正在收获着他预料中的一切：一个天才少年诗人以他诡谲的离去，留给这个世界持久的追念和猜测——有关他的铺天盖地的追念文章与诗歌，以及学术研究论文；一个时代的无数首诗歌中，涂抹不尽的"海子元素"……恍然一个海子、十个海子、无数个海子的现身。

的确，海子以如随神唤的倏然离去让世界感到茫然，也在离去之前神灵附体般地留下了神秘的预言，并使这一预言得到证实：

"春天，十个海子全部复活。"

二 | "风吹在海子的村庄"

1. 查湾：落日中的山岗

…………

五月的麦地上天鹅的村庄

沉默孤独的村庄

一个在前一个在后

这就是普希金和我　诞生的地方

风吹在村庄

风吹在海子的村庄

风吹在村庄的风上

有一阵新鲜有一阵久远

北方星光照耀南国星座
村庄母亲怀抱中的普希金和我
闺女和鱼群的诗人安睡在雨滴中
是雨滴就会死亡!

夜里风大　听风吹在村庄
村庄静坐　像黑漆漆的财宝
两座村庄隔河而睡
海子的村庄睡得更沉

　　1999年春天的4月,当我参加完一个诗歌会议后从四川成都启程,途经重庆、武汉这些人头涌动的南方大型城市,到达海子的故乡——安徽怀宁县高河镇查湾村时,顿然觉得我是来到了一个与世隔绝的空荡荡的所在。4月的查湾,是一个只有老人、妇女和儿童的村庄。男人们基本上都去了东南沿海地区和其他远方城市打工。查湾男人的传统谋生手艺是做小日用品或生产资料的批发与推销。海子的三个弟弟——两个已经成家生子的和一个已经做好成亲准备的,全都出门在外,与村庄中的其他男人一样,一年365天只有春节期间回家团圆。那么，这仍然是一片不能留住它的男人们的土地，仍然是一个用根深蒂固的饥饿，将它的男人们挤压向远方去闯荡的土地。

春天中独处于这个喧嚣世界之外的查湾，送走了它青壮男人们的寂寞的村庄，也是静谧而安详的。墨绿色的麦苗、嫩黄色的油菜花、紫云英田垅中嫣红的碎花、错落其间泛光的水塘、掩映在庄稼和野花中裸露出泥土本色的田间小径……在这样一幅田园色的组合中，春天把某种压抑的欲望，从村庄的四周一直引领向远处丘陵的脊线。而水田中偶尔可见的水牛和扶犁的村妇，则以舒缓而略显滞重的动作成为这座村庄的暗喻——所谓的家园，便是这样由女性、母亲、寂寞、滞涩和温馨构成的实体与气息。它千年之前或更遥远的《诗经》时代就是这么一副样子吧？这样的村庄，就这样寂寞而富有耐心地等待着它的男人们归来。而它的男人们也必将背负着这种目光，在异乡的城镇或贸易货栈，以自己的智力、坚韧、勤谨乃至忍辱负重，直至春节时兑换成交付给村庄中一个家庭的水泥、木料、马赛克贴面瓷片等翻建新居的建材，兑换成访亲串友时挂在自行车龙头上叮当作响的礼品瓶酒，也兑换成妻子儿女身上质地粗劣但款式新潮的时装。

"我们那儿的生意还是不太难做的啦"——男青年在交流中彼此这样用粤语谦虚地暗示自己这一年不俗的闯荡成果。

但你不清楚他们是否也曾用这样的粤语进过迪厅、洗头房、气氛暧昧的发廊。而只有回到他们自己的村庄，只有在一次深呼吸后吐尽了肺腑中积郁的铅油、煤粉和工业排放废气，从水塘和草棵中拔出的气流通过呼吸管道沉入丹田，他们一再表示已改不掉的粤语会顿时卡壳。他们会顿时浑身通泰地打个喷嚏之后再骂一声："操！城市。"田野的风，少妇的风，母亲的风，因着他们酣畅粗重的呼吸而使一座村庄感到殷实。

这样的村庄无疑是它远行的男人们永远的家园。然而，这样的家园只是在对于好日子微茫的期待中，延续着世世代代简单自然的生存。它不能想象自己会对什么形成一种召唤，也自然没有能力理解一位 10 年前出门远行，却以另一种方式归来的游子——

大地　盲目的血
天才和语言背着血红的落日
走向家乡的墓地

那是整整的一个 10 年。1979 年，查湾村查振全查裁缝家的老大，15 岁的查海生考取了中国的最高学府——北京大学。这个消息轰动了当年的安庆市，也是查湾村前所未有的新闻，曾为这个村庄带来持续不休的话题。而 10 年后的 1989

年春天,当已用"海子"这个笔名名世的查海生成为一抔骨灰被查振全夫妇捧回查湾时,则使查湾在疑惑、震惊、痛惜中萦绕着一层悲凉。这就是那个曾让查湾人羡慕、骄傲甚或嫉妒的查家长子?查湾这多少年来最有出息的一个孩子,因为什么想不开的事就这样走了呢?查家20多年供养的一个大学生,这个已成了中国政法大学教师的大文化人、查家的门面,一家老少5口的精神支柱,这个一直在穷困阴影中笼罩的家庭脱贫的希望,就这样成为一抔骨灰。查湾的乡亲们不知道什么是"背着血红的落日"的"天才和语言",更想象不出天才为什么要"背着血红的落日"并且是"走向家乡的墓地",而不是像这个村庄其他出门在外的男人那样带着温暖的钞票,回到家乡建筑新居?然而,父老乡亲又禁不住地陪着悲伤的查振全夫妇流下难过的泪——为这个家庭顶梁柱的折断。

接下来,查湾人也逐渐从外界传来的信息,知道了他们村上的查海生,是一个他们说不清楚的名人。

海子的坟墓,安置在查湾村北面约半华里地的一个乱坟岗上。这位"倾心死亡"的诗人,凭借着盲目而锐利的直觉,不但在他的诗歌中无数次地谈到死亡,并竟然多次预言了死后的归宿。"背着血红的落日/走向家乡的墓地",是他1987年在长诗《太阳·土地》中写下的诗句;稍后,他又在《太阳·大札撒》中写出了这样的预言:

在七月我总能突然回到荒凉
赶上最后一次
我戴上麦秸,宁静地死亡
这一次不是葬在山头故乡的乱坟岗

如果对这一谶言进行语气上的分析,那么,"这一次"之前他在自己内心指说过而未形诸文字的上一次,则正是"葬在山头故乡的乱坟岗"。

海子似乎早已选好了自己的归宿之地。他对这一地点的指说是如此清晰、具体,并最终与事实完全吻合。而这个乱坟岗在我看来,实在是一个能以最优美的乡村景致,给灵魂以迷醉的地方。它丘陵形高处约半个足球场面积的台地,是能够尽览四周村庄和田园景色的绝佳的观景台。而台地上由胳膊粗的、碗口粗的黑松以及刺槐错落间杂的林地,林地中蒲公英、雏菊和各种无名野花聚集的野生生机,尤其是当红亮的夕阳打来,又被黑松蓬勃的枝冠分隔成静穆的光栅,高枝上长久注视夕光变幻的归鸦偶尔的几声长啼……而正是这一切,给予一位富于诗性感应的少年诗人,以难以忍受的大地美色的折磨,并陡生与之合抱融化之念?"我欲乘风归去"——苏东坡写下这一词句时,不是在类似的难以言说的美色感受中，而做出追月飞升的致命表达？

少年时代的海子，我们不难想象他在这片山岗林地，为这村庄大地美色所召唤的好奇，心灵聆听天籁的迷醉。我们还能想象得出，当一千种心思涌现在这位富于感应力的少年心头时，村庄与大地情结在他心绪中的结定。尤其是在成为北大的一名学子和中国政法大学的教师、诗人后，他每次回家探亲时，在这片山岗林地黄昏中的心灵漫步。

夕阳映照着不多的几座坟头，也映照着青草地上几只撒欢的小山羊。明冥两界在同一个黄昏中，有着同样的孤寂，也有着同样的温暖、同样的安详。如果生命在某些时分有如小山羊无拘天性的撒欢，那么，死则是生命永恒的安详……那些安葬在这里的逝者，已成了这大地美色中的一个部分，并在这样一个位置上，永远地与这大地美色相守望。如此，死亡还是残酷、可怕的吗？

这时暮色渐渐浓重，眼前的村庄与大地，被由它释放的潮湿地气逐渐没收了明艳的色彩。这地气带着世世代代农夫沉积于其中的汗血，带着生命沤渍于其中的紫黑色的欲望，以及向灾难夺取收成的仇恨和肝胆沥血的碎块……也带着庄稼和植物腐烂的根茎，物质与欲望迹化的盐碱——这乡村大地上一切沉重的元素，向着天空上升。"黑夜从大地上升起"，"黑夜从大地上升起"！从大地上升起的黑夜击碎了生命短暂的欢乐。黑夜率领着死亡的洪流，率领着由人类、植物、庄稼、昆虫等等，每一渺小的个体以生命链的形式集合起来的生命的洪流，向着天空上升。在那些个麦子已堆进打碾场的夏夜，闪闪发亮的草杈以兴奋和仇恨的双重注入，在农民的手中翻动——"狗日的粮食"！这是中国农民由饥饿的胃和黏涩的汗在此时此刻的特殊表达。在那个五谷已全部装进了粮仓的秋夜，空荡荡的荒凉的大地则以农夫汗血被榨干的痛楚，在物质与生命循环链上派定了的追逐，睁开了阎王索命夺魂的独眼。一个饥饿的老人在新谷塞满肠胃的午夜死去。一个粗硕的壮年汉子在豪饮中，突然听到了来自体内血脉网络上一声沉闷的爆炸，脸上随之掠过一丝古怪的笑，接着随手中摔碎的酒碗倒在地上。那个夜晚，老鼠结队从水塘泅过，一只狸猫蹿上高大的枫杨树冠，久久不肯上架的大红公鸡最后扇起一片火光栽进田野，一瞬间无影无踪。

> 黑夜从大地上升起
> 遮住了光明的天空
> 丰收后荒凉的大地
> 黑夜从你内部上升

黑夜就是这样带着大地上死亡的洪流、欲望的洪流，带着生命盲目而笔直的原生力,咆哮着朝向天空仰冲。

海子短暂一生所致力的两个根本性的诗歌命题,一个是天空,一个是黑夜。

他在自己即将离开这个世界的1989年2月,写下了《黑夜的献诗——献给黑夜的女儿》这首短诗,其中有两对关键性的诗句,其一是"天空一无所有／为何给我安慰"——这里所表达的,是他以自己"太阳七部书"中有关太阳与天空的篇章,对"一无所有"的天空所做出的丰富诗歌造型,对他形成了安慰。第二对关键性诗句便是"黑夜一无所有／为何给我安慰"。它与上一对诗句所表达的是同一个意思,亦即他诗歌中对黑夜内部深刻而丰富的察识,远远超出了此前既有的诗歌边界,因而对他形成安慰。

所以,查湾村北这座山岗墓地,这座以柔和的弧线与村庄大地联结的平岗,当是海子诗歌中一个隐秘的核心,是他观察世界、倾听天籁、感应生死的一个观象台。正是在这个松林台地上,他感应了落日夕照镀上坟冢那抚慰灵魂的大安宁,看见了头顶宇宙河汉那些大星的熠熠烁烁,并谛听到了发自其间的秘语。当然,他更是在那些个五谷丰登新粮入仓的空荡荡的秋夜,以对于大地特殊的敏感,注意到了黑夜不是渐渐地从天空向着大地覆盖笼罩,而是相反地——"黑夜从大地上升起"。这个发现似乎让他突然看清了一个天机式的隐喻——从生命走向死亡是天地间最基本的法则，人类不但不应对此恐惧，还应平静地顺从。然而，高能量的生命，摄取了大地元气的高能量的生命，则会在进入死亡的黑夜之后，又黑夜一样的，再生性地从大地上升起。

从这个角度上说，海子应该怀着一种内心的骄傲，他在诗歌中一再地倾心死亡，"走向家乡的墓地"，正是认为自己属于高能量的生命，必然再生性地从大地上升起。

海子是提前回到了家乡的墓地。以一个人的正常生命时限来计算，25岁的他是缩短了生命三分之二的行程提前回到了这里。

依照查湾的习俗，"提前回来者"是不可立即入葬的，他的尸骨必须暂先厝置在墓地一个临时垒砌的小筑体内，直到三年之后方可入土。这一习俗，颇像是源自对土地的崇敬，未经过足够的土地上的摔打而入土，会导致某种排拒或冲突？所以，它又像是对"提前归来者"的一种关怀——必须有一个三年的时限以便相互熟悉，最终合抱为一，获得永恒的安宁。

1992年春天，海子厝置了三年的骨灰，在他早已预言了的故乡的山岗上入土安葬。松林青草中多了一个新的筑体——是的，这个坟头的确更像一个筑体，它由麻青色的大片石垒砌，水泥勾缝，高约1.2米，面积约一个方舟那样大小。除了坟头的黄土和草棵与其他的坟冢相同外，它敦实、整洁的石头筑体还留下了一个少年诗人更多的信息：从整体上看，这个筑体更像新疆帕米尔高原古丝绸之路上供旅人歇息的那种块石垒成的驿舍，或者是中国西部及北方草原上那些草原帝国时代遗留下来的石堡或石头城的微缩，使人陡然想到了那些头枕鞍鞯在落日与菊花中睡去的匈奴、突厥与蒙古族士兵——海子生前曾神不守舍地流连于那一空间和氛围，并为之魂牵梦萦。

而石头墙体上向内凹入的一个长方形石龛，则嵌入了两块藏传佛教的石雕佛像。这是两块各有铜盆大小的石像，一尊浮雕彩绘坐佛——似是青年时代打坐悟法的释迦牟尼佛像，宽大的杏黄色佛袍和斜袒的右臂、赭黑色的精瘦的面部，显示着这位当年迦毗罗卫国的净饭王之子身体力行，在菩提树下冥悟生灭真谛的苦行苦修；另一尊则为神态娴雅的绿度母。这两块石佛是海子 1988 年 9 月第二次游历西藏时，在从日喀则返回拉萨的路上于玛尼石堆中所选，背回北京后长期置放在他昌平政法大学的宿舍，自去世后由其父母带回老家，又嵌置在他的墓墙上的。石像上的彩绘颜料当由矿物质研磨调制而成，虽时隔十多年，且长期在露天栉风沐雨，但其金黄、赭黑、石绿三种主体色调的色泽却完全保持着原初的鲜亮饱满，仿佛真是澄明的圣光自内向外源源派生。

北方草原和青藏高原——这一在农耕文明之前展开的人

类最初的游牧文化形态,曾是海子怀着"在神圣的黑夜走遍大地"的诗人理想,多次漫游,乃至精神皈依之地。

对此,我将在后面专门论述。

海子墓前竖立的汉白玉墓碑最为醒目。墓碑正中竖刻的铭文——"显考查公海生子大人之墓"及左下的立碑者——查家三个后嗣的名氏曾使我深感诧异。它给人的直觉显然是一个家族的后人为自己逝去的长辈所立。而在25岁年龄上孤身离去的海子又何来称他为"显考大人"的三个立碑的子嗣?经询问海子的父亲,方得知这是出于乡俗的一种"假借"——三个立碑的子嗣是海子大弟和二弟的孩子。我在那一霎间突然感觉到时光的神秘莫测,它在某个时段似乎是蓦地戛然停顿了一下,又以射流状的运动做超量喷散,之后归入常态。而这三个当时年龄最大者不过三岁的童子,若干年后面对他们为之立碑的一抔黄土下陌生的大伯,不知会有何种猜想和感应——这大地上的滚滚人流无一不"怕过、爱过、恨过、苦过、活过、死过",然后真正寂然无声地汇入死亡的洪流,然而是哪些人,又凭着什么却在这大地上留下了他们的名字?

我想这个墓碑上还保留着查湾这个村庄的一些重要信息,首先是这一碑铭遵守传统习俗的严格规范性,以及行文中深厚的乡学功底。它在"查公海生子大人"中对海子本名和笔名的两全性表述，实在是超出一般现代文人思路的神来之笔。而"显考查公"，这种对于一个25岁的现代诗人古老的文牍性称谓，则又传递着一种宗族文化章制的遗风。

在墓碑凿刻的可解读为图腾的怪兽图案上，我还约略感觉到一种与屈原湘楚文化相泅渗的南方河流与湿地文化的诡异与神秘。这是两条自石碑的上方自上而下曳尾于石碑两侧的龙形怪兽。在各自断为四截的龙身间隔部位，对称地间杂以云纹图案，而自顶部向中心弯拱的兽头，则呈似龙而无角，似豹而无须的那种只可在《山海经》中看见的怪兽模样。中间的一丸红日，在双兽相向张开的嘴间悬垂，其上一黑色呈鲨鱼状的物体居于最高部位，不知是否玄鸟的变形？

总之，这是一些无法确切指称的图像，它们无疑来自上古神话和沉积在这片土地上神秘的原生文化。这些中国南方农耕土地上的神秘符号，与来自游牧高地两块玛尼石的奇特组合，使一座墓地在1999年的商业电子时代，显示出某种超然和难以理喻的谵迷。这个世界上的人大约都与谵迷有关，有的无神论者执着地走向自己的权力拜物教，有的享乐主义者则沉醉于大麻鸦片那种白日飞升的高潮体验。

而此刻，安歇于三尺黄土之下的这位谵迷的少年诗人，在由自己、亲人和乡土血脉合成的这一神秘意念中，与大地上古老的集体无意识相合抱。与收纳万物也派生万物的黑夜相合抱。

他在黄土之下环抱着永恒的黑夜。

而在查湾春天的清晨，泡桐无叶的枝冠上，一树雪青色的大花拔过村庄最高的屋脊，在清旷的天空怒放。

2. 你的母亲是樱桃，我的母亲是血泪

关于海子的生辰，我在《扑向太阳之豹——海子评传》（南海出版公司2001年4月出版）和《海子评传（修订本）》（时代文艺出版社2006年1月出版）中都这样写道："海子1964年2月19日出生于前边所描述的查湾。这个日期作为最基本的个人资料，标明在他的身份证上。但据其父亲介绍，这却是一个以农历记时的日期，也是早先的农村人常规性的生日记时方式。这样，海子的出生日期若以我国户籍档案制度规定的公历来记，当是1964年4月1日。"这个说法，我当然认为就是铁的事实。但在此后相继出现的有关海子研究的出版物上，对这个问题却众说纷纭，莫衷一是，甚至在同一个作者的笔下竟相互矛盾。比如在余徐刚的《海子传》中（江苏文艺出版社2004年出版），其封面勒口处关于海子的介绍为："1964年5月生于安徽省怀宁县高河查湾"，但在该书的末尾却有这样的表述："1989年3月26日，这天是海子的

公历生日。一大早……"对于这一矛盾的表述,我在书写《海子评传(修订本)》时并未特别在意,因为这部《海子传》几乎是一种接近小说的写法,并且其中众多的原始资料和理论分析,都来自我的《扑向太阳之豹·海子评传》,而作者却尽力把它们模糊成自己的原创。因此,对于这部《海子传》中的诸多表述,我觉得既不必特别当真,也不必特别计较。但是,其他人在这个问题上的不同说法呢?他们的根据又是什么?

在对这部评传做第二次修订的 2010 年 11 月 12 日傍晚,我拨打了查湾海子父母家中的电话,接电话的是查振全老人。当我再次核对这个问题时,查振全的回答却让我大吃一惊。他说:海子的生日是 1964 年农历 2 月 11 日。这件事,海子的母亲在去年县里办的诗歌朗诵会上,当着众人的面专门做了说明。我问:那么,海子身份证上的时间是怎么来的,他自己还不清楚吗?答曰:海子这小子他记混了。

所谓"去年县里办的诗歌朗诵会",是 2009 年 3 月 26 日,在海子去世 20 周年时,由怀宁县委宣传部举办的"中国·海子诗歌研讨会"。研讨会前我接到了邀请,其间海子的二弟查训成又数番电话催促,但我终因其他琐事未能成行。而海子的母亲在由官方首次举办的这个研讨会上特别说明此事,显然也曾多次遇到了大家对这个问题的询问,故而在这个研讨会上,做出这一郑重其事的权威发布。毫无疑问,一个人生日最可靠的知情者，并不是他本人，而只能是他的母亲。

那么，海子的生日按公历来记，便是1964年3月24日。到此为止，我想这个问题将从此不再成为问题。

海子的父亲查振全是1933年生人，其母操采菊小其父两岁。这样算来，海子出生时，其父已31岁，可以称得上是中年得子。然而，事实却并非如此，早在海子出生之前，查振全夫妇还曾生育过两个女孩。其中的老大长到两岁时，因疾病缠身而夭折；之后的老二更是短命，出生仅一天后便离开了人间。这样的情况，对查振全夫妇的精神打击可想而知。但自从海子这个男丁出生后，却鬼使神差般地扭转了查家的这一颓势。非但如此，查家的人丁竟以此为转折由衰而盛。随之，海子的3个弟弟相继出生，头碰头的4个男丁，与父母合成了6口之家。对此，笔者没有相关的理论予以解释，但农村人对此却有一个现成的说法，这就是这个孩子的命硬，和家族中的人命中犯克，而家族中亲属们的精气，遂独聚于这个孩子一身。事实果真如此吗？我不知道。但中国传统文化中大量类似于这种神秘主义的结论，却是来自对无数现象和规律的总结。

儿时的海子肯定不是神童，但又的确天资过人。查振全夫妇都是约略能识得些文字的人。据海子的母亲操采菊老人讲，当年家中时而有从亲朋邻里处借来的一些杂志画报，她得闲时便时常一边翻看,一边为身旁的海子"讲书"。大约是在海子三岁的时候,有一次她为海子讲完书后,海子第二天拿着那本《安徽文学》,给她指着封面上的第一个字,说这是一个"安"字。

这似乎并不能说明更多的问题,一个儿童对于陌生事物的好奇,人性都有的炫耀心理以及在大人跟前获得赞赏的满足,都会促成一个少儿的特殊表现。而操采菊在自己64岁的年龄上,仍能对儿子童年的这一表现记忆如昨,实则透露了她自己的青年时代,那种被沉重生活消磨了的、对于文化世界的向往与兴致。这是一位首次见面便能使人心头蓦然一紧的老人。她平静、茫然、浮着一层雾翳的眼睛,会让人感受到艰辛生活在她心理上的叠压,尤其是失去爱子巨大的打击,使她10年来仍走不出那一疼痛。老人身材不高,本来紧凑精干的身型因着这一精神变故,似乎背负着一重拖累。见面之后刚听完同行者的介绍,她便拉着我的手微微抖索着,并仰起脸端详了良久,似乎要在我的表情中找到海子在另外一个世界活着的见证。这一瞬间,我能强烈地感觉到她内心的亮堂,她知道海子仍活在另外一个世界——在距离查湾一个小时车程的安庆城,在安庆以北上百千米的合肥,在合肥以北更远更大的北京以及其他地方,她知道,自己的儿子一直活在那一广大世界的广大人群中。

而这些人，又偏偏都不在查湾。

当老人在我的表情中获得了某种信息后，只轻轻地说了一句："一看见你们我就心里发痛。"眼睛便随之潮湿。这是一位内心澄澈，有着极强情绪自制力的老人。在那一刻，我看到了她的眼睛似乎是被泪水洗过的本来的深邃，那是一种从遥远的内心世界集束而来的亮光，它温和、慎微、毫无锋芒却洞达明彻。难以委决的诉求冲动和冷静的理智控制——从她眼睛里传达出来的这复杂的信息，使人能确凿地感觉得到，艰辛生活经验赋予她的心灵的清澈和通达。

她是在控制着自己，她担心自己一旦启动后不知能否适时刹住的诉说，会耽误我此番要采访的"正事"。但她又的确怀有一种期待，期待外地的来访者能带来更多有关海子的消息。在20世纪90年代末查湾这个青壮男人因出外打工而几乎是走空了的寂寞的村庄，家里尽管仍有虽已分宅而居，却是关系融洽的儿媳和皮球一般蹦蹦跳跳的孙子不时过来走动，但老人的心思仍固执在她的海子身上。外面的每一个来访者，都会使她再一次感受到儿子在外面那个世界中的分量。而外面的每一次来访在寂寞的村邻中引起的好奇、猜测和艳羡的议论，更会使她体味出一种荣耀和慰藉。尽管村里人并不能理解儿子那个世界中的事情，但却会从这一系列来自外界的迹象中得出结论：她的儿子是值得她骄傲的。

是的，她的儿子干了这个村庄别的男人干不了的事情，虽然对于物质的关切仍是中国农民的最高关切，但在高河镇以至这个村庄相继出现混砖结构的房子，那曾经是梦中的建筑就这么触手可及时，却并没有人能像查家的海子那样，带回一种持久的荣耀。

这时乡亲们大约会依稀回忆起儿时的海子，那第一次让他们惊奇的表现——并不仅仅是依稀的回忆，而是至今仍被一些人提及的美谈——

那是在海子5岁那年，当时的高河公社革委会，在公社所在地的露天大戏台上，举办的一次毛主席语录背诵比赛。此时是1969年，中国历史上那场"文化大革命"已经开始了三年，这时正如火如荼地"从胜利走向更大的胜利"。而这一全面革除文化教育之命的全民大运动，在高呼"打倒""炮轰"的口号，书写和张贴铺天盖地的大字报的同时，它对全民族一个怪异的"文化建树"，便是义正词严的政治文化批判，被民间演绎为乡场艺术节的狂欢——县城里的文工团、京剧团又来演出雄纠纠的节目和样板戏，生产大队正在组建文艺宣传队，村里唱歌唱得很一般的刘红霞、二胡拉得稀松平常的陈卫东都被挑走了，他们现在还在挑人，下一个笃定便会挑到你——你不兴奋吗？天天有新鲜事，日日有热闹看，东边敲鼓、西边打锣，红红绿绿的传单天女散花般扑进你的怀里——

你不愉快吗?

要比赛背毛主席语录?行,"下定决心,不怕牺牲……"这不已经一条了?第二条?好!"革命是吃饭,不是写文章……"什么?错了?好,我再想想,"革命就是请客吃饭,不是画画绣花"……还错了?哎哟,咱这脑瓜偏就背书差点,不行了也罢,走,看热闹去。

装帧为64开、软红塑料套皮包装的《毛主席语录》,自1966年底公开出版起,在其后的近10年间,创下了全世界图书印刷发行数量之最。在20世纪六七十年代的中国,几乎每个家庭都有一本以上的这个"红宝书"。加上中间出版的开本更小装帧更精致的128开版本,许多城市人甚至一个人便拥有两本以上的这个"红宝书"。这个《毛主席语录》,加上稍后出版的同样开本和装帧的《毛主席诗词》,在当时以至"文革"结束后的若干年间,成为中国社会独一无二的语词词库,甚至于到了1999年的春天,我竟然还在海子曾执教的中国政法大学昌平校区的黑板报上,看到了以毛泽东两句著名诗词——"四海翻腾云水怒,五洲震荡风雷激"开篇的板报文章。而这本《毛主席语录》在"文革"10年中,几乎是中国农民唯一的文化识字读物。

……比赛已经开始,台下人山人海。主席台上,一个个参赛者轮番登场:一个、两个、三个……甲村的生产队会计,乙村的贫协主任，丙村的一个中学生，丁村的团支部女宣传委员……每个村的参赛者都是百里挑一，每个参赛者都有精彩表现。当大会主持人预报了查湾查海生的名字，观众们再次把目光集中过来时，却不见台上有人出现。相互间正待用目光询问，却听见一个童声已开始背诵："世界是你们的，也是我们的，但是归根结底是你们的。你们青年人，朝气蓬勃……"等台下的公众弄清了这个刚才就站在台上，而他们根本就没当回事的小毛孩就是参赛者时，不禁哄然一片笑声。"中国古代有个叫司马迁的说过，人固有一死，或重于泰山，或轻于鸿毛……"当参赛者已接连背下了30条语录后，台下开始是默数的公众，这时禁不住地数出声来："35……38……40……"声音越来越大，进而形成了类似喊"加油"的那种节奏，此时的观众与其说是在数数儿，不如说是在等待着目睹一个奇迹，"47——48！"台下哗地一片掌声。

36岁的查振全领着他5岁的长子查海生，一边与熟人打着招呼，一边不无昂然之态地在众人的围观中离去。

——30年后，高河中学一位家在查湾的中年教师在说起海子时，还眉飞色舞地为我描述了那使查湾人精神大振的一幕。但再问起海子的其他事情时，这个性格爽朗的教师却表示他不甚清楚，因为他是村上属于查海生叔叔辈的人。

海子的父亲查振全中等个头，略显瘦削的身体却有着骨骼中向外勃发的那种苍悍甚至倔强。我们可以由此感觉到他极强的个性和自尊。这种个性，与他同邻里关系相处中必须恪守的中庸规范相中和，使他在中规中矩的为人处世中决不轻易放纵自己的脾性。这脾性被克制在自己的骨骼中，顶撑成一种内力，即使以谦和、谦恭的形态出现在日子的艰难处——因难以度过的某些关节而求人，也不会有人敢于视其为懦弱，或施予居高临下的怜悯。当然，即使自家的日子再沉重，再艰难，他也不会在精神上被压垮。这是一个没有非分的奢望，没有腾达的欲念，也不做梦的人。他守着自己的家和园子，也谨守着"人活一口气"的普通庄稼人的人生信条，拖着自己的日子往前熬。

也大约是先天性的体质较弱，这又促使他学会了裁缝的手艺，成了一个乡村裁缝。应该说，这是与美，与巧思、慧心相关的一门手艺。但是，这一技能在查裁缝的生活中，只能最大程度地简化为一种养家糊口的手艺。这就像他极强的个性必须自我控制并被环境始终扼制在自己的内心一样。所谓的乡村，它山灵水秀的大地气息是诞生艺术和天才的地方，而从艰难滞重的形而下生存角度上说，它又是扼杀天才和艺术的地方。有多少富于某类创造天赋的人，都无一例外地被生存的沉重所消磨，其天才最终委弃于黄土而不得焕发。又有多少在历史上留名的人物,只有在走出乡村的外部世界,才获得了驰骋自己的天地!

父亲查振全独守内心的这种性格,无疑赋予了海子以血缘秉承。但父亲对于海子的重要性,似乎要弱于母亲对儿子的影响。这似乎与中国人对待子女教育上严父慈母那种自觉的角色担当有关。尤其是在农村,父亲似乎永远是严厉的,也永远是粗糙的。他能给予子女最有效的爱,便是让他们不会忍饥挨饿,让他们衣食有着。让他们在需要上学的时候,不致因家庭供养不起而失学;让他们在外边不受别人的欺侮而活得有精神。

在中国新诗史上的所有诗人中,没有一个人能像海子那样对粮食和胃给予了那么多刻骨铭心的书写,并把它钉子一样揳成诗歌中的词根。他坦陈自己沉浸于冬天,热爱着空虚而寒冷的乡村,"那里的谷物高高堆起,遮住了窗户／它们一半用于一家六口人的嘴,吃和胃／一半用于农业,他们自己繁殖"(《春天,十个海子》)。浸渗在这段诗句中那种气息性的寒冷荒旷,"谷物高高堆起"的来自饥饿的幻象,"一家六口人的嘴,吃和胃"的实写,使我们绝对不难想象,当年的饥饿留给海子的神经性的生理痉挛。

查振全至今仍患有无法根治的胃溃疡出血,并不时发作。而在骆一禾关于海子的记述中,也多次与吃和胃有关。诸如他在1989年《冲击极限》一文中写到的他与妻子去昌平看望海子时的情景："去年11月我去看他，他已经吃了四天方便面。"这些迹象表明，即使海子已成了大学教师时，他本人及查湾的家人生活，仍没有彻底解决"胃"的问题。

父亲查裁缝虽是手艺人，但这并不能如我们想象的那样，会有一些零星收入补贴家用。相反，在那个生产方式管制得非常严厉，动辄"割资本主义尾巴"的年代，这类手艺只能严格限定在农业生产队的一项"工种"上。亦即作为生产队专事裁缝活计的一个固定工，必须由生产队负责派工接活，他自己只管干。并且，由于这一活计被认为不是强体力劳动，所以他的固定工分要低于一般的壮劳力。这样，与妻子一起拖着4个天天要张口吃饭的小子，查裁缝只有凭着自己的心气来撑持起家的大梁。而除了心心念念于一家6口的衣食，他还能有多少心情与孩子们进行交流？

然而，当儿子那一背诵48条语录的惊人之举，使他感受到了一次扬眉吐气的滋味后，他也由此而突然对这个家庭的未来，看到了一丝自己原先不曾想象过的希望。而这个希望的实现者，便是他的查海生。他开始注意他的这个长子。几十年后，他用一种做鉴定式的简短语言，为我讲述了童年时代的海子——

海子自小个性强，孤僻，但人很斯文，从不和村里的孩子混在一起打打闹闹地疯。但他是孩子王（这对海子来说是一个重要的词），村上的小孩们都整天围着他转。因为他读小学时就开始讲小说，会讲《三国》《西游》和好多长篇小说。

问：那么，书从哪里来？你们家有这些书吗？

答：没有，借别人的。什么地方有书，他就往什么地方跑。看完以后又赶快还给人家，这样好再跟人家借。

而他对儿子"孤僻"的举证则是：海子喜欢独自一人在池塘边钓鱼，常常钓得饭都不回来吃。还有一个重要的举证，便是海子上了中学后，每次从家里返回高河镇中学，都不愿和别的孩子一起走。并且，老人进一步把这一性格特点与海子的自杀相联系。他突然很痛楚、很伤感地说，海子最后之所以走了那一步，主要是在政法大学时太孤独了——我当时去北京料理他的后事，一进他的那个房子就有这个感觉。

查振全老人很可能是凭着他大半生人世经验的直感，觉得儿子的那个房间太整洁、太空旷，太缺少过日子的那种烟火气。或者，还有一种说不清的感觉，这就是缺乏女性带给一个生活空间的那种温馨感和家的实在感。这种说法，和海子生前几个友人在有关文章中的记述相吻合：主人离去前这两间被打扫过的屋子"干干净净，像一座坟墓"（西川《怀念》）。房子绝不会因打扫得干净就像坟墓，西川之所以会有这个感觉，同样是因为其中强烈的空旷和沉寂。

但转入这个话题的述说时,查振全显然是把儿子的这种孤独归结为家境贫穷所致,他突然的伤感也是源自于此。

问:家里知不知道海子有女朋友,他给你们是否说过女朋友的事?

答:知道。海子有过女朋友,但从没有带女朋友回来过。那女孩儿的家是城市的,我们家是农村的,女孩儿的娘老子不同意,主要是嫌我们家里穷。

这个说法大约也可以在海子的诗中得到某种印证。他在《太阳与野花——给AP》这首诗中写道:

太阳是他自己的头
野花是她自己的诗

我对你说
你的母亲不像我的母亲

在月光照耀下
你的母亲是樱桃
我的母亲是血泪

我对天空说

月亮，她是你篮子里纯洁的露水
太阳，我是你场院上发疯的钢铁

在这里，海子以太阳、发疯的钢铁，和野花、纯洁的露水，表达了自己与女友的反差；而更为刺目的，则是双方母亲在同一月光下"樱桃"与"血泪"的强烈反差。这当然也是两个家庭家境的反差。

母亲对于儿子的记忆和描述则带有浓厚的感情色彩——海子自小就遭罪。上小学时，每次放学回家后一放下书包就帮家里干活，干完后就又急着读书，从来就没有闲耍过。上了中学海子开始住校，在学校吃食堂。家里穷，没钱买饭票，他是从家里背着粮到学校食堂入伙，吃杂粮、就家里带去的腌咸菜。可他还和小时候一样，星期六中午一放学回来，胡乱吃几口饭，就赶紧到生产队干农活挣工分。插秧、割稻、打稻……他那个年龄队里能派上的活，他都干，一天挣两个工分。

说到这些，操采菊本来是要表达儿子自小就懂事能为家里操上心的思路，又突然陷入酸楚。泪也跟着涌上眼眶。在她看来，儿子自小就在拼命报答家里，但家里却没让他过一天好日子，是这个家境亏了儿子。

但海子高中时的同班同学、现任高河镇中学教导主任何发贵的描述略有不同——主要是解释的角度不同。他为我们提供了关于海子的另外一些信息。

何介绍说,高河这个地区过去一直很穷,1960年前后曾饿死过不少人。到他们上中学时,这个状况仍没有得到彻底改变。干活吃饭仍是农民和农家孩子第一位的事情。即使到了20世纪70年代,农村人对孩子也并没有到了非让他上学不可的地步。所以,回家帮家里干活,到生产队挣工分,是所有农家学生都干的事。何说,在他的记忆里,对作为同班同学的海子没有什么特别的印象(譬如办黑板报,参加班队会上的文艺节目或班上的体育活动,等等)。只记得他是当时班上学习最好的几个同学之一,年龄和个头最小,性格内向,平时不多说话,人也很单纯,但不引人注意。

然而,关于海子的另外几件事,何发贵的记忆特别深。其一是读高中时文理分科的事。据何介绍(海子的父亲也谈到过此事):按当时学校的惯例,到了高一第二学期,学校就开始文理分科。何自己是读文科班的,而海子读的则是理科班——海子的理科成绩非常好。但此后学校考虑到报文科的太少,为扯平两者的比例,以增大高考率,又由学校老师做主,在高二的第一学期将海子转到文科班。我们也以此可以想见,海子文理不偏废的基础学业的扎实。

第二件事就是1979年的高考结果。那一年,他们班共有

3人考入大学本科,何发贵考入了安庆师范中文系,另一位女同学考入上海一所大学,海子的成绩最好,考入北京大学法律系。何发贵记得最清楚的是,那一年安庆地区的高考录取分数线是290分,而海子则考了370多。

第三件事是在1986年。当时何已毕业数年分到母校高河中学任教,寒假期间海子从北京回家探亲,曾专门到学校找何,请何关照在高河中学读初中的大弟查曙明。查曙明小海子3岁,两次高考不中,在高河复读了两年。1989年第三次复读时,查曙明因海子去世的打击从此结束了学业。其后,海子的三弟四弟都是念到初中毕业即回乡。

综合以上信息,我们大约可以为查湾时代的海子勾画出这样一个大致轮廓:

这是一个天资极高、家境贫困,因而也心气甚高、心思颇重的少年,并且在形而下的生存中,蕴含着诸多形而上的潜质。他儿时之不愿和同龄孩子玩耍打闹,又能吸引他们围着自己,正是一种智力"王"者的表征。当儿童天性中的虚荣在这种孩子王的形态中暂时满足后,他并不特别地以此为意,心思似乎放在了他自己也不清楚的更远的世界。而他之喜欢独自钓鱼,返校时不愿与他人同行的孤僻,也同样基于这一心理原型。

海子此后在许多事情上,都表现出不合群的"个"的特征,我们还将会在此后看到,在1986年由《安徽诗歌报》和《深圳青年报》举办的、引发全国所有先锋诗人争相参与的两报诗歌大展中,几乎只有他与骆一禾表示了缺席。而在1988年第二次去西藏时,他又中途与两位同行的友人分手,提前回到了北京。这种"个",无疑包含着人类生命中特殊的个体信息。一般来说,生命的世俗欢乐,无一不是以"群"的形式体现的,但"群"又使个体必须付出代价,它以对个体生命中那种最具光彩的个性元素的剥夺,使之获取群的接纳。极端地说,"群"就是对"个"的消灭,然后在它自己的价值分配体系上给予"个"以补偿,乃至超量的奖掖。这对一切富有独立创造性的个体,都是非常可怕的。而更为可怕的是那种不愿屈从的坚持,他最后的结局,往往是在巨大的冲突中自己崩溃。"群"把"个"的这种崩溃称作"世所不容",而"个"则轻蔑地反驳:你那个"世"究竟算得了什么!

而作为一个社会属性的人、乡村出身的农家子弟,海子心灵中那种最为激动人心的东西,则是那种朴素苦涩的"尽孝"意识。他似乎一生都在"尽孝",尤其是恍若获得了自己必然短命的暗示后,这种尽孝的速度和密度加大。自打有了基本的劳动能力后,他便在学业之余拼命地帮家里干活,以至以在生产队每天两分工值的微薄叠加,期冀着总体累积成果对于家庭境况的改善。他在成为大学教师后,即22岁的那一年,专门到母校高河中学,请在校任教的同学关照自己大弟的学业,这件事,已完全是一个长子对于其家庭对外事务的承担——而无论是从年龄和实际能力来说,这其实都有些勉为其难。

我们每一个人的生命是否都有命定的因素?那种尴尬的贫穷在被海子以诗歌转化为温馨的清贫时,他个人是否真的感受到过温馨?他获取知识的途径自小就是靠借书,"哪里有书往哪里跑"——这对于一个乡村少年来说当然并不意味着难堪,而及至成为一名大学教师,尽个人经济所能购买的大量书籍却不能满足自己的阅读量时,他的阅读仍处在那一"借阅"框架中。海子在昌平的友人苇岸在数篇怀念文章中都写到了海子的借书:"你从书架上抽出《斯特林堡戏剧选》,《红房间》和张承志的《金牧场》。你向我找考利的《流放者归来》……"(《海子死了》);"他看书的速度很快,每次我到他那里去,发现他正在读的必定是一本新书。有时他从我这里拿走一本书,第二天便会将读完的书送还"(《怀念海子》)。对于海子而言,这不光表明了一种阅读速度,更重要的,则包含了以守时、守信的信誉,求得借书渠道的流畅和周转量的扩大这样一层苦心。

在少年时代,海子能够看到的最有效的尽孝方式,当无疑是自己在学业上的出路。这也是无数农村穷孩子刻苦学习的根本动力。

在同时代的诗人中，只有形同兄长的骆一禾注意到了贫穷之于海子诗歌世界的意味，并将它作为探究海子诗歌的一种光源来指认。"在他毕业之后，他所收到的近百封家信里，都请他寄些钱回家，垫付种子、化肥钱和资助三个弟弟的学费。从信上看得出，他常以五六十元为单位寄回家去……他曾经给母亲写信说：'妈妈，今年我要发大财了，我写的好多东西就要发表了，都给咱们家……'"（《冲击极限》）——他用这种口吻说给母亲的这段话，很难不使人对他诗歌中有关良心、情义这类语词产生切肤的感受，并使我们确信，在一个诗人的语词系统中，那种由这位诗人注入了光芒的语词，必然有着其血液性的根源，它可以激活同时代的集体性写作，却不再于假借者的文字中放射光芒。

而这个将工资都用来买书和做寒碜远行，在日常生活中时常用方便面充饥的人又能发多大的财，有多少的积蓄呢？

1988年春节期间他回到老家，花500元为家里买了一台上海瑞金电讯元件厂出产的"星宇"牌14英寸黑白电视。这一他们家中当时最贵重的现代化产品，至今仍"有声有色"。

这一年春节后，他又带母亲到了北京。对于母亲操采菊来说，这大约是自儿子考上大学后，她便怀有的有朝一日能够靠近的梦想。辉煌神圣、天天都有国家大事发生的伟大、光荣的北京，它对乡村中所有无力走近它的百姓而言，都是一个神话。儿子在以雄伟的天安门城楼为背景的宽广的天安门广场上，为母亲拍了一个渺小的留影。在母亲返回时，又给母亲带上了300元。

这个春节前后的花销，是海子有生以来回报家里最大的一笔资金，并且，也为母亲尽了最大的孝心。之后不久，他便离开了这个世界。

谁也不会想到，海子对于家庭的最大回报，是在他自己去世的若干年后。1996年，西川向查家寄去了《海子的诗》一书的稿费7000元；1999年初，西川又寄上了《海子诗全编》一书的稿费共27215.70元。这两笔大数额加上海子刚去世后，其诗歌发表在报刊上的零星稿费（仍由西川经手转寄），已接近4万元。

现在，查家的家境已大为改观。家里已为成家的老二、老三在拆除了老宅的宅基地上，各自盖上了混砖结构的房子。两位老人和老四从老宅迁出，于1997年在村头盖了一院前边是两层楼，后院是拱脊型土木结构的房子。前院的楼房底层是老人开的小卖部，上层是为老四结婚准备的新房。不盖房子娶不来媳妇——老人告诉我。虽然盖房子仍欠了债，但查家的3个儿子已经长成，老人们也应该再无后顾之忧。只是，当这个家庭苦熬了几十年，至今一切基本上都安置停当时，他们那个自小就为此劳心应命的长子却没有了……

3. 形形色色的造访者

是的,他们的长子海子却没有了。但这并不是一个人去如灯灭,命断如烟散的少年。

一般而言,天才在自己的故乡总是寂寞的。这是因为,故乡的人和天才各自据有的心思相距太远。但故乡人却会根据外界的信息,对他们村上这个孩子的分量做出判断,这同样也是他的亲人、父母的判断依据。当这一依据在这个村庄形成共识时,对于外界信息的期待,就成了海子父母寂寞生活中的慰藉。

而10年来,就在它们这个遥远的、小小的查湾,总有各种各样的来访者,不断地注入这个村庄和家庭以信息——

安庆师范的一个大学生诗社,几乎每年的清明都要来这里扫墓,并在山岗墓地举行相关的诗歌活动。

许多未名的青年诗人和对于诗歌心怀敬重的文学青年,时而会从安庆附近或外省赶来——就在笔者1999年春天到查湾采访的前10多天,一个远在青海铁路局乌兰柯柯折返段工作的青年,千里迢迢地赶在清明节之时,来此扫墓凭吊。

在村庄四季变化的景色中,这些人们来了,走了;留下了对逝者的怀念，也献上了对生者的安慰。构成了寂寞村庄一幅流动的风景，也在海子父母的心中模糊成一脉暖流。然而，还有另外一些很难模糊的事情，在老人心中梗塞成别扭的记忆——

在海子去世第三个年头的1992年，家里来了一个名叫东君的青年。据海子的父母回忆，海子去世后，在北京参与料理了海子后事的西川曾来信关照家人，如果外边有人为海子的事来家中造访，希望能热情接待。我对西川这个意思的理解是，这是对老人出于事理考虑上的一种提醒。因为在他当时的设想中，前去海子家乡的凭吊者，应该都是珍重海子诗歌的人。而在当时的北京，关于海子的死及其诗歌某些阴暗的说法，正在隐隐约约的流布。那么，不言而喻的道理是，珍重海子诗歌的人，也无疑应是值得这个家庭珍重的。所以，无论西川的这个提醒是否多余，都表现了他作为海子的挚友，对这个家庭义子式的关照。

也就是在收到这封信不久，这个东君来了。其实当时收没收到西川的这封信，按农村人待人处事的一般方式，两位老人也不会冷落儿子生前的友人的。东君来自山东泰山脚下的一个地级城市，通信地址与一所小学有关——之所以这样表述，是因为海子的父母以及我，很难弄清他的确切情况，甚至包括他的名字。

东君来了，他称呼两位老人叫伯父、伯母，自称是海子生前的诗友，此行的目的一是看望两位老人；其二，也是最重要的——写一部有关海子的书。所以准备在这里生活一段时间。

我很难有什么证据，怀疑东君此行的这一目的和他的真诚。海子去世后，两位老人也很少能在老家见到与儿子生前有过交往的朋友。所以，一见到东君便立时勾起了对儿子的回忆，便难以自禁地悲从中来，潸然泪下。而东君比两位老人更加悲伤，先是陪着两位老人流泪，继而独自号啕大哭：海子不该死啊！

接着，东君就在家里住了下来。此间他要干的主要事情，就是翻看研究海子生前的藏书。海子生前大约购有2000多册图书杂志，去世后由其父母从北京带回老家，起初置放在两个显然是临时打制的粗陋然而又很结实的大书架上。海子的书籍阅读范围显然极广，这也可以从他藏书品种很杂这一点上反映出来。除了必然购藏的中外名著和新近译介过来的文化、哲学、文学等热点图书外，更多的，则是在一般人的想象中，不属于一个青年诗人阅读范畴的图书杂志。譬如《小说月报》《收获》《大众电影》《世界美术》《新华文摘》《国外社会科学》《世界宗教研究》《世界文学》等，这类或被视作通俗的、消遣性的，或艰深的、专业性的杂志。再比如《中医学基础》《藏传佛教史略》《西藏源流记》……诸多有关西藏人文历史地理和藏传佛教、藏密气功等五花八门的书籍画册。

作为阅读，不同的人从同一本书中获得的信息肯定是不等量的，即便是一本看似很简单的书，也会在一个对应的心灵中折射出丰富复杂的信息。海子大学毕业即开始由哲学而导入对宗教、气功、预言等具有神秘属性事物的迷恋。我们从苇岸的几篇文章中便能隐约感觉到这一点，比如他在《海子死了》一文中这样的一段记载："我们把话题转到了歌德，转到歌德在《浮士德》中提及的那个神秘预言家诺斯特拉达穆斯。你说，他的预言大多应验，东方人长征，两次世界大战，肯尼迪之死都被他预言过，他预言1999年世界将有大的事变。你说他的预言集《世纪连绵》国内已经译出，译者似乎以此居奇，正与出版社讨价。我们还谈到西藏，谈到历代班禅无一寿终……"——这是1989年3月21日，海子与苇岸关于书的一次谈话。

这个谈话的信息令人吃惊。我想我们许多人，包括专业性的学者在阅读或研究《浮士德》时，都不曾特别留意过这个"诺斯特拉达穆斯"，亦即这个近年来幽魂一样萦绕在中国读书界和社会氛围中，名字又译作"诺查丹玛斯"的神秘人物。当这个人和一个现代日本人写的《诺查丹玛斯大预言》这部书畅行于这个世纪末，并被神话一样地谈起时，我们也根本不会想到,这个16世纪的法国医生、在《浮士德》这部名著中一闪而过的人物,有什么值得特别注意之处。同样令我吃惊的,还有海子对与此相关的国内最新出版动态的谙熟。

——这一切藏书,特别是有关宗教和神秘学的图书,在这里几可算得上专业性的收藏。而它们,这时就集中地排列在东君面前。而此时的东君,也如同被这个贫穷的农家又供养的一位整天泡在图书馆的研究生,足不出户地从图书中开始了对逝者的思想脉络梳理。或者说,是面对一部部有关神秘学的图书,开始了自己的奇思妙想。两位老人出门下地干活去了,那个空旷安静的农家就留给了他;老人回来后做好了饭,东君便坐到了饭桌前……

现在回想起来,我应该是在1996年底,就获得了有关东君的信息。那年冬天的一个夜晚,我在山东威海的家中突然接到北京的一个长途,一位陌生人在读了我不久前写的一篇涉及海子的文章后问,你们山东有人正在写一部海子的传记,他是否与你有过联系?

我回答说没有,我也不清楚此事。而我自己也不是山东人。我是1992年底从青海调入威海的,几年来与山东文学界联系很少。

我不曾想到,对方在电话中说到的这个人,其实就是东君。

而热衷神秘文化的东君，自身也是一个神秘的人。即使到眼下为止，海子的父母以及我都不清楚他的真名实姓。他在海子家中留下了数个证件和名片，上面的姓名都不一样。这其中有他通信地址为山东泰安实验小学的一种名字，有他"华夏智能气功培训中心"学员证上的第二种名字，他1993年"首届全国辟谷养生学习班""东方辟谷养生传授员证"上的第三种名字，他"智能气功科学函授班结业证书"上的第四种名字，他"中国慧学研究会会员证"上的"东君"这第五种名字。

就在东君署名为"东军"的一张名片的背面，还印着这么一段文字：

从事数相、古文字、道教文化与生命科学（人体特异功能）诸文面的写作和研究，并有交流资料《太阳神·东君》。

我是天地间惟一的秘密和窗口。

这段文字上面又有用蓝色套色印刷、中心以6枚逆时针旋转箭头，外圈以12枚顺时针旋转箭头，做反方向旋转的光轮状图符。

它在一瞬间使我联想到了先秦时代那种行踪飘忽的世外高人：幽涧石台之上观测星相、朗月古松之间振袂飞升。

然而东君不是。确切地说，他是以形而上上的神秘，干着形而下下的事情。在他独自面对那两架图书研究了近一个月的一天中午，海子的母亲无意中发现，儿子一本西藏大型画册的整个内瓤没有了，只剩下一个硬皮空壳。这是海子生前花了近200元购买的为数不多的几本画册中他最珍重的画册之一。老人心头一紧，再注意一看，发现其他几本画册都遭遇了程度不同的类似命运，并且，还有其他一些书籍竟不翼而飞。老人赶紧告诉了丈夫，接着，一起叫来东君询问。

问话刚一出口，东君就嗵的一声跪在了地上：对不起，大伯大妈，我错了！我对不起大伯大妈。

"我是天地间惟一的秘密和窗口"——东君名片上的这句话于此道破了玄机——那些画册的内瓤和其他书籍，就是从他这个唯一的"窗口"秘密飞走的。

原来，整日一个人留在家里搞"研究"的东君并非足不出户。我们可以想象得出，他在"研究"到某种程度上的时候，心头突然发生的那一转折：他太爱这些书，也太想据有这些书了！但他却并没有修行到不为心爱之物所动的地步，他的道行大概只是到了"窗口"的这个高度。于是，便一连数日地开始了对这些画册书籍的"乾坤大挪移"——每当两位老人下地干活时，他也在稍后随之出门，赶到约10里路程的高河镇邮电局，将包裹好的书册寄走。如此者三番五次，直到被发现的这天中午，他的系统工程还未完成。

东君在这个家里一共住了一个月零两天，直到事情发生后，成为这个家庭的"不受欢迎者"为止。临走时，执着的东君还要借走一些图书，但被拒绝。

后来，这些图书大部分通过西川被追回。

接下来的1994年，在海子的坟墓进行修缮时，东君寄来了300元的资助费。

再后来，便没有了东君的音讯。

——这是若干年来，到查湾凭吊的人群中，所发生的最莫名其妙的一件事情。

比较莫名其妙的，大约还有这样一件事情：1998年春节，两位安庆地区从事文艺批评的青年教师到了查湾，与两位老人做了半天的交谈后，临走时借走了查家仅存的一本《海子诗全编》，然后，便杳无音讯。

我们所处的这个世界，除了诸如此类的莫名其妙外，它还是一个意味深长的世界。是人，给了人以温情、安慰；也是人，教会了人以提防、戒备。我们对那类伟大事物的尊崇，对神圣事物的敬畏，对卑琐事物的不屑，以至谨慎、猜忌等情绪，也都是因此而生。

所以，在知道了以上的往事，我提出要看一看海子的那些藏书时，首先自己就有了几分心虚，而两位老人也顾左右而言他，直至同行者一再申明，才消除了他们的疑心。

这些书的大致门类我已在前边做了描述。而它们现在的处境则是难堪的——作为图书自身存在的难堪。我在见到它们时，这些书已被用 20 多个大小不一的、曾是装肥皂的、装白酒的、装雨靴胶鞋的纸箱装了起来，堆放在一间房子的墙角。打开上面的几箱翻看时，许多书的边角都已被老鼠啃过。书被用这样的方式保存起来，不再有被"借"走而一去不返之虞，但却受到了无法复原的损伤。

海子的母亲问我这些书还有没有用，我的表达是，这些书现在基本上都可以在书店买到，它们的物质价值也基本上就是书后的定价。但它们是海子用过的书，许多书上都有海子阅读时用笔做过的标记，也可以说，这所有的书都留存着海子的信息。因此，当然是有用的。我建议他们还是做个书架（原先的书架已用作小卖店的货架），把这些书置放在书架上。这样，一是有利于书的保存，二是便于那些喜爱海子诗歌的来访者浏览——当然，前提是绝不被带走。

我不知道自己这样的表达是否恰当，也难以想象这样是否会招致过多的好奇者，以致影响这个家庭的生活秩序。而从某种意义上说，每个人的藏书，特别是趋向专业化选择的那类文化人的藏书，它都只属于藏书者个人。它在标志着个人思想精神的发展线索越来越从群体中出离，而成为独立的个体时，这些书也就排除了公共资源的性质。它已经同收藏者的精神生命构成了一个整体，因而具有不可拆卸性。当它作为一个完整的系统存在时，它显示着藏书者个人精神历程的价值；当它被拆卸之后，它们仅仅就成了拿钱便可以买到的一件商品。当然，我在这里说的是读书人——那些以他们的著述对于一个时代的某些方面产生了重大影响，从而成为研究对象的那种人，而不是专门的图书收藏者——他们所收藏的孤本、善本那类书。除了几本画册外，海子没有什么值钱、贵重的书。他的许多书从被反复使用的迹象上看，都更像是那种中学课本；而作为一个整体，这些书的门类品种则显示着驳杂、诡谲、神秘，以及由有关西藏的硬壳画册收聚出的、那种羊皮典籍式的古旧贵重感，正像外观简单却在精神世界做扑朔迷离遨游的海子本人。

4. 西川：安抚了逝者魂灵的《海子诗全编》

海子去世10年来，海子父母关于儿子在另外那个广大世界的信息，还有一个最重要的提供者，这就是身在北京的西川。他是两者之间一座可靠的桥梁。

关于西川与海子的交往，以及海子去世后西川所做的工作，在诗歌界是众所周知的。而鉴于他在20世纪90年代前后中国诗坛的位置，更年轻一代的许多诗人甚至在对海子诗歌的情感中，羼杂了西川的某些成分；或在对于西川的感受中，注入了海子的因素。以致我于上边提到的"借走"《海子诗全编》的那两位教师，见了海子父母的第一句话便是，西川来了没有？

骆一禾生前在给一位友人的信中写道："我们三人（骆一禾、海子、西川）的友谊在北京是很著名的。"这是指他们的友谊。而在我看来，西川与海子的诗歌是大不相同的，从个人的气质类型，诗歌的精神构成，乃至诗歌观念、诗歌理想，甚至包括写作状态，等等。西川诗歌的从容、圆熟和智性风范，与海子天才性写作中的盲目、锐利，在仄险中迅疾拓展出阔大空间后玉石俱焚地孤注一掷，使两人甚至是在相反的方向上领有各自的境界。在同时代与海子的方向、速度、底力最相近的，唯有骆一禾。因之，他对海子的理解和价值认定当是感同身受。而西川有自己的世界，所以对于海子的诗歌也就少了感同身受而多了一种旁观者的视角。他在《死亡后记》中对海子诗歌及其行为某些委婉的保留，应该是他理性、冷静、客观评价事物的准则使然。从海子、骆一禾、西川三人的诗文和在诗界的行为方式来看，同样迅疾的骆一禾，则又有着与海子"个"的脾性相异的融通与热挚。因之，在他们三人的友谊中，骆一禾又是一座桥梁。

在海子刚刚去世之后，对于其未曾面世的大量遗稿，骆一禾与西川做了分工。即骆一禾整理编辑海子的长诗，短诗则由西川归整。两人当时的分工，此后各自有了大致的结果，那就是由骆一禾整理、春风文艺出版社出版的海子的长诗单行本《土地》；由西川整理、人民文学出版社出版的海子的短诗集《海子的诗》。

然而，当骆一禾于65天之后，在为阐释海子的奔走呼吁中倒了下去，西川则从这种生死之情的灼烫感中，开始了对于海子身后之事的独自承担。

海子的安庆同乡、身居北京的诗人简宁在《与海子说几句家常话》的纪念文章中，有这么几行关于西川的文字："而我在人民文学出版社见到他给你整理的一大摞抄写得工工整整的手稿时，异常感动你有着多么好的朋友！"这件事，当是指西川为《海子的诗》抄写清誊的书稿。这是一部只有292页的诗集，而近千页的《海子诗全编》无论用什么方式清誊，都应是一个更为惊人的工作量，何况更有必须竭尽心智的编辑、考订这类工作。关于这些工作的基本情况，西川在"诗全编"的《编后记》中已做了说明。如果说，我们因充分关注这部"诗全编"的本身，而忽视了西川在这背后巨大的劳动也算正常的话，我想强调的是，我们必须对此心里有数。作为社会生存中具体的人，我们不必在嘴上无限放大友谊的无私性，而把一个人为朋友竭尽全力所做的工作，轻松地归之为责任和义务。比如我们自己，真的能为朋友把事情做到这个份儿上吗？我对西川在"编后记"中"由于出版的耽搁，致使有人对编者本人产生了疑心，以为我欲私有海子的遗作"这段话，印象特别深刻。对于这一猜度，我当时不曾有过耳闻。但我的耳朵里也曾钻进过另外一种猜度——《海子诗全编》出版于1997年2月，但一年多之后仍不见有稿费的下落，疑问便自然指向了西川。这来自几个渠道的流言，虽没有导致我产生什么判断，但仍在心头留下了疑问。直至1999年春天我到了查湾，这一疑问才得到澄清。

我已在前边提到了海子父母于1999年初收到这笔稿费，另外，两位老人还向我出示了西川的几封信件。其中的一封，是西川寄出那笔稿费不久，对相关事宜的一个详细说明。它传递了西川本人的心地，以及与这个家庭之间的一些情感信息——

……我本人应拿2900元的编辑费，但我只留下了2000元。这其中包括把稿费寄给你们的270元邮费和从前购样书所花的600元，所以实际上我留下了1130元编辑费，占稿费的不到4%。这是我的一点迷信。从前海子的一切稿费（包括杂志发表和书籍出版）我已悉数寄给你们。留下这点钱，意味着海子遗稿的整理出版工作我已基本完成，前后历时10年之久。

我不知道关于海子稿费的事我是否已交代清楚。我已寄去27215.20元，望查收。这些钱，我希望，二老不要随便花掉或分掉，而应存起来，以备不时之需。此后海子的稿费就不会有这么多了。

落款时间，是1999年1月26日。

西川所做的工作和信中表达的心情，无论如何都极为难得。对于这个家庭，这笔稿费无疑是重要的；对于诗歌界，这部对海子的作品从短诗、长诗、文论进行了系统分类和全面呈示的《海子诗全编》尤其重要。因为当时在看不到海子作品全貌的情况下，大家便把此前出版的《土地》和《海子、骆一禾作品集》当成了他的全部作品，因而，必将使大家对他的认识大打折扣。

正是《海子诗全编》的全面和系统，使读者得以看到一个既单纯、浪漫，又深邃、博大的海子。也使学术界关于海子的深度研究，有了一个可靠的凭借。我自己对此的感受要更深一些，假若没有这部"诗全编"，很难设想我会对海子的诗歌世界进入到什么地步，这部评传将会书写到何种程度。

当然，到了2000年以后，诗集出版的困难已有了较大的改观，此后又有若干版本的海子诗选面世，但这些诗选，无一不是在这个"诗全编"的基础上选编的。

2009年出版的《小站》是个例外,这是一部海子早期自行油印的诗歌单行本,是其大学毕业前夕的1983年4月至6月间所写诗作的汇编,所收诗作共25首。由于是海子早期的诗作,西川当时应该是出于质量上的考虑,仅将其中的《东方山脉》一首选入《海子诗全编》。在我看来,《小站》所具备的,只是海子作为诗人被经典化了之后的资料意义,它未被悉数收入"诗全编",并不影响"诗全编"的全面和系统。

所以,当西川在这封信中一丝不苟地交代了稿费的来龙去脉,甚至在已经捐出了自己应得编辑费的一部分后,其语气中,似乎仍有清洗流言的苦心。这的确让人感慨。

据我所知,《海子诗全编》的稿费之迟迟未能到位,是缘于出版社出版发行上资金回收和其他的一些原因。

这样,当我们再体味简宁那"异常感动你有着多么好的朋友"这句话,便会重新感受到一种分量。简宁是北京诗歌圈中之人,当然深知诗人交往上的深浅轻重。

因之,如果不是西川而是其他任何一个人,基于眼下商品时代的基本情景,基于并不清澈的人心能够呈示的最大程度的清澈,他都同样有理由接受人心的致意,接受那些期待看到海子诗歌世界的全貌、这一期待终于得到满足的那些人的致意。

曾是海子北大校友的诗人西渡，因此而在一篇文章中写道："随着《海子诗全编》的出版，1997年重新接纳了一个年轻、单纯、天才、激烈、偏执的海子，并使我们再一次深情地怀念起充满激情的80年代。在一个复活的季节，一个理应复活的诗人得到了复活。"（《再生的海子》）

但事情并未到此为止，也是在海子去世20周年的2009年，作家出版社又出版了由西川主编的《海子诗全集》。这部全集在"诗全编"的基础上，增补了《小站》及海子早期另一部油印诗集《麦地之瓮》中未被收入的诗作，另外，还有此后陆续发现的散佚作品。其中较为引人注意的，是海子写给其政法大学的同事与好友孙理波的《生日颂》。这首诗长约120余行，表达了海子之于母亲、人生、友情、诗歌的情感发抒。与海子那些施行了刀劈斧剁手段，因而跳跃性和空间张力巨大的短诗相比，此诗则显示了一定程度上的通俗性。另一个给人印象较深的增补，是《取火》《谷仓》《歌手》这三篇寓言故事式的作品，从内容与风格上看，与其长诗《但是水、水》末尾部分的《其他：神秘故事六篇》属于同一系列。

这部"诗全集"，基本上穷尽了海子所有的诗歌作品，且发行量惊人。我手头新增的这部2014年4月出版的集子，已经是首版以来的第十次印刷。

5. 高河中学

天才在自己的故乡是寂寞的。现在,我们再把场景转换到高河中学。这是一个至今仍保持着20世纪60年代风貌的乡间中学。高大的泡桐、枫杨、刺槐,掩映着一排排对称的平房教室,教室外观上一式的黑瓦房顶和赭红色的墙皮,让人感觉到一种怀旧的亲切。这也是与我少年时代在陕西的乡间中学读书时,建筑格局非常相似的那种校舍。尤其是那种赭红色的墙皮,如同中国教育事业隐约沿袭的某种色标一样,至今仍保留在中国南北方诸多的乡村中学里,象征着它与时代发展步幅的滞后,或是不肯与时尚同步的古老传统存续?它与北京那座古老的紫禁城,也与明清时代遗留下来的某些翠竹苍松中的书院,达成了一种隔世的气息感应。在这个中学,那些正在跻入其中的现代铝材和水泥建筑,则象征着时代气息的迟滞跟进。

不时从教室传出的讲课声,反倒使整个校园显得鸦雀无声。学生们在专心阅读不断修修补补但基本框架仍是几十年一贯制的课本,老师们按"考试——升学"的最高宗旨,传授着实用的应考知识。也是这些老师们,他们从朝气蓬勃的大学校园中曾经感受到的活跃的精神思想,正在被他们自己所弃绝。这是一个严密、滞缓而庞大的教育机器,它绝不鼓励热烈、浪漫、异想天开的生命天性在这里滋长。

它的语文课堂也讲解诗歌、强调想象，但这诗歌只是李白、杜甫写的，并且，其阐释模式已被教科书格式化了的，与这个时代的诗歌根本没有关系；它强调的想象，最典范的是"疑是银河落九天"。它理所当然地会把海子"太阳，吐血的母马"这样的想象视作荒诞不经。一切都是知识，是印在课本上、抄写在作业本上需要记忆背诵的知识。然后，它用这样规范、严格、结实的知识，组装成一个个合格的学生，提交更高一级的学校继续组装。

然而，在时间进入2002年时，事情却变得不可思议——如果高河中学选择的是人民教育出版社出版的语文统编教材，那么，这个学校的老师会惊奇地发现，收入高中语文课本第一册的现代新诗《面朝大海，春暖花开》，其作者正是从这所学校走出去的学生——原名叫作查海生的海子。此时，不论老师和学生能在多大程度上吃透这首诗，老师们关于其作者的背景介绍，无论如何都会比中国任何一个学校的课堂上，多了一些特殊的内容。

——但这已经是21世纪之后的事了，而在20世纪70年代的此时，海子和中国无数的乡村中学生一样，就是在上述的教育模式中，完成了他结实的中学学业的。我们在前边已经看到，海子5岁时就有能背诵48条"毛主席语录"的惊人之举，进入中学的他，自然有着超常的背诵记忆能力，所以，他不会对这种学业感觉到压力。他只是用认认真真的学习，结结实实地完成着自己的学业。这种学业中肯定不包含诗的元素，也不包含一个中学生对自己未来在考取大学之外的其他任何浪漫憧憬。

所以，当海子这个各科成绩优异的学生，进入高一后被安排在理科班时，他没有什么异议；当学校考虑到文理科学生数量的平衡，以尽可能地提升学校的高考率，又在高二把他独自调到文科班时，他仍没有异议。直至高考前夕需要填写报考自愿时，他的小叔，查家家族一个任教于安庆高校的长者，在同其父母商议后，建议他报考上海的复旦大学新闻系，而当海子已经为此做好了准备，学校又让他报考北京大学法律系时，他同样没有异议。时年15岁的海子，应该大致上知道北京大学在中国、在中国近代史上是一个什么样的学校，但他对于这个法律系又无疑是模糊的。他也不曾设想过这一专业，将来会把他引向一个县城的法官，抑或是中华人民共和国司法部那些司法条文的制定者，还是一个其他什么身份的人。

总之，在这样的中学时代，海子并没有表现出明确的对某种专业的兴趣。他只是一个各科学习成绩优异，年龄和个头都在班上最小，一切由老师代为做主的好学生。

说起这些事来，查振全今天颇为愧悔，这一愧悔的根源首先来自高二时那次从理科往文科的调班。星期六回家后，海子告诉了父亲这一信息，父亲问，你是否学习成绩不好，老师才把你调走。海子说不是。既然不是，老师调你干什么？海子觉得三几句话说不清楚，遂赌气式地说道：好，下学期我再调回去。此后他当然没有再调回去，其父当时也并未明确表示出让他调回理科班的意思，但十几年后，查振全遥想当年却有了另外的思路：要是当年坚持不上文科，海子最后就不会走到那个地步了。

查振全老人还退一步做了设想：如果当初听他小叔的话报考上海的复旦，以后当个记者，也不会走到那个地步。

我对此表示无法判断。如果事情真如他设想的那样，那么，这个世界上也许只有一个查海生，而没有那个名叫海子的诗人。

何发贵则表示了另外一种看法。他在述说了对海子的学习成绩印象突出，而其他方面的印象平平后进一步说道：海子此后在全国有了那么大的影响，这是我没有想到的。我曾经也专门对此事做过一些思考，海子以后能与原来相差无几的同学突然拉开那么大的距离，我想主要是因为北京大学的那种文化氛围。他在北京所读到的那么多的书，接受的那么多的新的文化信息，都是我们在安庆上大学时不能比的。看来人和人在上大学进入不同学校时拉开的那一步,以后不但不会缩小,相反只会越拉越大。

这是我在高河中学所听到的,比较中肯而又有深度的一种说法。

但是,这是否还与其他因素相关?比如海子此后曾把德国的造型艺术家保罗·克利的"在最远的地方,我最虔诚"这句话,视作圭臬去践行,其实正是这个"远方",召唤他从一种未知走向新的未知,并不断给予他的心灵以星河般的神秘与璀璨。而人在故乡由于缺乏必要的视觉距离,则容易导致对于家乡风物景色的熟视无睹。滞重的泥土使之尽早地告别了浪漫品质,而尽快地趋向务实。故土按照自己的逻辑收服一切个性,然后又进行统一的性格塑造,使他与自己融会为一个坚实的整体。故土产生一切根基下扎的沉甸甸的事物,就是不产生气流中划动的翅膀。

所以,在那个下午,当我在高河中学的一间教研室与相关人员交谈时,饶有兴致旁听的一位与海子同龄的女语文教师好奇地问道:海子是为什么死的,和北京那一年发生的大事有关吗?

…………

1979年初秋的一个夜晚,15岁的农家少年查海生平生第一次坐上了直达北京的列车。夜行车上,他重新品味了一下在窗口购票时,周围旅客得知眼前这个少年竟然是北大新生的惊奇。然后,带着几天来过度兴奋忙碌的疲倦,在列车的一声长鸣中睡去。

二 「风吹在海子的村庄」

三 ｜ 北京：大学时代

1. 三位安徽现代文人的背影

在海子乘坐这列夜行车走向北京、走向北京大学的前方，我们还可依稀看到 20 世纪初的夜色中，同一线路上的几个背影。

这是在中国现代文化史上，留下了不同形象的三位安徽人杰：激烈雄辩的陈独秀、渊博怪异的胡适、愤世嫉俗的朱湘。这又是三位具有先天性诗人气质的人物。力倡新文学和新文化运动的胡适，以他写于 1916 年的《蝴蝶》等诗歌和其后出版的《尝试集》，开创了中国白话诗——亦即中国新诗之先河。而性格乖僻孤傲的朱湘，则更是以他的《采莲曲》《还乡》《王娇》等或清奇幽婉或沉郁感伤的大量诗作，以及散文、评论、译著，成为中国现代文学史上最独特的诗人之一。他曾因不满徐志摩的油滑而愤然与之决裂，更因诗人天性与时俗的不可妥协，终而于上海至南京的江轮上做了把酒啸傲的诗歌祭礼后，纵身赴水而去，年仅29岁。不是诗人的陈独秀以他1915年创办的《新青年》，1918年主办的《每周评论》，1920年发起的共产主义小组，以及紧接着的中国共产党中央委员会总书记这一系列执火突进的踪迹，成为20世纪初中国走向现代世界最具诗人气质的文化先行者。而他1917年的那篇《文学革命论》，事实上就是一首极端前卫的诗篇。在这一名篇中，他对中国传统文化上自《诗经》、儒学，下至民间牌匾楹联，无一不痛陈弊陋，剜疮挤脓，而以"今日庄严灿烂之欧洲"乃"革命之赐也"，证明欲拯治中国之痼疾，必先进行文学艺术革命的必要。最后竟以这样的文字操桴叫阵："欧洲文化，受赐于政治科学者固多，受赐于文学者亦不少。予爱卢梭巴士特之法兰西，予尤爱虞哥（雨果）左喇（左拉）之法兰西……吾国文学界豪杰之士，有自负为中国虞哥、左喇……王尔德乎？有不顾迂儒之毁誉，明目张胆以与十八妖魔宣战者乎。予愿拖四十二生的大炮，为之前驱！"

我们是否从这样的三个人身上，感受到了由一方水土所塑造的，那种"另类"人物的共性？他们对语言文字和辞采极端的敏感与沉迷，精神思想上激烈的前卫姿态，学养和文化视野上回环裕如的空间张力——如果我们再往上追溯到古代，曹阿瞒统领百万大军横槊赋诗的枭雄奇思，醉翁亭引发滁州太守欧阳修之山水自然与诗酒逸兴，当涂的水中之月与谪仙李白诗魂的合抱，吴敬梓《儒林外史》中对荒唐世相扒皮剔骨的尖厉激愤，尤其是桐城派文人对文体与语言纯粹性的痴迷……加上再往后的20世纪80年代，出现在安徽的《诗歌报》——这一当时诗坛最具先锋意识的诗歌刊物，我们便会清晰地看到，这其中确凿的地理人文依据。文人和文脉似乎是这一地域最特殊的产品，他们数量不大，气象不宏，术业几无大成道统之相，但他们似乎恰恰又以拒绝白发长髯敦厚泰然的国器之学，拒绝中庸，而凭热血之士单枪匹马的突进，在故乡之外更广阔的时代天幕上，拉出一道道痉挛的闪电。

这是在海子之前，三位从安徽故乡出发的中国现代文化史上的先行者。虽然进入北京清华的朱湘，此后又转入美国的劳伦斯大学和芝加哥大学继续攻读，并在回国后把自己的活动空间转向南方，但他作为诗人最重要的心理分蘖期和创作，却与清华和北京密切相关。而在朱湘之前分别从日本和美国留学归来，相继出任北京大学教授的陈独秀和胡适，则完全是借北大为舞台，以他们锐利激情的诗人气质，在20世纪初中国走向现代社会的前夜执火鼓呼，继而在五四新文化运动的时代洪流中充作先驱。从本质上说，他们并不是政治人物，他们在五四运动中的先驱者形象，更多的是缘之于一种文化激情。正由于此，他们此后都在各自的政治社会角色中陷入含混和晦暗，但作为文人，他们饱学激烈之士的形象都惊心动魄，犹如电光焰火。

海子与现代文化史上的这三位安徽人（其中的陈独秀和朱湘都是安庆人）并无任何的直接关系，但不久我们即会从他的激烈、偏执、极端、感伤，不可思议的阅读量和文化溶解力，沉醉于语言文字中对形而上事物超凡的进入能力等特征，感受到同一水土涵育中，那一脉相承的先天性诗人气质。

2. 在古典哲学的黑暗王国

现在，海子来到了北京大学——他的两位同乡前辈出任教授，并在此拉开了中国新文化运动序幕的大学，这所荟萃了各类学者精英、融会世界最新文化艺术思潮，并领风气之先的中国最高学府，以及中国现代新诗的策源地。但此刻，15岁的查海生只是一位来自安徽农村、攻读法律专业的外省少年。

迄今为止，没有证据表明这位外省少年在4年的大学期间，有什么不凡之举。毕竟，直到从这所大学毕业，他也才年仅19岁——正是许多同龄人刚刚进入大学的年龄。

尽管如此，我们仍能通过一些迹象，感知到他面对人类文化长河俯身畅饮的情景。许多迹象还表明，从那时起，他就加速度地开始积累那让人不可思议的阅读量。

在涉及这个问题时，我们还应明确这样一个前提：海子作为一个法律专业的大学生，他首先必须面对的，是自己陌生、庞大的专业课程系统，要将自己的主要精力投入其中。由于世人一直把海子作为一个诗人来看待，所以，关于他在自己专业领域的表现，我们此前所知甚少。2010年11月，在对这部评传做二次修订的数年之前，我曾获得过与此相关的一份资料，它出自海子在中国政法大学任教时，相互来往密切的友人常远之手。现对这个资料摘引如下：

从1981年底开始，我与几位大学同学不满传统法学的沉闷，在西北政法学院（西安）开展了钱学森同志提创的法治系统工程探索……1983年，我们在学校有关领导的支持下，创办了文理交叉探索刊物《探讨》，每期都向全国同行免费寄发。1984年，《探讨》收到了校友胡希平从北京寄来的中国政法大学第一届法治系统工程学术研讨会论文。一篇署名"查海生"的论文，运用突变理论（Catastrophe Theory）数学模型分析人类社会系统，富于创造性地探讨所有制、国家和法律的起源方式，给我留下了深刻的印象。我们很快便决定刊载。此后,我与查海生曾有几次书信往来,我给他寄过《探讨》编辑部整理的几本系统科学方面(也包括突变理论与耗散结构理论等)的文献索引资料,并讨论过突变理论在人类社会系统定性——定量相结合研究中的应用。

这个材料所述,虽然是海子从北大法律系毕业后的事情,但毕业的时间仅仅一年或不到一年。考虑到一篇具有原创性质的论文,在资料积累和学术思想的沉淀与酝酿过程中所必然占有的时间长度,因此,很难说这篇论文的雏形,不是形成于他尚未毕业之时。作为门外之人的我们虽然无法对它做出评价,却起码可以感觉到它所进入的专业领域的艰涩与高深,即使仅从它的理论支点和所要探讨的题旨来看,海子对于新的学术理论方法的敏感,以及运用于经典命题中以求突破的强劲学术整合能力,都约略可以想见。

就此而言,海子的文化能力的确超乎寻常。他既能够在自己的专业领域有如此的专业表现,又通过自己的诗歌世界显示出,他在一个中文系本科生的专业知识系统内,更是纵横捭阖。由此我们还可以想象,这种法学专业背景上的思维模型在他进入诗歌写作时,必然与诗坛流行性写作形成绝不相同的内质和气象。

接下来,我们会想到西川在《怀念》一文中写到的,他与海子第一次在北大校团委见面时的情景："海子来了，小个子，圆脸，大眼睛，完全是个孩子（留胡子是后来的事了），当时只有19岁，即将毕业，那次谈话的内容我已记不清了，但还记得他提到了黑格尔，使我产生了一种盲目的敬佩之情。"海子毕业后分配至中国政治大学，"初在校刊，后转至哲学教研室，先后给学生们开设过控制论、系统论和美学课程"。

我不清楚黑格尔的哲学以及控制论、系统论和美学，是不是当时北大法律系的公共课或选修课，但可以肯定的是，它们绝不会是法律专业的主课或必修课。黑格尔哲学是德国古典哲学的代表，也是世界哲学体系中的经典；而控制论和系统论则是20世纪80年代初先后从西方进入中国的一门学科；这几门学科与其说是人文性的，更毋宁视之为数理性的。它们在人文数理领域交叉混成的内部系统的庞大繁杂，外型上的高度抽象，相对于我们既有知识体系而呈现的陌生、艰涩、深奥，往往使专业之外的文化人望而生畏，敬而远之。所以，大学校园中常常把读黑格尔哲学这类砖头式的书叫作"啃"。

也是在对这部评传进行第二次修订时，我又相继看到了海子当年的北大校友，有关海子大学期间的一些回忆，比如在其法律系80级友人陈陟云的文章中，就有海子之于黑格尔的专门记述："海子除了写诗，对哲学也很有兴趣，经常看到他带着黑格尔的《逻辑学》。郭巍（海子的同班同学）说他一直在研究黑格尔。"（陈陟云《我与海子》2008年9月）此外，北大诗人臧棣更在此后有关海子的一首诗歌中，特别写下了这样一笔："……第二年／你的黑格尔几乎把我的爱默生／逼到了美学的死角……"（《诗歌雷锋丛书——纪念海子逝世20周年》2009年）。

从海子后来的诗歌及文论看，在对整个人类文化风景的领略中，他又是一个深得德国古典哲学文化精髓的人。他视德国诗人歌德的诗歌世界，为人类个体诗歌创作能够抵达的顶峰。歌德的宏大、深邃、严密及其超凡的完形能力，是海子心向往之并倾力趋进的艺术理想。而与歌德同一时代，18世纪末叶德国图宾根神学院的两位同窗好友——荷尔德林与黑格尔，则更是海子直接的精神导师和"知己"。他与荷尔德林心气相应的隔世神交，对荷尔德林迷乱精神世界那种灼烫光芒的独自领受，尤其是对深埋在岁月中、孤离于当时中国读书界视野之外的这位天才的"发现"，在我看来，更像是一个充满玄机之谜。

而在思维方向和诗歌创作的整体构架上来说，海子则与黑格尔的哲学世界多有对应契合之处。比如黑格尔在逻辑学之外对现象世界辩证法规律的猜测；对自然界诸多事物的变化只在空间以内，但在时间以外发生的猜测；他把整个自然的、历史的、精神的世界描述为一个不断运动，变化和发展的过程,却宣称自己的哲学体系就是哲学发展的顶点……这种严密理性思维体系中的猜测幻想因素,其哲学思想和自我认定的矛盾中王者的自信宣称,我们都可在海子及其诗歌世界找到某种对应。

作为一个具有超常幻想气质的青年诗人,海子首先不是崇尚法兰西文学的浪漫,美国当代文学的新锐,而是迷醉于德意志古典哲学和文学的坚实深奥,这似乎有些奇怪。但海子恰恰就这样做了。如果我们再联系到他此后的创作,便会感觉到他对其中所涉及的所有学科,都有一种锐利的、直奔源头的趋向。

这其实是他对知识的进入状态中,一个关于"黑暗"的命题——他在人类文化的旷原上游弋,对于所有袒露在光天化日中的公众性知识,都会在一目了然的领略中快速越过,而直趋黑暗中的未知。从某种意义上说,所有处在光天化日中的知识和学问都是浅显的、通俗的、公众性的;而所有隐匿在黑暗中的知识和学问都是艰深的,并对人类构成了黑暗的块垒。

因而,黑暗中所居留的,便是上帝私蓄的珍宝,是他绝不肯轻易分享予公众的那一部分——以此而领有他对公众的制约权。如果在智慧面前人人平等,上帝便无法拒绝智者对其权利的分享。那么,谁在这一黑暗中进入得越深,他便离上帝越近。但丁进入了黑暗的地狱，便同时进入了光明的天堂，使自己的诗篇获具了神性的品质，成为某种意义上上帝在人类的代言人。牛顿在他物理的黑暗王国越走越深，最后皈依了上帝。

我们在海子游弋的旷原上将会看到，他是如何在20世纪80年代，对袒露在中国文化界欧美现代主义文学艺术思潮的迅速穿越中，走向其派生地——18世纪德国古典哲学和文学那被遮蔽了的黑暗；又是如何从欧美的"显学"中，走向印度、波斯、阿拉伯那被遮蔽了的东方文化的黑暗，进而直抵人类文化源头中的古希腊、古埃及。

3. 浩瀚夜空中的先秦星相

现在，让我们再回过头来看一看海子的大学时代，在中国古典文化和文学中的光明地带，向黑暗中的进入状况。

我们从海子诗歌所显示的信息可以看到，作为法律系学生的他，在四年的大学生活中，同样快速地完成了一个中文系大学生的全部学业。最能体现中文系专业精髓的，当然是古代汉语和古代文学。关于古代文学，如果我们从空中俯瞰这片大地，便会感觉到从唐代至宋元明清数个时代的文学，基本上处于光天化日的朗照之中。它的山涧原野虽然茂林修竹、莺飞草长，但却是一个公众性的天然森林公园，并为公众所拥有。在这片原野上，一个中文系大学生的学业并不能形成相对于公众的专业知识垄断，他只是以专业规定的系统性、知识的有机性显示他与公众的区别。

这样，从明清文学逆时序地往上走，云蒸霞蔚的大唐文学在这一大道上显示了耀眼的辉煌之后，便向公众收拢了上溯的路径。继而是日渐荒芜幽暗的魏晋时代——陶渊明在山脚种豆，刘伶们在山林醉酒，幽灵一般的隐士浪客在山坳炼丹辟谷……煮铅熬汞的烟火缭绕中，不时有魏晋士子鬼嚎兽啸的浪歌。在那里，同时出现的景象还有：来自印度或西域的竺法护、罗什等高僧大德对《大品般若经》《法华经》《维摩诘经》《首楞严经》等佛教经籍律藏的译介和弘扬；有佛道烟霞流风中的《搜神记》《列异传》《幽明录》等志怪小说；《水经注》《博物志》《神异经》等地理博物散记；文学文体源流和艺术本体研究的《典论》《文心雕龙》《文赋》《诗品》等等。再往上的两汉时代，在显学《史记》和《汉书》之外，是故事体文学《说苑》《列女传》；以《两都赋》为代表的汉赋以及骈文；是"上邪！我欲与君相知，长命无绝衰。山无陵，江水为竭，冬雷震震，夏雨雪，天地合，乃敢与君绝"的《上邪》；是"行者见罗敷，下担捋髭须。少年见罗敷，脱帽著帩头"的《陌上桑》；是"举秀才，不知书。举孝廉，父别居"

这类民间歌谣俚谚等乐府民歌。

再往上的先秦直至商周，甚至尧夏的神话时代，中国的古代文学越来越显示出浑莽、玄妙、邃密、天章云纹不可测度的浩茫之相。以《论语》《老子》《荀子》《韩非子》《孟子》等为代表的诸子百家的哲学散文；以《尚书》《吕氏春秋》《国语》《春秋》《左传》《晏子春秋》《战国策》等为代表的历史散文；集纳了上自宫廷王公，下至山野草民祭祖、宴客、出兵、猎狩、稼穑、筑房、酿酒、婚丧的场景习俗，含纳了宫廷雅乐和民间乡谚俚谣，包括了诅咒、讽喻、愤懑、艾怨，怀春之情、怀土之苦、劳作欢愉等情绪，极尽星宿斗柄之夸张想象，又采用秃裸、简朴、直接之白描的《诗经》；尤其是由《淮南子》《山海经》，上溯到屈原的《离骚》《天问》，再往上至《庄子》《易经》等，那类言天地定位玄机，记人神混沌大战、鲲波鹏云、龙驾金辇、精卫填海、女娲补天的天予神授的大书，更是气象万千，不可尽览。

若干年后，当我结束了自己大学中文系的学业，重新游走于这一区段时，方才感觉到中国古代文学这一课程讲授时，在时序上不能倒逆的尴尬。我要说的是，这应该是一门在时序上从后往前讲的课程。只有这样才能由浅入深，才能渐入佳境，才能从中国古代文学渐入中国古代文化或曰东方文化的堂奥，才有能力感知所谓东方文化其浑莽、宏大、玄妙、气象万千的魅力之所在。

我在这里使用了"中国古代文学"和"中国古代文化"这样两个概念。依我的感觉而言，中国古代文学由后往前上溯，至唐代之后而从进入尧夏开始，已质变性地由"文学"进入了"文化"范畴，逐渐汇聚为综合了哲学、历史、地理、宗教、民俗、法典、律令、祭祀、养生、巫祝、星相、传说、谣谚、寓言、神话……无不借文学性的辞采韵味表达的"中国古代文化"。

如《尚书·顾命》在记述周康王即位的仪式中，"赤刀、大训、弘璧、琬琰在西序；大玉、夷玉、天球、河图在东序……二人雀弁，执惠，立于毕门之内。四人綦弁，执戈上刃，夹两阶戺"。这样的描述，其场景可谓瑰奇、肃穆至极。而这段文字中含纳的历史、典章、神话、文学等诸种元素，既不仅仅属于历史记录，更不独独属于文学描述，而只能视作一种文化制品。所以，以中国古代文化为代表的东方文化，又被称之为"混沌"文化，它打通所有的障壁，纳宇宙空间中阴阳五行、人神感应、云霓雾光于一体——它"虚"，虚而无所不在；然而，它又"实"，如同镂刻有饕餮纹和夔龙、夔凤纹的司母戊青铜大方鼎，沉实宏重而无所不包。

尤其是这上古气象中由农耕文化传递出的、那种天地人神的整体观照和先民们虔敬谢恩的德行。《吕氏春秋·古乐》

对民间歌舞即有这样的记述和释解:"昔葛天氏之乐,三人操牛尾,投足以歌八阕:一曰载民,二曰玄鸟,三曰遂草木,四曰奋五谷,五曰敬天常,六曰建帝功,七曰依地德,八曰总禽兽之极。"从歌咏祖先、五谷草木到江山社稷、神祇纲常,其物我同怀、天地一家的怡然自足,则为我们昭示了一种令人心驰神往的社会生态场景。

——这就是在中国古代文学(文化)中海子流连的世界。他在《太阳·断头篇》中如下的表达,实质上正是他从中国古代文学的公共部分,进入先秦秘境这一路径行程的自述:"考虑真正的史诗/于是我先写抒情小诗再写叙事长诗,通过它们/认识许多少女,接着认识她们的母亲、姑母和姨母,一直到最初的那位原始母亲,和她的男人。"

——他记写了自己走上这一路径的起因和最终的目的地。继而更是酣畅淋漓地倾泻了他心智彻底打开后,由唐宋诗词那种规范的抒情,而至先秦的随心所欲、得意忘形:

于是我一路高出扶桑之木,贵为羲和十子
于是我懂得真正的故乡……
于是我钻入内心黑暗钻入地狱之母的腹中孤独
是惟一幸福的孤独是遍尝草叶一日而遇七十毒
…………

于是我焚烧自己引颈朝天成一棵轰入云层之树

于是我非梧桐不栖非竹实不食非甘泉不饮

……

于是在白象尸体和南方断头淋血的雨季之河，我头盖荷叶，腰悬香草，半肢为鳞，并且常常歪向河水，脑袋是一窝白蛇，鱼在毛发间产卵

……

我是圣贤、祭酒、药巫、歌王、乐诗和占卜之师。我是一切的诗

毫无疑问，这些诗句和意象，正是源自"先秦文化空间"和"农耕文明场景"。

这一文化空间在海子诗歌中是笼罩性的。再如上述《尚书·顾命》篇的那种仪式场景，与其诗剧《太阳·弑》第十场中舞台道具的对应："舞台幽暗。正中有一辆战车。四个轮子。中央可以坐人。演员茫然地站在那里，戴上了面具。外面还扎上了红布条。面具用中国殷商时代的钺——兵器——是粗笨的人形。"

而由这一文化/文学空间灌注给海子最杰出的成果，便是与《诗经》相贯通的麦地、农耕题旨的抒情短诗。"翻动诗经/我手指如刀/一下一下/砍伤我自己"——这是海子在长

诗《但是水、水》标题下的题记。他以这样一种被"砍伤"的极端表述，言说了《诗经》之于他的刻骨铭心。从某种意义上说，是《诗经》确立了海子。它是海子借此而对诗坛那一强大的顺之者昌、逆之者亡的主流说"不"，也是对由此开始的自己说"是"，并大地独步的凭借和转折点。

当然，还有他那些空间更为遥远的、与游牧文明相关的草原抒情短诗——"亡我祁连山，使我牛羊不蕃息／失我胭脂山／令我妇女无颜色"——他在《怅望祁连（之二）》中直接引用的北魏六朝民歌，又使我们听到了北方草原民族之于家园感伤的历史回声。

在另外一个方向上，还有来自乐府民歌那谐谑、怪野的变奏——"妹呀／／竹子胎中的儿子／木头胎中的儿子／就是你满头秀发的新郎"（《浑曲》）。

还有，魏晋志怪小说之于他的寓言体散文《神秘故事六篇》中的某种投影。

还有，这一文化空间之于他的生命行为和动作——《水经注》等地理博物志对他之于"远方"情结的激发与召唤，使他借此而数度流连于北方草地和青藏高原的星空之下。

——乃至魏晋时代的岐黄丹铅之道——我们更不会忽略他此后对于中医、气功的热情与迷醉，并且做"身体力行"的印证。

4. 骆一禾：朝霞派遣的使者

　　虽然老博士胡适于20世纪初在北大开了中国新诗之先河，但从整体看，北京大学这所学府对中国现代社会最重要的贡献，主要表现在开风气之先的文化思想和学术思想上。它不要求自己培养作家。与严密宏大，需要做扎实积累的某类学问体系相比，文学创作即使不被视作旁门左道，也起码是一种"小儿科"。我们不妨把这视作一种经院式的清高与自负。而从"文革"往前上溯的几十年间，创作的源泉之在社会，之在"生活"中这一理论，经国家意识形态的倡导，作家、艺术家的身体力行，理论学术界的认同，而成为艺术创作的定律。自称只读了三年小学的作家浩然，在六七十年代以长篇小说《艳阳天》《金光大道》而神话般地成了一个国度唯一的作家就是明证。

　　作家是不需要上大学的，这是20世纪70年代以前一种社会性的看法，它因着浩然等作家的实证，更加深入人心。

　　如果从这一现象考虑，北大治学方针的清高和自负自然也就有了十足的理由。

　　然而，中国文学史所表明的只是：创作浩然那类作品的作家是不需要上大学的。我们也同样看到，创作穆旦、郑敏、钱锺书，包括艾青的那类作品，则似乎不可与大学无关。

这是我们今天的认识。而基于以上缘由，1980年前后，北大的文学创作氛围也便谈不上特别浓厚。尽管其中的77级和78级，有一批来自"文革"前的高中老三届毕业生，营造着创作气氛，但这种创作的主体形式则是小说。诸如中文系77级的陈建功、黄蓓佳、查建英等当时和后来或重要或成就平平的一批作家。再略往上推，还有曾作为工农兵学员进入北大历史系，继而成为中国当代文学史上最重要的作家之一的张承志。这些小说写作者有一个重要的共同特征，就是入校前大都为知青或工人，有着丰富的社会人生阅历。

这里需要特别一提的是，1956年成立、1966年因"文革"而中断的北京大学"五四文学社"，在10年后的1979年又恢复了活动，并于当年10月创办了一份刊发小说、散文、诗歌、杂文、随笔、评论的综合性文学社刊《未名湖》。该刊由中文系主办，校方支持，实际功能相当于全校的社团文学刊物。但出现在这个刊物上这一时期北大学生中诗人的名字，显然不及小说家的名头响亮。或者换个角度比较，不及同一时期吉林大学的诗人徐敬亚们、武汉大学的诗人高伐林们的名头响亮。

海子们的79级与上两届一个标志性区别，便是学生年龄的低龄化（上两届大学生的主体，是"文革"中因大学停止招生，而分布在农村厂矿的知青和青工；到了79级时，大学生的主体则变为应届高中毕业生）。尤其是在北大这样一个学府,更是从全国各地的应届毕业生中,汇聚了一批神童式的少年精英。我们知道,当时的海子年仅15岁,而中文系79级的老木入校时也仅16岁。

事实表明,北大79级的这种年龄格局,对上两届学长们的小说创作形成了这样一种潜在的表达:小说写作需要阅历;而诗歌,则需要青春。

但入学之后的很长时间,79级的小老弟们在文学创作上并无特殊表现。海子本人则更是老实、中规中矩地沉入自身的学业和超量的课外阅读。海子曾有一张在北大校园晨读的照片,这是一张坐在湖畔低头读书的侧背影,前边是北大校园内那个著名的未名湖,头顶是湖畔的树冠,旁边的草地上是一个帆布书包。而从照片中他的身形看,则显然是一个稚气十足的中学生。

海子还有一张照片给我留下了深刻的印象,那是一张侧卧在一块卧牛般大的石头上,以手支头的正面像,是海子刚进入北大时所照。它之给我留下深刻印象的原因有二。其一是他那个大大的头,给人以身体似乎还未完全长开的儿童形象;其二是他脸上顽皮的表情和镜头前的姿态意识——这有些出乎我的意料。在此前我的想象中,他少年天才的单纯中似乎洇渗着一种郁郁寡欢的孤僻,而这张照片所表达的,则是除年龄明显小于周围的同学外,他与其他少年别无二致的正常习性：夸张、戏耍的不泯童心。也正是鉴于其镜头前的真性情表露，所以，海子那张晨读的照片，即便是为了照相留影，也传递了他此一时期沉迷于课业，倾心于阅读的状态。因此，无疑可视作他大学初期的形象写照。

这种状态一直持续到大学三年级的结束。或更确切地说，海子是在进入大学四年级的1983年，突然加速了对于诗歌的热情。这时候，三年来人类文化中的吸纳蓄积已使他得到了充分的养育，由此而获得的相应能力终而在他的体内发出了指令——是时候了！

这时候，77级和78级已经离校，他们带走了校园中的小说创作氛围，也给诗歌留下了填充的空间；他们的离开，还使79级的小老弟们，获得了"当家做主"的位置和感觉，以及在文学创作上放胆以试身手的自信。

这时候，以现代主义艺术元素为特征的"朦胧诗"和其他新锐诗歌，已锋芒毕露地突入新时期文学的前台。在这个庞大也是庞杂的群体中，有两个诗人板块给了海子等79级以后的"少年"诗人们，以更为直接的刺激。其一是东北的徐敬亚、王小妮，北京的叶延滨，湖北的高伐林、孙武军，湖南的徐晓鹤、骆晓戈等在大学期间即已成名的77级、78级大学生诗人群体。其二是从1978年底以民间地下诗刊形式出现的《今天》所聚集的一大批诗人，此时已彻底浮出水面。这是一群在此后的诗坛数度成为焦点并不断发光的名字：食指、北岛、芒克、多多、顾城、江河、杨炼……他们在明确的现代主义艺术旗帜下的激烈挺进，从此改变了新诗在1949之后，由现实主义和伪现实主义垄断的基本格局。也激励了大学校园中的海子。据陈陟云回忆，1983年三四月间的海子，时而到他的宿舍聊天，他说："他还经常给我带来一些诗坛的信息，比如说北岛和其他朦胧诗人的一些情况啊，杨炼在哪里搞讲座啊……"

也就是在这样一个背景中，海子带着他大三时初学乍练的诗歌进入大四时的1983年，并开始给北大中文系的学生刊物《启明星》投稿。受《今天》的影响，那时全国高校校园中的大学生自办刊物，社会上"在野"诗人的民间自办刊物，已经遍地开花。在北大校园内，除了作为"龙头老大"的《未名湖》外，还有了中文系的《启明星》，西语系的《缪斯》，政经系的《窗口》，图书馆系的《学海》，法律系的《钟亭》，西语、中文和哲学系几位同学创办的《校园》等。

而海子这一时期的写作成果，就是完成于1983年4月至6月间、由其数位同学帮助刻印的诗集《小站》。如前所述，这本诗歌小册子所收诗作共25首。其中的《小站——毕业歌》中有这样的诗句——"我年纪很轻/不用向谁告别/有点感伤/我让自己静静地坐了一会""我要到草原去/去晒黑自己/晒黑日记蓝色的封皮"。这些诗作，为海子在北大校园赢得了最初的关注。

也就是这一年，中文系"五四文学社"的一位同学，在与西语系二年级学生西川的一次交谈中，提到了法律系的海子，并向西川介绍说，海子诗写得不错。这是西川第一次接触到海子这个名字。我们在前边已多次提到了西川，他当时的简历如下：

西川：1963年3月出生于江苏徐州，1981年7月从北京外国语学院附校毕业考入北京大学西语系。

也就是说，他年长海子一岁，低海子两级。

也正是缘于这年长一岁和西语系学业对西方文学与诗歌的较早接触，西川的诗歌创作也早于海子。此时，他与中文系的骆一禾都已是北大"五四文学社"成员，而海子，尚只是一个以诗歌引起校内文学圈子关注的投稿者。

那时，海子的诗歌更引起了后来成为他挚友和兄长的骆一禾的关注。

骆一禾：1961年2月6日出生于北京，祖籍杭州，在河南农村度过小学时光；1979年考入北大中文系，毕业后任北京文联大型文学月刊《十月》的编辑，后主持在中国当代诗坛产生了巨大影响的《十月的诗》专栏。

关于骆一禾，我曾在1989年（他与海子去世后）撰写的一篇文章中，把他们称为"孪生的麦地之子"。这是一位具有卓越的艺术鉴赏力与判断力、敏锐博学、目光坚定、品性高洁的青年诗人。作为一个写作者，他是中国当代诗坛一位少有的纯血诗人；作为一个编辑，他坚持公正、道义和原创性诗歌的发现与弘扬，在其影响能及的范围内，为诗坛的健康发展树立了一种标尺。他因而又以学者型青年编辑的形象，赢得了诗界的敬重。

骆一禾之于海子的重要性，不仅仅在于他对海子诗歌中天才性元素的最早发现、激赏和推崇，也不仅仅在于他此后作为编辑时，给海子诗歌大量版面的提供和向其他刊物的推介——尽管这一切都是极为重要的，乃至是海子建立信心，进而确立其诗歌抱负的基础。他之于海子的重要性更在于，在诗歌创作上，他与海子是一个互相依持、互为凭借的存在。他与海子的诗歌各成系统，又同根同脉，以同一方向中彼此的差异，相互灌注、相互刺激，从而在对旧有茧壳的快速突破中实现共同的飞翔。

海子与骆一禾，是接近20世纪末的中国新诗史上由天意派给的奇迹。从某种意义上说，他们是两个相互为对方而生的诗歌生命，也因之，作为兄长的骆一禾，也最终为对方而死！

在海子去世65天之后的1989年5月31日，当骆一禾在向那个尚不能完全弄清海子价值的世界，在关于海子诗歌价值的演讲和激情奔走中，感觉到那个世界的耳朵已逐渐张开，心智已逐渐开窍时，突然晕眩于一片晴朗的光明中——那是当时上万名青年学子们正云集于其中的天安门广场。青春的面孔生气勃勃，高爽的天空美丽清澈，接着，大脑中一片殷红的血与他眼中无边的湛蓝相洇渗——骆一禾，这位深具长者仁爱之风的纯血诗人，追随他那诡谲、天才的"傻弟弟"而去。

关于骆一禾与海子，"倾听与诉说"的比喻虽然美妙，且富于诗意，但我更愿意强调的是，骆一禾之于海子绝不仅仅是一只钟子期之于俞伯牙的耳朵，他在诗歌创作上抵达的境界，是与海子作为并峙的双峰而存在的。

而他之比海子更为动人的，则在于其精神中葆有的，在这个时代已经丧失了的高洁品性和心地。西川曾在追念骆一禾的《怀念》一文中，写下了这样一段文字："然而这样一位高尚的诗人，直到他去世，我才发现自己对他知之甚少。他生前更多的是去帮助别人，了解别人，谈论别人；我们在一起时他则更多地谈论海子。"

骆一禾生前之甘于隐身于海子之后，这是缘于他的品性；而在他身后，中国诗界于最初的追念以毕，并未对他绚烂、丰润之大美的诗歌世界做深入的探析，且进而对他本人达于遗忘，这除了表明这个时代艺术判断力的低下外，更表明了人心的淡漠。骆一禾向这个世界讲述了海子，因而海子复活；但海子先骆一禾而去，大约再也没有与之匹配的人，能像骆一禾讲述海子那样,来讲述骆一禾了。

……在1983年的北大,骆一禾比西川稍早一些注意到了海子并与之相识。关于这个问题,陈陟云的《我与海子》中亦有记述:"有一次,他兴冲冲地跑来,说他同中文系79级的骆一禾认识了,找个时间也介绍我同骆接触。"陈陟云继而谈道:海子与骆一禾的认识,应是在他那本油印诗集《小站》印出来之后。《小站》印出来后,同学们争相传阅,很受震动。中文系的同学说,原来法律系也有把诗写得这么好的。骆一禾就专门去找他,还在五四文学社为他搞了一个讨论会,这大约是在1983年5月份的时候。"骆一禾从发现《小站》开始,就一直欣赏并不遗余力地力荐海子。"

关于骆一禾,陈陟云的记述中显然充满了敬意:"对于骆一禾,我是知道的,他是五四文学社的核心成员之一,《未名湖》每期都会有他的一些诗歌作品,在我们心目中是个很有分量的人物。我在中文系的一次诗歌研讨会上见过他,斯文帅气,沉着稳重,条理清晰,学究气十足,发言时还在黑板上写写画画。"

不仅如此,即使在当时,骆一禾就是一个勇于为海子出头的人。陈陟云还记述了这样有趣的一幕:"当时生物系有四个同学合出了一本叫作《西风·沉诵·太阳节》的诗集,是铅印的,在学三食堂前卖,一块钱一本,我买了一本,和海子一起看了,都觉得很不错,很震撼。过了几天,海子说这几个人很狂,骆一禾说要找时间去会会他们。一天下午,我们仨一起到36楼生物系三楼他们的宿舍,就有关一些诗学观念展开了讨论。他们中有两个人一直慷慨激昂,滔滔不绝地阐述自己的观点,说要打破一切传统,在传统的废墟上建立起现代诗歌的殿堂。我和海子很少说话,主要是骆一禾同他们在辩论。骆舌战群雄,侃侃而谈,引经据典,逻辑严密,大度豁达,无不令人钦佩。"

骆一禾在海子去世一个月后所写的《我考虑真正的史诗》那篇文章,于沉痛的追念中回忆了他与海子的初识:"今天,已经是他暴烈死去的忌月之日……我们三个朋友只剩下了两个,这种友谊是从1983年初开始的。我们无法想象的永远是这个瘦小的、红脸膛、迈着农民式钝重步伐的朋友和弟弟临死前的一刹那的心情……"

20多年后综合其他信息重读这段话,我的一个强烈的感受是,骆一禾对于海子,实在是体察入微。知道这个"农民式钝重步伐"的所指吗?据孙理波讲:在他当年的意识中,很少有海子是从农村来的感觉。但有一点让人奇怪,这就是他的走路和那脚步声。他走路时腿不抬高,脚基本上拖着地面走,那时的昌平,还有许多土路,他走路时不但会发出嚓、嚓的声响,脚后还会扬起尘土……于是就对他说,你这哪儿是走路啊,分明是拖拉机在犁地。他则回头笑笑:那是农村生活留下的"病根"。

而骆一禾与西川的结识,似乎在与海子结识之前。1999年5月,在笔者书写此书时与西川的一次交谈中,西川坦言,骆一禾对他是一位具有领路人意义的兄长。他们三人此后的密切交往,在许多时候都是因着骆一禾而得以聚拢的。

就这样,海子、骆一禾、西川从三个不同的出生地,不同的学科专业,也从三个不同的方向以诗的名义而围拢于1983年。

这时候,从进入北大中文系的1979年即开始写诗的骆一禾,在1982年已写出了《钟声》这样的诗:

北国的冬天

电线和锡皮的屋顶

突然闪亮了

夜色深沉

夜色多么美啊……

钟声像一头长角鹿

不知在那一座山上

用栗色的大眼睛瞭望

…………

我们的心上人脸红了
…………
钟声响动的时候
海浪
像一万匹白马
从容地驰向远方

骆一禾这个时候的诗无疑是渊源有自,但已踏雪无痕,自成机杼。带有女性气质的青春之血神秘地涌动,迅即便推向俊美男子的清朗刚亮——这是骆一禾诗歌的主体脉络和心理原型。此后他的诗歌无论有多深的进展,都始终有这一主脉络的亘贯。

而从《秋声》这首诗里,我们则可看出西川 1983 年前后的另外一种诗歌景观:

在这被黄土高原上赶车的老汉
所鞭打的秋声里
柿子和石榴又一次成熟
古老的银杏树没有忘记
再结一次让孩子们欣然的果实……
秋天,这个季节是我的父亲

沉默的季节

有如一片热带的森林

玫瑰色的天空浸入他每一根脉管

与西川此后那种比较纯粹的文本性写作倾向相比，这首诗出于西川之手则颇为出乎人意料，甚至有判若两人之感。可见在这个时候，他对北京朦胧诗人中江河的《祖国啊，祖国》和《纪念碑》那种恢宏、具有土地的绵延感和史诗感的风格比较倾心。

江河的《纪念碑》这类诗，也曾是海子诗歌的出发点，当然，更有杨炼《礼魂》的影响。海子1983年的《东方山脉》（《小站》中的诗作之一），基本上就是这两者的综合：

为了光明

我生出一对又一对

深黑的眼睛和穴居的人群

用雪水在石壁上画了许多匹野牛

他们赶着羊就出发了

手中的火种发芽

和麦粒一道支起窝棚

后来情歌在平坦的地方

给出语法规则

……

把我的岩石和汉子的三角肌

一同描在族徽上吧

把我的松涛连成火把吧

……

让我去拥抱世界

这其中的"麦粒""情歌""语法规则"等关键词自然是属于海子个人的意象,但这首诗总体上的历史庄重感和强盛的个人承担感之于当时19岁的海子,之从他的嘴里说出,总让我有小人儿说大话的忍俊不禁的感觉。此时,他大略上已看到了那么一个空间,却没有丰厚的心理积淀与之对应。这种心理角色上的错位和自己"语法规则"的不能到位,正显示了他初学乍练的模糊期状态。但在当时的大学生诗歌中,它却已算得上一种突破了。

然而,这其中另外一个隐形的空间却未被昭示,包括所有研究海子作品的文章都未能意识到,并且大家也许根本不会想到,海子诗歌之路的出发点,最初却始之于顾城!

也是1999年5月,当我在与西川的交谈中,由西川无意中谈及这一点时,我的心头曾蓦地一紧。大脑中一瞬间划过顾城"鸟儿在疾风中／迅速转向／／少年去捡拾／一枚分币"等，诸如其《孤线》《远和近》那些游丝般缥缈茫然的诗句。这同海子此后"日光其实很强／一种万物生长的鞭子和血"那种短兵相接的鞭楚感和火辣感，实在是大相径庭，风马牛不相及。但，也许正是两人诗歌中这相异的部分给我们留下了太强烈的印象，因而使人忽略了他们的相似部分。

岂止是相似，那简直就是两圆相交中的"交集"部分。此后，当我重读1984年的一篇《顾城访谈录》时，不禁为他如下的这些话大吃一惊。顾城在这篇访谈录中谈道——

真正使我震惊的是西班牙和它的那个语系的文学……他们的声音里有一种白金和乌木的气概，一种混血的热情，一种绝对精神。

我是个偏执的人，喜欢绝对。朋友在给我做过心理测试后警告我：要小心发疯……我想他是有道理的。我一直在走各种极端，一直在裁判自己。在我生命里总有锋利的剑，有变幻的长披风，有黑鸽子和圣女崇拜。我生怕学会宽恕自己。

我喜欢洛尔迦，喜欢他诗中的安达露西亚、转着风车的村庄、月亮和少女。

我喜欢古诗，刻满花纹的古建筑，殷商时代的铜器；我喜欢屈原、李白、李贺、李煜；喜欢《庄子》的气度、《三国》

的恢宏无情、《红楼梦》中恍若隔世的泪水人生。

我习惯了农村，习惯了那个黏土垒成的小村子，周围是大地，像轮盘一样转动。

这是一段非常珍贵的文字，它在我有关顾城之于童话诗人的浮泛感觉中，用金刚石式的语言，镂刻出一个本质性诗人在幽蓝色的黎明中，由风车、旷野、河流、城堡组成的那种朦胧而深邃的世界。而他的偏执、激烈，月亮、少女的梦幻般的感伤，对农村与大地怀旧性的迷恋与热爱，这一切沉潜萦绕在其精神心灵中的本质性元素，竟几乎与海子完全一致。

"要小心发疯"——这一性格测试后又被他自己确认的"提前说出的话"，与海子在诗歌中纠缠不清地谈论死亡和自杀，及至最终走向各自的谶言，又竟是那么惊人的吻合。

我们继而将会看到：海子此后诗歌中那么痴迷于草原、姐妹、少女、月亮、泪水，痴迷于雨水与村庄，痴迷太阳光芒的剑，以及天空的暴力幻象，极像是用他的诗歌，张扬了顾城内心意念中未能在诗歌中展开的图像。

1983年夏季，19岁的海子带着他将作为一名诗人应有的文化心理准备，带着他最重要的友人因诗歌而缔结的坚实友谊，结束了他在北京大学4年的学生生涯，成为中国政法大学一名最年轻的教师。19岁，正是大学一年级新生入学的年龄。

四 | 烈日烤红的北方平原

1.《河流》：从水中划上北方陆岸

中国政法大学位于市区的学院路，海子与一起被分配进来的青年教师们，住进了学校在北三环大钟寺对面为他们所租的大钟寺大队的一个小院。这批青年教师中，有一位此后以国际战地记者身份爆得大名的传奇人物——唐师曾。他是海子的同年级校友，北大国际政治系83届毕业生。据有关资料表述，"海子是唐师曾在政法大学的第一个朋友"。这两位此后都大名鼎鼎的人物，此时除了正常的工作外，正经受着"劳其筋骨"的磨炼——两人都被各自的科室，支派为学校的"爱国卫生委员会"成员，每天清早朝气蓬勃地清扫办公室、打开水、点炉子;"爱卫会"开会时,海子则萎靡不振地趴在桌子上打瞌睡。

一个多学期后的1984年,政法大学在昌平筹划开辟新校区,并提前买下了昌平西环里的两栋楼,作为青年教师们的教工宿舍,教师上下班由通勤车接送。至此,海子与他的青年同事们,被北京那一以紫禁城为核心的古老巨大的轮盘,旋转到距其60多里地的边缘地带——昌平。

位于北京西北部的昌平,以"农耕的北方平原"这样一种地理形态,展现在海子面前。

农耕—北方—平原,这一地理形态所包含的这样三个概念,海子自然不会感到陌生。他在农耕的查湾结结实实地生活了15年;他在北方的北京大学度过了4年校园时光;从安庆直线抵达北京的这一广大区间,是著名的华北大平原。然而,当这三个概念组成一个整体出现在他面前的时候,那种感觉应该是陌生新鲜的,它所给予海子的,如同一个少年第一次喝下烧酒后那种浑身的烧灼。严格地说,这里并不是那种一望无际的北方大平原地貌。昌平以北是十三陵和居庸关,依山而建的长城在大约100里的地方,从北向西对昌平围成一个不规则的折角。再向北便是长城之外的燕山山脉,是由清代的努尔哈赤,元代的成吉思汗、忽必烈,再朝上上溯的高车、铁勒、柔然、匈奴等北方草原部族深草驻牧、平岗哨望,动辄铁骑蔽日旗幡争雄图霸的辽阔牧地。燕山山脉的余脉军都山，紧贴政法大学昌平校区的后背横亘而过。

正是这样一种历史地理氛围，给展开在这其中的平原一种浑莽和古老。它春天时分由墨绿的麦田向西铺展至遥远的太行山山脉下的广袤浑厚；它盛夏时分烈日炙烤下冒烟的干旱、粗糙；农夫赤裸的黑脊背，咸涩的汗，田头的水桶和大道上飞扬的尘土……当这一切在落日的燃烧中于地平线上胀起，如一脉烤红的生铁矿带，渗压着生命之于大地、历史、苦难的挣扎与仇恨，是的，它粗闷坚硬的实体足以与海子源自南方潮湿鲜嫩的心灵构成一种致命的对撞。也足以粉碎这实体之外源自文化典籍中空泛缥缈的浪漫抒情。

"我开始时写过神话诗，《诗经》和《楚辞》像两条大河哺育了我。但神话的把握缺乏一种强烈的穿透性。"海子在1984年5月写出了长诗《河流》后，又在为之所写的《寻找对实体的接触》这篇序言中，这样谈论自己在诗歌之路上的醒悟。这段话中有一个极为重要的信息：海子是从1982年的大三时期开始诗歌创作的，但我们见到的他最早的诗歌，只有写于1983年《小站》中的作品。而这里所说的"神话诗"，应该正是他最初的诗歌形态。

如同两条河流哺育了海子的《诗经》和《楚辞》，实际上代表了两种文化类型和方向。《楚辞》是文人的、文化的、神话的、浪漫的，而《诗经》则是民间的、俚俗的、粗杂的、实在的。如果说，海子刚一走向诗歌就高起点的直指源头，那么，这一起步却显然包含着对从1982年开始、由杨炼和四川一大批青年诗人共同营造的文化史诗背景上的跟从性质。而这时，在1984年的昌平，当海子从大学校园的大学生身份走出，独自面对拱起在烈日中烤红的平原时，他来自《诗经》中的心念，将必然接受经由"纸上谈兵"到面对实体的锤砸。

这种锤砸让海子感受到了一种淤血释放般的痛快。

他罹受了一次心灵的洗劫，也找到了跟从状态中一直不能通透的突破口。

从昌平展开的农耕的北方平原，使1984年的海子从一种文化意念，进入到与实体的直接面对。他诗歌的趾爪抠住了土地，感应到了其中古老的仇恨和欲望。他的诗歌理念获得了结实的支撑。

"实体就是主体……是主体的沉默的核心。""实体永远只是被表达，不能被创造。它是真正的诗的基石。才能是次要的，诗人的任务仅仅是用自己的敏感力和生命之光把这黑乎乎的实体照亮，使它裸露于此。"海子对于这一实体"看见"的欣悦以及体悟的透彻，以致使他竟不去计较"才能是次要的"这句话是否说得过头。

20世纪80年代初，北京的青年诗人杨炼从西安的半坡出发,经由甘肃的河西走廊到敦煌,再一个大折角到了青藏高原东南部边缘的九寨沟——那一用藏语"男神"之意命名的雪山瀑布"诺日朗"。这一原生历史文化线路上的浩瀚漫游,使杨炼相继写出包括了《诺日朗》在内的庞大组诗群落《礼魂》,显现出一种横空出世的文化史诗品格。受杨炼《礼魂》的影响,四川一批青年诗人率先启动,继而在全国范围内掀起一场声势浩大的文化史诗博弈。这是一场由诸如袁绍、孙坚、吕布、曹孟德等那类诸侯参加的一场诗歌战争。海子此时虽属无名之辈,但他在1982年已经从北京这一文化信息中心,敏锐地捕捉到了这场博弈的风暴之头,并起而以"神话诗"相应。然而,结果却如他自己所反省的,"缺乏一种强烈的穿透性"。对于这种"史诗"规模的大制作,同样雄心勃勃的海子无疑是心向往之,但他虽起立响应,却只能忝列其末,自然心有不甘。海子在这同一篇文章中还这样写道:"当前,有一小批年轻的诗人开始走向我们民族的心灵深处,揭开黄色的皮肤,看一看古老的沉积着流水和暗红色血块的心脏……虽然他们的诗带有比较文化的痕迹,但我们这个民族毕竟站起来歌唱自身了。我决心用自己的诗的方式加入这支队伍。"他记叙了这一背景,当他这样指出这一创作类型的瑕疵时,正是因为他已获得了在他看来是解决问题的关键,即对于这一实体的依托。

在由北大中文系 79 级的老木主编，北大五四文学社 1985 年出版的《青年诗人谈诗》的那本小册子中，排在最后三篇文章的作者石光华、海子、宋渠宋玮兄弟在各自的简介中，都引人注目地写有大致相同的这样一行文字：1980 年以来（海子则是"大学期间开始"），"受到江河尤其是杨炼的影响进行史诗的探索"。

而 1984 年，当海子对他所心仪的诗人及这一创作类型表示了小小的訾议时，也便意味着他已有了自己是这一先锋团队中独立一员的那种感觉。"农耕的北方平原"之门已经朝他打开，他已踏上了自己独立的道路。

长诗《河流》是海子走向史诗性写作的一次有准备的尝试。尽管它表现了海子已显丰富的盛纳能力和对于实体的"表达"能力，但它的出发点仍缘于对一种启示的凭借。当杨炼的《礼魂》把作为民族史诗的根脉从汉文化的发祥地半坡，追溯至青藏高原上原生性的男性生命派生力，以隆起的大陆高地为场景，进行文化旨归上的意义追寻时，海子则对应性地以河流为主脉，并力图以河流与土地的兼容，个人生命史投影的贯穿，民间场景的注入等，使之获具更广的涵盖和可触摸的实体要素。这是一种做反面文章的思路，它的产生是以一个已经存在的文本为前提。

《河流》的产生还有一个前提，这就是骆一禾写于 1983

年9月的长诗《河的传说》。海子在1984年9月写出了长诗《河流》后,又在同年12月紧接着完成了另一部长诗《传说》。从这两首长诗的标题上来看,它们恰恰是对骆一禾此诗一分为二的大规模扩展。这当然绝不意味着海子这两首长诗原创性的缺乏,但它们无疑缘起于骆一禾的这一启示。因此,骆一禾这首长诗的副题"——献给中国精神发源地:伟大的河流",便正是海子这首《河流》的主题:河流——中国精神的发源地。

《河流》一诗共分为"春秋""长路当歌""北方"这样三大部分。其主体脉络是"我"与"河流"。而整首诗的发展线索,则带有海子个人生命成长史的影像。"春秋"一章下含"诞生""让我离开这里""母亲的梦"等章节。诞生的地址虽被虚化,但从"那些湿润中款款的百合""滋生过恋情和欢欢爱爱的鸳鸯小草"等物象来看,无疑是属于湿润的南方。"长路当歌"一章之下的"父亲""树根之河""舞"等章节,则是成长中接受父性炙烤的男性生命之舞蹈——"被年青的新娘们拥有,我摘下自己的帽子,头颅里响起婚礼的钟声"。最后一章"北方"之下有"圣地""种子""爱""歌手"等,可以视作海子进入北方后,对这片土地内蕴的深层认领;与这片土地关系新的缔结——他把北方视为圣地。从"圣地"这一节中开头的"我爬上岸"到最后一节的"歌手",显示了海子对自己从北方土地开始的诗歌生涯——"歌手"目标的确定。

由此不难看出,这是带有个人生命自传和心灵自传痕迹的一首长诗。它比较复杂庞大的结构性,河流与土地的伟大精神生成了诗歌、生成了诗人的主题,都显现了海子在这部长诗中寄寓的史诗意图。

我们在这首诗中不难感觉到对于杨炼《礼魂》模仿的痕迹。此外,缘于笔力尚弱,尽管他在意象营造上恃力而为,但却缺乏那种排浪般顶冲而起的崛动感,以致在总体印象上有一种水过洼地式的漶漫。

但尽管如此,这首长诗仍显示了海子作为一个诗人的诸多重要品质,首先,他已接近于建立了自己的一套语言系统,并写出了诸如"为什么一个人总有一条通往地下再不回头的路/为什么一支旧歌总守望故土落日捆住的地方"这样一类让人心悸的诗句。而另外的"你是水/是每天以朝霞洗脸的当家人","你刚合上眼皮/渔人就用海螺做成眼睛互相寻找"这类带有河文化印记和童话感的诗句,它的诡谲和空灵,则更是把海子与那些历史文化语境中一式的庄重和凿凿大言的写作,区别了开来。

其次是南方文化系统中那种湿润空蒙的水质元素,类似于《诗经》的民间意象,以及两者相溶渗的神话般的梦幻气质。

这些，都使海子的诗歌具备了区别于当时群体"史诗"模式的、他自己的独立面目。

另外，在我看来更重要的，则是当一个诗人将自己的生命史和心灵史作为一种直接的诗歌材料时，便意味着他在从事一次大的诗歌行动中，对自己诗歌资源孤注一掷地一次性穷尽。也便同时意味着，此后他将在很长一段时间内休养、止笔。然而，海子没有。他在这一年9月份完成了这首长诗后，紧接着又开始了自己长诗写作上的强力推进，并在同年12月完成了第二首长诗《传说》。

《河流》从海子的生命源头南方开始，到他从"河流"中爬上岸进入北方，最终成为"歌手"为止。我在前边说到了以"农耕的北方平原"形态存在的昌平，而在这首诗的末尾，海子的诗歌又进一步地指向了另外一个场景——北方平原腹地的长安——"歌手红布袍／如火／几名兄弟含泪相托／……伐木丁丁，大漠明驼，想起了长安月亮"。

2.《传说》：北方心头难受的火啊

场景对于一切具有史诗写作倾向的诗人都是重要的。它以土地的实体和背景氛围，派给诗人一种框架与模型。使其诗歌空间弥漫出这一场景的主体元素。

而以长安为始点，通往大西北的这一广大空间，则是中国大地上最富史诗元素的一片地域。它史前时代的半坡遗址是中华民族的摇篮；以长安为核心的周边属地，是周秦汉唐托起皇皇中华帝国大厦的数朝国都。而古长安，既是中华民族以丝绸之路相贯通，向西经敦煌、西域走向波斯高原，走向古罗马从而走向世界的起点；又是由此逆向而来的，以佛教文化和伊斯兰文化为核心，包括了金银和象牙工艺制品、园艺、诗歌、经籍、音乐、美术等多种文化流入的终点，并进而向中华内陆辐射的集散地。作为一种历史人文地理板块，它在中华大地上远远超过任何一片地域，直接与先秦文化相对应。是产生、承载先秦文化的主体。我们这个役使耕牛和毛驴的农耕民族，在它历史进程的某个清晨，突然对马有了真切的概念，并以此有了飞驰的凭借和拓疆万里的欲望，都与这一历史空间有关。汉武帝之向大宛国索取葱岭中为冰雪养育的"天马""汗血马"，唐太宗李世民在长安以北九嵕山下他的昭陵陵园，为自己生前屡立战功的那来自西域的六匹神骏——飒露紫、拳毛䯄、白蹄乌、什伐赤、特勒骠、青骓，命石匠勒石造像，以此又产生了举世闻名的昭陵六骏石刻，都记录着那一空间不可一世的史诗气象。而昭陵所从属的礼泉县境，正是我本人的故乡。

没有马，就不会有英雄史诗。而在上一个辉煌王朝——大秦帝国的末尾，他们庞大的铁骑兵旅突然从大地上隐遁，待千年之后我们在秦始皇的兵马俑坑再见到它们时，才发现它们以转战五尺黄土之下的更为让人震撼的方式，保持着马之于一个帝国王朝的铁血威严。

而贯穿于这帝国王朝的内部并凸现于其时间两端的，则是半坡穹庐圹场上先民的"陶工""火脉"，是世世代代的百姓黔首"血砍在地上"的放浪歌吼，来自北边的泾河与渭河于此汇成一脉，在浇灌了繁茂的先秦文化后，在当今之世时而露出卵石光滑的河床……

——这就是北方腹地的长安，先人、帝王和土头百姓的长安。盛衰更迭，大起大落的长安。尘土三尺，血气汪霈的长安。

在1984年完成的长诗《传说》和1985年完成的规模更大的长诗《但是水、水》，以及这中间的诸多短诗中，都引人注目地密集着此前在海子的诗歌中从未出现过的这样一些意象和诗句：

中国器乐用泪水寻找中国老百姓／秦腔／今夜的闪电／一条条／跳入我怀中（《中国器乐》）；

"那秦腔，那唢呐／像谷地里乍起的风""秦腔啊，你是唯一一只哺育我的乳头／秦腔啊是我的血缘""请你把手伸进我的眼睛里／摸出青铜和小麦／兵马俑说出很久以前的密语"
(《传说》)。

——这些无一不是"长安"场景派生的意象。

依据海子在《但是水、水》中的诗句"旧河道呀黄水通天河呀扬子江……／是我夜夜思念的远方"来看,这个长安,又是居于以扬子江等代表的他故乡的南方水系,和以青海的通天河为代表的中国西部高地的中间位置。是青春期的海子需要水和大陆的实体支撑,又将在其身心更强盛之时背弃水的柔情,而走向青藏高原的过渡地带。这正像他在《传说》这首诗中所呈示的:一边是西部"草原从远方的缺口涌入"的未来,一边是南方"在棉花惨白的笑容里／我遍地爬起"的过去。

根据"长安"意象在他这一时期诗作中的密集出现,和他已透露的,通向草原的更遥远的神思,海子当于1984年的七八月份利用暑假的机会去过一次陕西。再依其1985年1月所写的《熟了麦子》中"那一年／兰州一带的新麦／熟了"等一批有关夏天意象的短诗来看,他在这次出游中,很可能还顺势到达了甘肃的兰州。

指出这一点非常重要。在海子真正开始了一个诗人的诗歌生涯后,他诸多重要的诗歌都与出门远旅相关。他自己则将此称作"流浪",并把这种流浪视作自己生命中最重要的部分。在数年之后的 1988 年 2 月,海子曾写下过一首极像是自己墓志铭的三行诗《夜色》:

在夜色中
我有三次受难:流浪、爱情、生存
我有三种幸福:诗歌、王位、太阳

　　此时他已走过了许多地方,而这"流浪"之作为他"三次受难"的第一位,正与"三种幸福"中排在第一位的"诗歌"相对应,"流浪"也因此而成为"诗歌"的同义语。而就是在这完成于 1984 年 12 月的《传说》中,他已经写下了类似的诗句——"死亡,流浪,爱情／我有三次受难的光辉"。

　　此时,如同杨炼从北京独自走向西安(长安)走向青藏高原,从"今天"诗人群的末尾,终而升起了文化史诗高地上的他自己一样,海子从昌平走向西安,走向北方腹地的民间歌谣和秦腔,正是他从同代诗人中"拉出"自己的开始。

　　《传说》共分为六个章节,前三个章节的标题特别引人注目,其一为"老人们",其二为"民间歌谣",其三为"平常人的故乡"。从这些标题中,我们不难感觉到它们与其他"文化史诗"的明显区别:海子是在回避"正史",即由帝王勋业代表的载之于诸如《春秋》《尚书》中的那种历史；甚至也在回避着其一与英雄、先知和率领者相关，其二与形而上的哲学文化相关的既有"文化史诗"模式。对此，我们只要把这两类诗歌的代表作，前者如杨炼的《礼魂·高原》与之做一对照，就能清晰地感觉到彼此的差异：

漫游者，你在大地的颂歌中穿行，为我骄傲吧
家已遥远，你被风引领着踏上这走廊，别再回头吧
…………
海洋退去，我的梦发蓝，白鸟在诞生第三天盘旋
雪山像新月之王，面对沙漠的广场宣谕
袒露爱情吧，漫游的伙伴，除了你谁配跟随我

而《传说》中的主体抒情形象和氛围则是这样的：

平原上的植物是三尺长的传说
果实滚动
大喜大悲
那秦腔，那唢呐
像谷地里乍起的风
想起了从前……

人间的道理

父母的道理

使我们无端地想哭

——海子的诗歌中，常常就有这种一个诡谲的野孩子突然发傻般一念如电的心灵悸动，使我们由庞杂的文化沉积和生命天性组合的复杂情感，被这旁门斜出的一念之电打个正着，竟也因此而——"无端地想哭"！

作为一个受过系统学院教养的知识分子，海子之在浩瀚的中国文化集成中出人意料地发现并倾心于民间歌谣，除了其乡村生命背景中自觉的文化血缘认同外，应当还由于其精神情感上的判断力。所谓的文人文化、史官文化，作为古代文明最重要的载体，其严密、规范、精深都是不言而喻的。但它恰恰由于必须合乎文明框架的规范，而遗漏了那种难以言传的心灵信息，遗漏了底层的民间信息。而它们所遗漏的，正是以歌谣等为代表的民间文化所特有的。其最重要的特点，就是对社会原生态信息的记录。它几乎包括了一个时代和一个民族的朴素、真淳、坚韧、粗鄙乃至荒唐的所有精神元素。它作为百姓艰难生存的精神润滑剂，历经地老天荒却生生不息。它不事修饰的率真、不受扼制的夸张想象，未经过滤的粗芜，对于长期沤渍于圆熟文人文化的心灵来说，当无异于铁砂掌的当胸一拍。或者如海子自己所言——一种血洗的痛快。

正是基于这一认识，海子在《传说》中又设置了一种民间精神框架。现在，代表生命根脉的"老人们"，代表土地声音的"民间歌谣"，代表苍头百姓生息之地的"平常人诞生的故乡"，这三位一体"符号"就守候在前方，向另一个生命发出召唤。而这个生命，这个孩子，则是这样诞生的——"踏在绿岸上的少女／洗完了衣服，割完了麦子／走进芦花丛／今夜有三个老人／同时观看北斗／第六天是节日／第六天是爱情之日／母亲生我在乡下的沟地里"。这就是说，他既是"走进芦花丛的少女"与被老人们仰观的"北斗"，星光射腹的天遣之婴，又是沟地里血孕的土地之子。这是这首长诗第五章节中的一场情景，这一章节的标题是"复活之一：河水初次带来的孩子"。河在海子此时的诗歌中一直是作为南方的象征，也就是说，这个孩子是随前一首长诗《河流》遁去后的海子，在摄取了新的精神生命元素后于此时的复活。而这次复活，则是应着以长安为核心的北方平原的召唤而来的。"有客有客"——"复活之一：河水初次带来的孩子"标题下引自《诗经·周颂》的这一短句，仿佛正是周朝的土地上空——亦即古长安的土地上空，一只大鸟向主人欣悦地报喜。

在关于海子的评论中，一些文章对其诗歌中以火代表的"暴力的修辞和意象"表示了特别的敏感。西川在《死亡后记》

一文中写道:"1987年以后,海子放弃了其诗歌中母性、水质的爱,而转向一种父性、烈火般的复仇。"

但确切的事实是,早在1984年的这首《传说》中,也就是背景性的水质柔情中,海子便突然开始了火的暴力冲刺。

——"日子来了"。

这是他置身于北方平原的腹地,置身于由民间生存和民间艺术(歌谣)构成的历史腹地,所看见的自己将要以诗歌面对的日子。

那时,他是坐在以墓地、默然的稻穗、"石鸟刻着歌曲"的碑雕等组成的"北方仓库"的夜里,而看见"日子来了"。这就是说,他首先看见了"黑",黑色、黑暗,与历史、死亡、土地、生命勾连为一个庞大实体的"黑"之后,看见日子来了。他在这首诗的最后一章将它称之为"复活之二:黑色的复活"。

是的,"日子来了/人的声音/先由植物发出/帆从耳畔擦过/海跟踪而来/大陆注视着自身的暗影/注视着//火"。

我不是要苦苦诉说

不是在青春的峡谷中

做出叛徒的姿势

我是心头难受的火啊

这几行诗句应当还有一个针对性的背景，这就是当时的青年先锋诗人们在被扯进"朦胧诗"的论争中，所受到的有关数典忘祖、背叛传统的指控和挞伐。他不是要"做出叛徒的姿势"当正是对此而言。在写出"我是心头难受的火啊"这行诗句时，他无疑是根据自己体内的信息，将"日子来了"，与从事中国现代史诗写作群体之诞生相联结，并置身于一种巨大的欣悦中——"兄弟们指着彼此／诞生／诞生多么美好"。是的，火使他觉醒，使他和他们诞生。《传说》就是这样在由大火燃烧的晕眩中结尾的。

3. 泅泳在《但是水、水》中的玄武

然而，尽管如此地冲动于内心之火的燃烧，但从这之中生成的，却不是向上的火凤凰，而恰恰相反，是再一次向下扎入土地与水的，由龟蛇合体的玄武——中国神话中的北方之神。所以，在《传说》之后于1985年8月完成的这首长诗，才有了一个语态上承前转折的标题——《但是水、水》。

海子从冲腾的火中再次回归于水和土，并非缘于冷静的写作设计，而是依据体内各种信息集合后传递给他的指令：他的精神艺术行程还未进入快速拉升的阶段，他需要更牢固

地夯实自己的底座。

从构架上来说,《但是水、水》正是海子对他想象中的"大诗"的第一次尝试,不管最终的效果如何,它汇合多种文体的复杂和构架的庞大,都超出了同时代诗人的史诗实验,并成为随后他雄心勃勃的"太阳七部书"的基础。

那么,《但是水、水》的生成又是缘起于什么呢?海子一再地要把"水/河流"与"土/土地"这两种元素聚合在一起,又是因为什么呢?

在海子和诸多重要诗人的写作中,往往都存在着以地理类型或题材类型为资源的穷尽性使用这一特征。这是那种怀有宏大野心的诗人,建立自己江山的基础。这种穷尽性的资源使用,以类型上的最高隆起为目标。从这个角度上看,当海子使用南方的水资源以史诗的构架写作《河流》时,他是怀有穷尽这一资源的目的。当他完成了《河流》发现还有剩余的资源(这其实是在写作中带出的新资源)时,又将它注入以北方平原为主体的《传说》。然而,就在这一进程中,他发现身后的背景更宏阔地打开。这是他在向着北方平原做更深地推进时,绝对不甘放弃的资源。于是,他寻求着新的载体,并惊喜地发现了"玄武"。

玄武是先秦神话中的四方天象之一,所谓的东青龙、西白虎、南朱雀、北玄武,各为一方星宿排列的图像,合称为

"四象"。并进入神话谱系，进入老子道家的宇宙学说，即所谓的无极生太极，太极生两仪，两仪生四象，四象生八卦。无极和太极是宇宙初始的混沌状态，它派生阴阳两仪，两仪生东西南北四象，四象生天、地、雷、风、水、火、山、泽——以卦象表示的八种自然现象。与青龙、白虎、朱雀各以一种鸟兽图像的表示不同，玄武则是龟与蛇两种神兽的合体。在这两个具有神秘感的意象上，古人寄寓了长寿和绵延的概念。曹操诗歌中所谓的"神龟虽寿，犹有竟时；腾蛇成雾，终为灰土"，即是这一说法的反证。在把南方象征为水，北方象征为土的基础上，最令海子兴奋的发现则是：蛇与龟竟然都是水兽！这样，作为北方之象的玄武，便在北方的土地上将水与土联结了起来。而海子就是在这样一个意象的寄托上，来看待土地的"总体关系"的。他在题为《寂静》（《但是水、水》原代后记）的这篇短文中写道："后来我觉得：大地如水，是包含的……土地是一种总体关系，魔力四溢，相互唤起，草木人兽并同苦难，无不深情，无不美丽。它像女人的身体，像水一样不可思议。因为它能包含，它能生产。"

这就是说，海子在《但是水、水》这首长诗里，力图以玄武这个北方平原上的意象密码为钥匙，雄心勃勃地呈示土地上万物之间的总体关系。

另外，海子在北方大陆上引入水，并决意启动这样一首大诗,还有另外一个隐秘的动因,这就是"她"在海子生命中的出现。

海子在这同一篇文章的开头首先写到了他的母亲,"她生下我是有目的的","我是她的第一个儿子"。接着他又这样写道:"另一个人……她给我带来了更多的孤独。我以前在大河上旅行时梦见过她和她的美丽。我的痛苦也就是我的幸福。又深又长。"依据海子是家里的第一个儿子,因而他关于母亲的这番话是实写这一事实来看,这"另一个人"的"她",以及这中间点到为止的省略号,当然是一个具体的指代,亦即他的初恋女友。海子是在1985年8月写这篇短文的,只要我们联系到他此一时期所写的一些短诗,诸如《你的手》《得不到你》《中午》《写给脖子上的菩萨》等等,尤其是这些诗中的"我不能再/让爱情随便受伤","爱着,第一次/都很累"这类句子来看,他此间还处在有甜蜜也有烦恼的爱的纠缠中。

这是海子的初恋,我们不久将会看到,爱情在海子的诗歌和生命中都是刻骨铭心的,在他的诸多短诗中,既有令人动容的酸楚感伤,亦有惊天动地的热烈。而这爱情,又是隐形于其长诗中他诗歌的动力和心气。

这初恋的爱,再次引发了他关于水、南方、母亲更丰富的感触和更深的体认,以至使他表达了这样一种观念:"我想唱唱反调。对男子精神的追求唱唱反调。男子精神只是寂静的大地的一部分。""我追求的是水……也是大地……母性的寂静和包含。东方属阴。"从这段表述中,我们会感觉到海子思维和情感上的极端性,虽然他在哲学观念上对此做了能自圆其说的阐释,但这又仅仅是他此时此刻的哲学阐释。若把它延伸到海子整个的精神世界和创作中,就无法解释他在此后的"太阳七部书"中彻底走向火,走向太阳,走向燃烧的精神和哲学依据。这正如他把龟蛇取其所需地解释为水兽一样,这个解释无疑是一种发现,并在赋予其象征意义的同时也遵守了其基本属性,但龟蛇的类别中又何尝仅仅都是水兽,而没有山龟、草蛇这类陆地爬行物呢?

但无论如何,海子都在这里显示了他令人惊奇的、对于事物抽象的敏锐和对庞杂文化资源的整合贯通能力。玄武形象在这首长诗中核心位置的确立,最关键之处是与老子道家学说的贯通。道教祀奉玄武,而他则把水与老子的"道"相叠合,依据老子的"道生一、一生二、二生三、三生万物"这一法则,在这首长诗中除去最后独立的"其他:神秘故事六篇"外,其主体部分四个章节的标题"遗址""鱼生人""旧河道""三生万物",大致上又可表述为:水生鱼,鱼生人(人分男女为二),人生三(男女由爱的结合生育而为三),三生万物,这样一种哲学图式和诗歌结构。第一篇是三幕诗剧,标题为"遗址",背景为"完全干涸的大河",人物为"秦俑的声音"和"诗人",

所谓的遗址，干涸的大河，秦俑的声音，代表的是死亡和历史，那么水又从何而来呢？诗剧中安排了这样的对话与情节：

> 秦俑的声音："我就是没有声音地被埋下……多少年了／
> 　母羊仍然没来。"
> 诗人："母羊？"
> 秦俑的声音："就是水呀。"

在接下来秦俑的"母羊再也不会来了"的懊恼与绝望中，诗人以一位智者的身份一再表示安慰和开导——"但是会有青草／……还有爱人的乳房……还有唱歌的木头"，"至于母羊，我会选一个日子，牵它而来"。

接下来是第二幕，背景是南方的大河边。

到第三幕启幕时，诗人已手牵母羊到来。

——遗址上就这样有了水，有了启动贯通整首长诗的水脉。而这条水，则是来自南方。

水噢蓝的水
从此我用龟与蛇重建我神秘的内心，神秘的北方的生命
从此我用青蛙愚鲁的双目来重建我的命运，质朴的生存

在用水土合一的玄武确定了这首长诗的核心,用老子的宇宙生成说"道"与"水"贯通了这首长诗的脉络后,我们不难感觉到,这将是一首什么样的诗篇。是的,海子要以自己此在的精神形态,重新整合出一篇中国的创世神话或史诗。缘于中国一词的现代性,它在此被海子用一个更富历史感和哲学文化感的名词所置换,这就是"东方"。

依据史诗必须具有的元素,它的时间是在以《山海经》等典籍描述的那种神话时代而至先秦,地址是以长安为核心的北方平原和以屈原为象征的南方的河泽,主要人物有作为背景存在的老人、屈原、秦俑、诗人、母亲、她,虚在的唐代诗人李贺。

《但是水、水》是一首结构性的"大诗",虽然这并不能说明海子在"大诗"意义上最后完成的效果,但它结构意义上的"大诗"属性在中国新诗史上却一峰独出。在他之前的中国新诗史上,没人想到要把诗写成这么一个样子;在他之后到目前为止,仍然没有——或者因诗歌观念上的差异而不屑为之;或者因文化能力的匮乏而无法为之——仍然没有人这样去写。

如果包括其后的"其他:神秘故事六篇",《但是水、水》共由五个板块构成。第一篇"遗址"是一个三幕诗剧。

第二篇"鱼生人"中,海子则令人匪夷所思地设计了以"水……洪水前后"和"图腾或男人的孤独"为题的,两个并置的诗歌系统。它们在同一页面上双栏排列,既是在各自系统内延伸的单体,又形成相互间对照阅读的并联(但具体排列上偶尔不对称)。它在哲学上的出发点,应是两种事物"共时体"的各自演进,而在某个关节性的地方,它又以一两行主旋律性的诗句居中排列,使两个系统的事象与诗人此在的心绪相呼应。为了说明问题,我们且节选于下:

水……洪水前后	图腾或男人的孤独
1. 洪水	1. 土葬鱼纹
大雨浇灭太阳	栗树和罗望子
外逃的船只	大戟树北方榆呀
如口紧闭	埋下我吧
两人默默守火	今夜四点钟就地埋下
没有风儿吹过脑袋	不要惊醒众多的人
黄钟一样向后仰着	请埋下我吧
…………	…………

哪怕到平原上说说心思也好

…………	…………
一只只饥饿的苹果	一代代草缠人脚

一片片丰满的嘴唇　　　一次次不再仰望长空

悬挂在夜晚　　　　　　痛苦的土地有了伴侣

人鱼同眠河流　　　　　人鱼同眠河流

　　　　　　　　　　　哪怕只对自己说说心思也好

…………　　　　　　　…………

第三篇"旧河道"在句型上,是与以上短句相反的汉赋式的长行铺排:

有人高声作诗……声闻百里……大地拥挤膨胀于心

他在船头或山地莫名地失踪,留下了一百首歌颂月亮的
　诗篇

当然更多的人是在痛苦的心上生活,生活是艰难的

这时我拱手前行……盛唐之水呀,四下的黑暗是你的方向

第四篇"三生万物"共分三章,其中第二章"招魂那天无雨"分A角与B角,即屈原和诗人海子自己的对话:

A:我是水

流浪在

楚国的树上

……………

我是楚国的歌王

　还记得我开口说话的日子吗?

B：记得。痛苦的诗人
是你陪着我——所有的灾难才成为节目
到有水的地方为止
到我俩为止
没有一个人
活下来。

第四篇的最后一章"八月　或：金铜仙人辞汉歌"，则是对唐代诗人李贺的排律《金铜仙人辞汉歌》，以现代汉诗所进行的翻译性改写。李贺的原诗为：

魏官牵车指千里
东关酸风射眸子
……………
衰兰送客咸阳道
天若有情天亦老
携盘独出月荒凉

渭城已远波声小

但在海子翻译性地改写中则转换出这样的场景：

陌生的官牵我走向千里以外
函谷吹来的凄风一直射向我青铜仙人的眸子
…………
咸阳道上为我送行的只有败兰一枝。
…………
在月儿照着的荒凉的野地上行走
渐渐
离渭城远了听到的渭水的波声也就渐渐的小了

《但是水、水》的最末一篇是"其他：神秘故事六篇"，由"龟王""木船""初恋""诞生""公鸡""南方"这六篇1000到3000字不等的寓言故事汇集而成。

六篇中最后一篇的"南方"是这样开头的："我81岁那年，得到了一幅故乡的地图……"最后以这样的文字结尾："我走向她，身躯越来越小。我长到3岁，抬头望门。马儿早已不见。"

我们由此可以看到，在这首长诗中，海子几乎穷尽心思地摆弄着各种兵器,以强化其"大诗"的品质,诸如常规性的诗歌短句,超常规的诗歌长句,双管齐下的诗行排列与对应,对古人诗词的改写……并且,进一步地还将诗剧和寓言故事纳入其中。这样的写作,近乎一种野蛮的一个人的诗歌战争。

4. 家园洪水中的龟王

1985年的海子这一次在艺术形式上似乎走得太远。在他之前的1982年前后,当代诗人中曾有这样几个引人注目的诗歌实验:其一是江河在组诗《太阳和他的反光》中对上古神话的当代改写。其二是杨炼在《诺日朗》中对佛经中的"偈子",以及"开路歌""穿花""煞鼓"这些四川民歌中丧歌仪式的拟仿。想来这些实验对海子的写作都不无影响。然而,他在诗歌形式的探求之外,还把诗剧、寓言故事这些独立文体纳入他的"史诗"或"大诗"之中,那么,这样做的依据何在,他为什么要这样做呢?

其实,只要我们把目光投向古希腊和古罗马时代的史诗,便会看到海子这样做的本源和依据。

在那里,我们首先会看到古希腊诗人埃斯库罗斯、索福克勒斯以其《被缚的普罗米修斯》《俄狄浦斯王》等悲剧所呈示的诗剧形式。我们还看到了古罗马诗人奥维德,他的诗作,更典型地体现了古代大诗人那种综合社会全景的诗歌观念。比如他的《罗马岁时记》就按月记载了罗马的宗教节日、传说、风俗、历史事件等等。而他长达15章的著名史诗《变形记》,便是由50个较长的和200个较短的"故事"结构而成。故事中的人物则由神话中的诸神、男女英雄以及历史人物这样三个部分构成。奥维德和所有的史诗诗人一样崇拜上古时代,因而把天地开辟后人类创造的四大时代依次分类为:没有禁律但人们却自动坚持信义和正道的"黄金时代";一年分成了四季,人们必须在对炎热和寒冷的忍受中艰辛劳作的"白银时代";战乱频仍,人们还能虔敬信仰天神的"青铜时代";信仰丢失、所有罪恶统通爆发的"黑铁时代"。

接着我们还会在古印度的《摩诃婆罗多》这种"大诗"形式中,看到它对民间传说、寓言、神话、童话等多种文学样式的丰富兼容;从哲学、宗教、法律等角度,对从氏族社会向奴隶社会过渡的古印度社会全景的描述。

再往后的古希伯来民族的《圣经》,则同样包含了近千年的犹太文献,犹太和其他民族具有神话和宗教色彩的古代历史传说,宗教法典,编年史家和诗人的作品,民间传说,故事谚语,乃至爱情诗。

即使到了公元13世纪波斯诗人萨迪的《蔷薇园》中,它"记帝王言行""记僧侣言行""论青春与爱情""论交往之道"

这种内容构成的作品，仍继承了古代诗人反映民族、社会、历史、现实全貌的史诗品性，并广泛地吸取了故事、传说、谚语、格言乃至笑话等这些民间文学的精华，以哲学、格言式短诗与散文体故事互相穿插的文本结构方式。

另外，我们还可以从古希腊公元前9世纪至前8世纪的《荷马史诗》，得出一些关于史诗的一般性概念。从类型上来说，史诗分为狭义性和广义性两类。狭义性的，亦即文体意义上的史诗，特指《伊利亚特》《奥德修记》即《荷马史诗》，以及《摩诃婆罗多》这类人神混一的战争英雄史诗。它们最初大都以说唱的形式在民间流传，在若干世纪后被文人搜集、整理、加工，而逐渐以文字定型。另一类广义的史诗则诸如古希腊悲剧诗人的戏剧、奥维德的《变形记》等这种非文体意义上的"史诗性"作品。它们大都与诸如人类起源、创世神话的主题相关，在一种宏大壮阔的场景中表现了某种形而上的、终极性的题旨。但无论两者有着怎样的区别，它们都被视作一个民族的最高文化制品。因而在文体构成上以不计形式的对各种文学样式的综合，来实现那种所谓"大书"或"文化全书"的完成。

我们由此看到了海子在《但是水、水》中进行这种文化集成的依据，也同样从这种构成中，看到他为自己这类诗歌所悬置的标高——直追上古时代大书性的史诗。

在有关海子诗歌的研究中,很少有人注意到《但是水、水》最后一个部分的《其他:神秘故事六篇》。这是海子在这部长诗中力图贯穿民间艺术元素的一个着力点。就其本身来说,它民间色彩的神秘性,讲述方式上地道的传说意味,内容情节中悲剧性的震撼力,每一个故事的确切寓意,某些关节处在故事与自己之间鬼使神差的准确预言,都使它呈示着巨大的艺术穿透力。

为了说明问题,我们且以其中的首篇《龟王》为例来以斑窥豹。这一故事的情节大致如下:

从前,在东边平原的深处,住着一位从山谷中来的老石匠,老石匠技艺超群,曾给宫殿和陵园凿制过各种动物。但他却把由此所得的钱财散给众人,为了一个神秘的念头而过着终身不娶的清贫生活。被内心的这一念头折磨,老石匠的脾气越来越古怪,身体也瘦得几乎只剩下了一把筋骨。而他雕凿的动物无论是飞翔的、走动的、浮游的,也越来越古怪地趋向于同一种神态——在地面上艰难爬行,知天命而奋力抗争的神态。整整一个夏天,老石匠都死气沉沉地守着这堆无人问津的石头动物,直至冬天,他到村外冰封的河床上感受寒冽的日光蛇一样从手心游过、感受泥层和鱼群激烈的繁殖。春天,他又跟着农夫学习扶犁、播种,他衣衫褴褛,然后在田垄中以沾着牛粪和泥巴的手掌贴着额头睡去。

当老石匠第二天早上醒来时，突然变得像一个青年一样的利索，胸中如有5匹烈马奔踏。他一口气跑回家，并关上所有的门窗，在屋内一待就是5年。

5年后的一天，一场铺天盖地的洪水向平原涌来，就在那天夜里，人们听到了无数乌龟划水的声音，洪水在清晨退去。当人们推开老石匠的房门时，发现他已疲惫地死在床上。地上还有一只和床差不多大的、形体非常像人的石头龟王，身体上满是刚与洪水搏斗过的伤痕。

第二年大旱，人们供上香案，把龟王埋进干涸的河道中央。随之一注清泉涌出，天空云雨相合。平原从此康乐安宁。

这个寓言故事，显然与前边诗歌中"从此我用龟与蛇重建我神秘的内心"出于同一情结。但它却是一个可怕的故事，一个传递着不祥预兆信息的故事。它包含了海子对于艺术、艺术创造力的来源，艺术创作的目的等根本性问题的理解；更在那个老石匠的形象中，预示了自己从事诗歌艺术的最终生命走向。所谓的艺术，就是在天、地、人、神和动物全息性的综合观照中，收聚于诗人内心的一种神秘意念。所谓的艺术和艺术家必须经历这样的道路：首先是脱离开常规的规范，将创作推向连自己也不知所云的古怪变形，继而是步入绝境的煎熬，再接着是从自然万物中逐渐感应灵气，在泥粪涂额，犁沟蜷卧中，像希腊神话中的安泰那样从大地上获得地力，接下来以死而后生的灵魂开窍，进入专注疯狂的艺术创造。

然后，他在迹化为他的艺术品之后死去，也在迹化为他的艺术品之后复活。而这种复活，又绝非艺术创造的最终目的。它的最终目的，则是为了大地村庄的福祉，为了平原上永远的康乐安宁。

我很难想象，这是一位时年21岁的大学教师，一个大脑中充满神奇幻想的少年诗人，所讲述的故事。在老石匠这个神秘的民间艺术家身上，海子注入了大地、乡村、艺人、工匠，理想与劳动，这种心手合一的史诗性品质。他为之倾注了自己全部的挚爱，也寄托了自己终极性的艺术理想。所以，当他以一种平静的口气讲述这个老石匠的故事时，我想这已经是一种精疲力竭的平静。在这之前，当他在打通生命通往艺术理想之途的路障，蓦然看见为了土地的福祉而献身的老石匠的命运时，曾经这样痛苦地喊道——"我是心头难受的火啊"，"哪怕到平原上说说心思也好"，"哪怕只对一个人说说心思也好／哪怕只对自己说说心思也好"。这种因无处诉说而一再递减的要求，是这样地使人痛楚！事实上，在1985年那个中国先锋诗歌如火如荼，评论家和成名诗人你唱我和的时段，除了骆一禾之外，在先锋诗人圈子的核心部位，大约没有哪双耳朵是向海子张开的。令人震惊的是，他在这个故事中，关于老石匠在与世隔绝中成就其终极艺术的5年时限，与他自己从1984年书写《河流》开始，直至1989年去世的五年时间，竟完全吻合。

同样令人震惊的这种神秘的预言能力，还出现在六篇故事中的最后一篇"南方"中。"南方"在最后出现，这本身就具有生之于故土而最终回到故土的轮回意味。故事是以第一人称的角度来讲述的：他81岁那年，得到了一幅故乡的地图，当时他住在京城的郊外，后来恍惚是在梦中，被一辆黑色木轮车在冬天拉往南方的一片林地，并被放在一块花石头上，脚下摆好了野花。再接着直到一颗星星落到他的头顶，撞得火星四溅，连他的骨头也起了大火，他才睁开眼睛，并意外地发现林地上有一匹马，他飞身上马，奔跑到故乡的山坡时，"远远地望见了我家的几间房子，在村头立着"……

这里的南方林地，"我"被放在大花石头上和脚下摆好野花的描述，已经与他去世后查湾山岗上的那片墓地极其相似，而这里关于"我家几间房子，在村头立着"的说法，则更令人惊奇。因为在海子生前，他们家的房子是在村子里面的。在他去世数年后，他们家才搬迁到了村头，而他在多年前就迹近于通灵的这种"随口说出"，又是缘之于什么？

通灵的幽渺与诡谲，青春期写作的火的激情，在整个人类文化视野中坚定的目光与抱负，植根于土地民间"向下生长"的痛苦与从中汲取的狂喜，龟王一样知天命而奋力抗争的精神与写作的冲刺……这一切的组合，构成了完整的海子和他的诗歌世界。然而，由于多种原因，大家对于海子的解读往往却停留于某一单项，或仅限于他短诗中的若干篇章，这无疑妨碍了我们对于其诗歌世界的正常判断。

但并非没有人注意到海子的这"其他：神秘故事六篇"。作为20世纪80年代四川乃至中国诗坛上史诗性写作的领潮人物，诗人廖亦武在诗歌与艺术的鉴赏上无疑有着超群的目光。1999年4月在四川与我谈及海子时，廖亦武在对海子的"太阳七部书"表示了不置可否后，却特别提到了海子的"神秘故事六篇"。据廖亦武介绍，这六篇寓言，当年就是在他主编的涪陵地区的文化馆刊物《巴国文风》中，以头条位置刊发。他还特别提到了"其他：神秘故事六篇"之一的"初恋"中，那条真蛇和竹编蛇。他以沉浸于那幅遥远画面中称奇的口吻说到，不知海子是从哪里（亦即哪个民族的民间文化中）弄到了那么两条蛇，给人的感觉竟像是印度或阿拉伯故事中的那种味道。在向我复述了那个寓言的大致情节后，廖亦武最后又加上了一句，海子把那个故事讲得既离奇，又神奇，给人印象特深。

此后，我又在廖亦武完成于1994年的一部长篇小说中，读到了他对海子这样一种荒诞性的描述：

"就这样，乡下佬海子咕哝着，虫一般蜕去属于这个时代的皮,沿着想象之路回到几千年前,成为茹毛饮血村落的流浪汉,一个以故事混饭吃的说书人。那才是他真正的家,海子在云、草、牧歌和一群莫须有的听众中讲得绘声绘色……"

在这部小说的另一部分,廖亦武又变换叙述身份,以一位诗人评论家的语气这样写道:"海子不属于我们这个世纪。他写《源头与鸟》,写水和太阳;他写龟王的故事,写一条真蛇……在他诗中奔走着虚无的波浪,高贵和典雅,离我们太远了。海子的时代已经逝去了几千年(或者说在几千年之后)。在那样的时期,鱼在人的中间,鸟在鱼的背上,美女在高天的河床中歌唱。人与寓言没有界限,人的存在就是寓言,寓言和寓言相当于人和人。海子适合生存在那种无边无际的日子里,诗歌与呼吸息息相通。"

这实在是心有灵犀者对同类的传神点化。海子在这里就是一个上古时代的流浪艺人,这也和海子在土地与水的诗歌系列中,对自己期望的角色完全一致——泽畔放逐中行吟的屈原,大地落日中吟唱的盲诗人荷马,甚至流浪在无垠月光中以琴为诗的瞎子阿炳,这样三位一体的形象综合。

完成于1985年之前的《河流》《传说》《但是水、水》,使海子以"河流三部曲"的形式,实现了他长诗写作中最初的宏大构建。这是海子诗歌中一个极为重要的部分,也是被研究者忽略了的一大板块。尽管这三首长诗存在着某种程度上洪水泛滥式的沓杂，海子本人缺乏铁腕式的笔触控制等，然而，它们史诗框架上宏大的构成性，植根于土地之中尖锐的个体经验，以及由此综合的抒情主体那种聚气为虹、冲击终极的野蛮的心气，都使这些缺陷显得微不足道。

从海子整个的长诗写作行程来看，这个"河流三部曲"的完成，使他站在了一个"送往迎来"的分水岭上，在这个分水岭之后，此前的南方、月亮和水逐渐在他的诗歌中收缩，代之而起的，是以太阳为核心的，另外一个更为宏大的长诗系列"太阳七部书"。

海子的一位友人曾谈到这样一件事：当时发表作品比较困难的海子，在内蒙古诗界却颇受重视。当时，他不少的诗作，就是在内蒙古的《草原》和《诗选刊》（当年由内蒙古相关部门创办的诗歌选刊）——这两个颇有影响力的刊物上发表或被选载的。他由此得出结论——看来，真正欣赏海子的还是蒙古族人。

他不经意地说出了海子创作中的另外一个情结和场景。我们接着将会看到内蒙古草原、青藏高原，正像海子在《传说》中"群山沉积着/草原从远方的缺口涌入"这样的表述，会在他的生命之旅中凸现为一个使之流连忘返的世界，从而即使他真的成为云、草、牧歌中的诗歌流浪者，也开启了他通往"太阳七部书"的旅程。

五 | 雨水中的草原与麦地

1. 追随：高原腹地的三幅风景

地理再次作为一种宏大的精神场景，凸现在海子的创作中。

随着精神心灵对北方腹地的深入和在长安空间中的盘桓，海子在"玄武"这个密码上关于土地与水之总体关系的探究，已于他的三部长诗中实现了接近穷尽性的表达。此时，他的心中已逐渐明晰了另外一重地理场景，并不断地向它趋近。这一场景，就是以长安为起点继续向西北方向延伸，到兰州后又开两条路线，或经西宁、青海湖、格尔木；或穿河西走廊，经敦煌又向西南弯向格尔木，然后，在渐行渐高的大地地幔，踏上青藏高原腹地。

海子以他1986年的一系列短诗,向我们表明了他此间一次浩瀚的远旅。如果我们把这些诗歌中诸多散乱的地点:青海湖、祁连山、敦煌、额济纳、黄金草原,被蒙古族人称之为"青城"的呼和浩特以及西藏等地拣选出来,然后加以排列组合,便大致上可以描绘出这样一幅旅行线路——首先是乘火车从北京直达青海的西宁,继而乘汽车——西宁→青海湖→格尔木→西藏拉萨——这是他的进入路线。折返线则似乎更为浩瀚,并且有着浓重的漂泊色彩。其线路大致为:拉萨→格尔木→当金山口→敦煌→嘉峪关→内蒙古阿拉善高原西北角的额济纳→包头→呼和浩特→北京。这次远旅的时间,大致上是在1986年的七八月间,亦即这一年的暑假期间。

而我们从这一线路上不难看出,海子此番远旅的三个主要文化地理目标:青藏高原,敦煌,内蒙古为代表的北方草原。

海子此前和此后的诗歌中有大量迹象表明,他对于这三个目标一直魂牵梦萦。那么,这三个地方又有什么呢?

从最直接的原因上说,这三个地方在1986年之前,已产生了昌耀之于青藏高原,杨炼之于敦煌文化枢纽,张承志之于蒙古草原,这样三种诗歌和文学艺术类型。

在外界看来,这大约是三个互不关联的诗人和小说作家,而在海子的眼里，他们则是当代中国主流文化之外的游牧文化，亦即青藏高原与北方草原那种具有大地品质的写作，联结起来的三位人物。

身居青海的诗人昌耀，在结束了青藏高原上长达20多年的"流放"生涯后，于1979年开始，先后写出了《大山的囚徒》《山旅》《慈航》《雪·土伯特女人和她的男人及三个孩子之歌》等带有自传性质的、生命苦难与高原魂气合一的长诗；写出了《河床》《圣迹》《寻找黄河正源卡日曲：铜色河》《旷原之野》《巨灵》《牛王》等将此在的现实生存、民间场景置于历史大时空的，为高原精神和形体造型的诗篇；写下了《驻马赤岭之敖包》《风景：湖》《鹿的角枝》《月下》《在敦煌名胜地听驼铃寻唐梦》等精粹的西部自然抒情短章。关于青藏高原或者说包括了敦煌和天山板块的中国西部，在中国当代诗歌史上几乎没有任何人能像昌耀那样，以苦难的生命经历和深刻的文化感应写下如此逼近大地本相的作品。一个特殊的现象是，对于昌耀作品价值和内蕴的体认，除了牛汉、邵燕祥、张承志、周涛等部分富于西部文化感应力的诗人作家外，他的知音或他诗歌的激赏者，又恰恰来自79级前后的一大批青年学院诗人，以及部分青年先锋诗人。从某种意义上说，昌耀诗歌的读者圈子，与此后海子诗歌的读者圈子，既有相异的部分，但在很大成分上则是重合的。对于骆一禾这位艺术鉴赏目光超群的青年诗人来说,除了大学期间激赏北岛的诗歌,并以之为选题书写了长篇毕业论文外,他此后在当代诗界最看重的诗人,便是昌耀和海子。1988年,骆一禾与张玞在《西藏文学》上关于昌耀诗歌的《太阳说:来,朝前走》这一长篇评论中写道:"……我们必须说出长久以来关注昌耀诗歌世界而形成的结论:昌耀是中国新诗运动中的一位大诗人。如果说,大诗人是时代因素并体现了它的精神主题和氛围,那么,我们当是在这个意义上使用这一词汇的。"

值得注意的是,骆一禾的这一"大诗人",与他1989年关于海子诗歌的"大诗"指认,以及海子自己对"大诗"的写作渴望,在概念和实质上都有着明确的交叉关系。

而写作方向相同,有着同样艺术鉴赏力的海子,对于昌耀诗歌的深层感受当是不言而喻的,我们在后面将会看到,他的写作在许多地方呈现着对昌耀诗歌的折射,以及多方面的暗合。

但是,海子更为关注的,则是产生了昌耀诗歌的那个地理文化空间,而不是昌耀本人。1992年以前一直在青海生活工作的我,曾先后陪同诸多从内地到青海的诗人,诸如四川的黎正光、廖亦武,上海的宋琳,浙江的伊甸、沈健以及北京的唐晓渡等,拜访过昌耀。据我所知,另外一些未到青海的诗人,诸如骆一禾等,也与昌耀有过较密切的书信交往,而唯独两度经西宁前往西藏的海子，却与昌耀没有任何往来。这在我看来，一方面是缘于海子与陌生人，尤其是与陌生的名人交往的心理障碍；另一方面，则是与自己内心看重的，且在类同方向上写作的重要诗人，保持必要距离的自尊。

我在前边已多次提到了杨炼。从某种意义上说，他甚至是潜在地导引了海子的诗歌走向，对海子影响最大的当代诗人。在朦胧诗已经逐渐走向式微的后期，杨炼竟奇迹般地打通了从西安的半坡遗址开始，经河西走廊而至汇集了中国的儒释道文化，印度、阿拉伯乃至古希腊文化的文化枢纽敦煌，然后折入西南方向的青藏高原这一道路，建立了自己以《礼魂》为代表的、宗教文化和游牧文化中的史诗高地。《礼魂》之后，杨炼又写出了大型系列组诗《西藏》，进一步拓展了他的史诗帝国疆域。而特别需要一提的是，在组诗《西藏》每个章节之首，杨炼都援引了《奥义书》中的一段文字。表明了他对一个新的文化艺术资源的发现和进入。

《奥义书》是印度最古老的经典文献《吠陀》的最后部分，也是古印度宗教哲学著作的集成，它探讨宇宙本源和个人精神灵魂问题的神秘主义世界观，成为印度哲学和文化最重要的组成部分。

问题的实质不在于这部古老著作的深奥，而在于杨炼始终生气勃勃的诗歌抱负和锐利宏大的文化视野。如同他奇迹般地由文化枢纽敦煌贯通了一条中国原生文化的史诗之路,他之能够在当时中国先锋诗人的西方现代主义热中,把目光转向古老的印度而寻找哲学和精神的启示,实在让人感到其思维穿透力的不可思议。

此后,杨炼又完全以《易经》的卦象演绎为框架,创作了更大规模的由《自在者说》《与死亡对称》《幽居》《降临节》四首系列组诗组成的《太阳与人》。《太阳与人》标志着杨炼从文化地理的源头追寻,到文化经典的源头追寻。而他在此以更为宏大之势进入的先秦文化,正是海子长期痴迷流连的文化空间。

我们由此可以看到,海子与杨炼极为相似——都是以地理和文化背景为写作资源的诗人,并且,他们所依持的空间几乎完全重合。当海子追寻杨炼《礼魂》的线路,在长安这一地理文化板块中进行了大规模的掘进,并进而追踪至敦煌和青藏高原后,这时,杨炼的组诗《西藏》则进一步对海子显示了特殊的意义。《奥义书》在《西藏》中的突现,很难不给海子以广阔的空间联想和方向路径的昭示。这时候,当杨炼的思维触角伸触到《奥义书》这一印度文化的核心,并从它神秘的东方哲学文化品质,反观到了中国先秦文化中的《易经》可供无限解析的丰富内涵,进而把注意力再次弯向中国传统文化经典时,此时已经结束了浩瀚先秦文化盘桓的海子,则适逢其时地由此看见并进入印度。这是一个极为关键的契机，是一直追踪着杨炼史诗路径的海子，开始与杨炼分道扬镳的转折点。

也就是说，在杨炼的雪地车从半坡开始，一路西北而行，从青藏高原的冰雪翻越喜马拉雅山而至印度，继而又向中国先秦文化回弯的这个地方，海子远随其后，一直做跑道滑行的双引擎飞行器，在距离逐渐地缩短中，至此蓦然腾起，不再回头地一直向西，开始了途经古巴比伦、阿拉伯、耶路撒冷、古希腊，最后直至古埃及的飞行。如果我们把埃及的金字塔视作一部隐形的天梯，海子的飞行器则到此拉起闸杆垂直上升，直至遁入太阳。

张承志则代表了由内蒙古亘贯的北方草原。他是中国当代小说作家中为数极少的本色性诗人，也是由中国北方的崇山大河和天风浩荡的游牧文化，更改了当代文学趣味的作家。他内蒙古乌珠穆沁草原上长达4年的知青生涯，北京大学历史系考古专业的学习，中国社科院民族历史学方向上的硕士学业深造等一系列经历，以及他本人的回族血缘，使他的创作在内蒙古草原义子（如《骑手为什么歌唱母亲》《黑骏马》《金牧场》），中国北方诸大山脉河流间民族人文地理历史的踏勘（如《北方的河》《大坂》），甘宁青黄土高原上回族人的心灵史造型（如《黄泥小屋》《西省暗杀考》《心灵史》）这三大板块中持续延伸，并相继突起为块垒峥嵘的文学高地。从血脉、血缘、大地魂气的主线上，将一片地域上人群的此在与彼在的历史大光阴相贯通，由之而扩展出一个个热穆痛楚，由种属生命链贯通的文学空间。

对于一个怀有地理文化敏感和语言敏感的诗人来说，只要他面对地图上北方草原和青藏高原那星罗棋布的少数民族语言的地理命名，诸如木曲、当曲、牙哥曲、那仁郭勒河、奈齐郭勒河等等，便会产生无穷的好奇、猜测与联想。

而于公元13世纪崛起的蒙古草原帝国，在整个北亚、中亚及青藏高原的黑夜，则以铁骑的洪流冲决了一个又一个疆域的界碑之后，又以自己的语言重新为草原大地命名。所以，在这一广大地域，所占比例最大、分布面积最广的，便是蒙古语言的地理命名。

而这其中，就有一个语源含混但语义清晰的地理称谓——海子。

关于这个称谓，《内蒙古风物志》有这样的解释：在内蒙古的巴丹吉林沙漠，散落着许多内陆湖泊，是沙漠中水草丰美的地方，当地牧民称为"海子"。

那么——海子，便是沙漠中水草丰美的水泽。

很难说这是一个纯粹的蒙古语的命名，因为它完全可以用汉语望文生义的方式来解读——大海形态上的比普通湖泊还要小的"海"。因此，它又很可能是近代的内蒙古牧人对汉语"海"这个字的借用，最后又固定为自己的一个专门词语。这样说，是因为它虽然是汉语的音与义，但古代汉语和现代汉语都没有这样一个固定语词。而作为一种明确的地理形态称谓，它却广泛地分布在历史上蒙古人活动过的地方。从内蒙古西部的乌梁素海、乌兰呼海、乌兰套海（这些沙漠中诸多的"海"，实质上都是"海子"一词的简称），到新疆的大西海子水库、小海子水库，甘肃西北角的花海，青海境内的花海子、乱海子，四川藏区的海子山，贵州西北角的小海子……此外，在北京平谷县（今平谷区）以西约15千米，北距长城五六千米之遥的地方，还有一个海子和海子水库。

另外，从内蒙古呼和浩特以东的地方并没有这种地理称谓来推猜，它当是内蒙古西部的牧人，或者从更早的蒙古骑士时代就开始使用的一个词语。并随着蒙古铁骑的西征和部族迁徙，而将这个命名固定在戈壁沙漠的牧场水泊中。这是一种非常奇妙的地名现象，在一片其他少数民族语言的地理命名中，唯有"海子"这个称谓，从内蒙古西部草原，中经甘肃、新疆、青海继而弯向云贵川高原的广大地域，连接出一条长长的折线。犹如当年一支蒙古先遣兵骑，孤军深入留下的路标，更好像是这支兵骑头顶勺柄弯折的北斗七星，散落在高原边地的荒漠草甸……

1984年，刚刚20岁的诗人查海生，是否已经从地图和有关的历史地理书籍中，感受到了这个地理称谓孑遗的荒凉？从那一迢递的大折线中，感受到了蒙古骑士荒原腹地孤旅游弋的先锋的凌厉——犹如自己即将在中国当代诗歌无人区的独立突进？或者，他还从这一地理称谓的分布线路中，感受到了一种刻骨铭心的召唤？而它星辰一样在大地上水泊明镜般的荒凉之美、清旷之美，想该是已经夺去了少年查海生眺望的心魂。

以前的夜里我们静静地坐着

我们双膝如木

我们支起了耳朵

我们听得见平原上的水和诗歌

这是我们自己的平原、夜晚和诗歌

如今只剩下我一个

只有我一个双膝如木

只有我一个支起了耳朵

只有我一个听得见平原上的水

诗歌中的水

…………

是谁这么说过 海子

要走了 要到处看看

我们曾在这儿坐过

这是海子 1986 年 8 月在《海子小夜曲》中写下的诗句。他记写了以前那些个在农耕的平原上倾听"诗歌中的水"（这应该正是指他的《河流》《传说》《但是水、水》）的夜晚。而在那样的夜晚，他是否听到了农耕平原之外更遥远的召唤——"要走了 要到处看看"？此时，当《河流》《传说》《但是水、水》这三首长诗已托付了他对农耕平原和水的心神，完成了他对血缘相系的农村与土地的艺术造型，亦即翻过他诗歌重要的一页之后，是否再次听到了由昌耀、杨炼、张承志在游牧文化中所激起的"大诗"的召唤？那恰恰正是由"海子"这个地理称谓贯通起来的一片文化历史空间。

事实上，这种感应从更早的时候就已开始。1983 年，从北大毕业时的海子在自己第一部油印诗集《小站》的封面，署上自己的本名"查海生"。而从 1984 年写出《亚洲铜》起，中国诗坛便开始出现了"海子"这样一位诗人的名字。

关于这个笔名，苇岸曾在他的《怀念海子》一文中有过这样的记述："海子原名查海生，我以为他的笔名是取'大海的儿子'之意，海子否认了。当时我孤陋到尚不知蒙藏高地的湖泊，是被诗意地称为'海子'的。"尽管这里对"海子"一词的词源语义解释得并不准确，但也不能算作苇岸的孤陋寡闻，因为它并不是一个常见的语词。而从另一个角度上说，作为一个南方的农家子弟，海子之能在大学毕业不久的1984年就注意到了这个语词，则使我们不难想见，他此前已经开始的、在遥远草原上的心灵跋涉和地理探源。这样，他诗歌最初的土地与水系列，便自然地归结在一个宏大史诗计划的第一区段。也就是说，起码从1984年开始，他就看清了在青藏高原上，构建自己大诗的道路。由此在"河流三部曲"之后，开始了自己诗歌的又一区段。

然而，在考察了海子漂泊草原的形而上因素时，还有一些微妙的更具体的因素必须参考。在"河流三部由"形而上的风景之外，他双轨并行的短诗——那些个人情感的记写和艺术心灵浸渗的结晶体，则似一颗颗钻石，在它们不同的棱面，折射着更为纯粹的心灵艺术之光。

2. 欢乐、顽劣的先锋少年

在对海子早期短诗的系统阅读中，我首先一个强烈的感觉是，这是一种与当代先锋诗歌共时性的写作。他最早写于

1983年的《东方山脉》《农耕民族》，以及1984年的《历史》《龙》《中国器乐》《亚洲铜》这些诗歌，应该是他脱离了习作时期，进入创作意义上的诗歌写作的第一阶段。仅就这些诗歌标题而言，我们即可感觉出它们的某种共同特征，这首先就是"大"——昭昭大义，大话大说。进一步说，就是标题指涉的题材的大，力图表述的题旨的大，诗人抒情主体角色的大。

这表明，此时的海子并未找到自己作为抒情主体的准确感觉。所以，一旦进入写作，就很难避免对现成时尚词语的假借，以及对时尚诗歌套路框架的依傍。他无疑意识到了这一弊端，但却很难说出属于自己的话来。而一旦真的说出，他竟然会像一个穷孩子，将仅有的一件玩具做多功能的使用一样，在不同的诗歌中去重复。在1984年的《我，以及其他的证人》中，海子曾写下了这样的诗句：

小鹿跑过
夜晚的目光紧紧追着
在空旷的野地上，发现第一枝植物
脚插进土地
再也拔不出
那些寂寞的花朵

是春天遗失的嘴唇

而在同年写的《历史》中,这些诗句又以这样的组合方式出现:

你是穿黑衣服的人
在野地里发现第一枝植物
脚插进土地
再也拔不出
那些寂寞的花朵
是春天遗失的嘴唇

然而,海子很快就在自己的诗歌中开始了争夺,夺出并扩大了自己的方法和语言领地。尽管他尚不能完全摆脱"大"题材的左右,但却开始浸布缩水、笔出侧锋,进行题旨上的收聚。对由"东方""历史""中国"这样一些当时泛滥的大概念、大意象,进行自民族而民间,继而是民间细末物事的紧缩,开始了化大为小、化文雅为俚俗的物象处理方式,譬如"南瓜地里沾满红土的/孩子思乳的哭声","秦岭,最初的山/……一窝黄黑的小脑袋——孩子啊",等等。

《亚洲铜》被骆一禾称为不朽之作。它也在先锋诗界受到了激赏。之所以获致如此高的评价，我想盖因于这首诗写作上的高技术指标含量。

亚洲铜，亚洲铜
祖父死在这里，父亲死在这里，我也将死在这里
你是唯一的一块埋人的地方

亚洲铜，亚洲铜
爱怀疑和爱飞翔的是鸟，淹没一切的是海水
你的主人却是青草，住在自己细小的腰上
守住野花的手掌和秘密

亚洲铜，亚洲铜
看见了吗？那两只白鸽子，它是屈原遗落在沙滩上的白
　鞋子
让我们——我们和河流一起，穿上它吧

亚洲铜，亚洲铜
击鼓之后，我们把在黑暗中跳舞的心脏叫做月亮
这月亮主要由你构成

从艺术上看，这是一首建立在严密喻象系统中的诗作，也是一首让人颇费猜测的诗作。首先，"亚洲铜"的象征喻义是指什么呢？什么样的铜既是中国的，也是亚洲的，而不是智利、南美的？从"铜"给人的感觉上说，它是一种坚硬的金属块体，那么，又何以能有"埋人"的功能？我对此曾一直疑惑不解。此后，当我在他的《东方山脉》中读到"让他们插上毛羽／就在那面东亚铜鼓上出发"中的"东亚铜鼓"时，事情出现了转机。铜鼓，以及当代诗歌中出现的青铜和其他一切的青铜器具，一般都具有中华民族历史文化的象征。特别是"铜鼓"与"铜"不同的面积感，乃至鼓面上某种程度的弹性，使它转换出了象征中国北方的黄土地，进而是整个中华民族的黄土文化这样一种属性。而铜之作为铜鼓意象"化大为小"的紧缩，其象征意义应该相同。搞清了这一点，整首诗的喻象系统似乎才豁然畅通。自然，它不但具有"埋人"的功能——使植根于它的一切生命叶落归根，更孕育着由生生不息的青草象征的一切生命。

"亚洲铜，亚洲铜／看见了吗？／那两只白鸽子，它是屈原遗落在沙滩上的白鞋子／让我们——我们和河流一起，穿上它吧"，将沉重的传统文化喻作"屈原遗落在沙滩上的白鞋子"，并进而是两只轻盈的"白鸽子"，这只能出自一个天才少年的神奇想象。"传统……像一条河流，涌来，又流下去。

没有一代代个人才能的加入，就会堵塞"——这是诗人江河在20世纪80年代初一个著名的命题。写这首《亚洲铜》之前，海子刚完成了他的长诗《河流》。可以说，他此一时期最主要的诗歌心情不只是与河流相关，更重要的，是对江河这一命题中"一代代个人才能的加入"而动心。"让我们和河流一起穿上它吧"，海子在一种相对轻松的语境中，用这一隐喻方式表现的，则是自己雄心勃勃的心志。

对于这首诗，我不曾感受到过某种深刻的精神内蕴，或者强烈的艺术冲击。但它又的确呈示着综合技术指标上的难度和精密。从某种意义上说，它是当代诗歌写作中一个特殊标本。一方面，身处北方的他，正在追取北方诗人史诗倾向中具有恢宏、深沉、庙堂指向上的阔重大块；另一方面，南方的水系背景又赋予他一种潜在的灵动、自由和散漫。而正是缘于这两重因素，这首诗在建构上才形成了一种不是叠加而是冲和的组织关系。由此反挫出虽小犹大、短章中气象伏藏的这样一种幻觉。

对海子本人来说，更为重要的是他在这首诗中，找到了一种恰切的抒情主体基调——一个浸沦于人类浩瀚文化艺术经典中，思接千里、心游万仞，而在终端又显示为简单灵动的，天才少年式的主体抒情基调。我们不久还会看到，这种简单灵动在许多时候更表现为一种蛮野、诡谲，不论章法却歪打正着，乃至自立法度的"特异功能"。

也因此，当此后他在短诗中触及历史的时候，所呈现的并不是庄重的史，而是烂漫的谣。就像《亚洲铜》在庄重的史的氛围笼罩中，却由青草、白鞋子、白鸽子等化大为小的物象和语词，伴着鼓点在月亮下做童话中小人国里的舞蹈。继而将一种灵动的气息，上升为一个快乐的野孩子，在历史广袤的黑夜中自由无拘地奔跑。

然而，这样的灵动，在极端方向上又往往会延伸为恶作剧式的嬉戏形态，这种形态，既可称作诙谐或幽默，还可称之为"智力的靡费"。现实社会通常把一个智者用在正事之外的幽默，叫作"没用的学问"，但人类社会的多姿多彩，又常常证明着这"没用的学问"的有用，譬如那种"有用的废话"。在人类天然的功利行为趋向中，总要给非功利的游戏让出一个空间，这是人类的精神生存法则。把一部分智商用于精神游戏中，是人类共有的心态。对于行为主体而言，他内心的智能感应太丰富，将其积储于内心，用之于"正事"，这是"深沉"；但仍有用不完的部分充盈于心中，始而使心灵微微发痒，继而奇痒难忍，终而便导致了这"痒"按捺不住地外泄。对于现实世界而言，它除了社会生活的润滑剂功能外，又达成了社会群体一种共同的精神"挠痒"。所谓的没事偷着乐——嘻嘻嘻；有事放肆地乐——哈哈哈。从而使呆板平庸的日常生活，紧张沉重的功利性生存，变得轻松、有趣；也使人类压抑的生命灵性得到恢复。政治军事家调动千军万马制造灾难，而一代代文人以这种智力的延伸，生成化解灾难的心理机制。

正是有鉴于此，在对海子另外一些短诗的反复阅读中，我恍然产生了这样一个猜想：海子的这诸多诗歌，很可能并非煞费苦心的写作，而是以诗歌笔触进行的嬉戏和智力操练。它们大致上包括这样一些篇目：

《单翅鸟》《爱情故事》《跳跃者》《秋天》（"秋天红色的膝盖"篇）《木鱼儿》《主人》《浑曲》《北方门前》《为了美丽》《我烂在一棵春天的木头中》《谣曲》等。

妹呀

竹子胎中的儿子
木头胎中的儿子
就是你满头秀发的新郎

妹呀

晴天的儿子

雨天的儿子

就是滚遍你身体的新娘

妹呀

吐出香鱼的嘴唇

航海人花园一样的嘴唇

就是咬住你的嘴唇

——这首题名为《浑曲》的诗，使我们很容易体味到海子偶尔的浑小子式的耍贫。这是一首写给"妹"的诗，亦即他的初恋女友。我们在此后将会看到，海子大量的爱情诗都带有痛楚感伤的印痕，而此时的他却在初恋的松弛中春阳慵懒，无所事事，因此而有足够的心情与"妹"调侃。甚而以一种"无赖"的嘴脸以大欺小，把"竹子胎中的儿子""木头胎中的儿子"派给"妹"作"满头秀发的新郎"。

对一个惯于操持现代书面汉语的诗人来说，要想在一首诗中整合出一种纯粹的乡谚里谣的趣味，亦即更换一套语言系统，不但是一件有难度的事情，甚至根本就不可能。而这正是海子在同代诗人中一种绝无仅有的本事。这首诗整齐单调的句式；在近似呆板的同义重复和缓慢的语义推进上，只求言说韵律上的快感不求言说内容上的效果;语言粗浅风格中的油滑,尤其是"妹呀"这醉眼惺忪的戏弄意味,都使它显示着民间"浑曲"况味上的地道。

而在另一首诗歌《谣曲·之一》中,他则直接引入陕北民歌"信天游"中的歌词"你是我的哥哥你招一招手／你不是我的哥哥你走你的路"做谐趣的变奏。接下来,还出现了这样的句子——"你的树丛大而黑／你的辕马不安宁／你的嘴唇有野蜜／你是丈夫——还是兄弟"。这样的句子,它特殊的语势和语气腔调,让人隐约有耳熟之感。当反复读过几遍之后,我们便会突然想起《掀起你的盖头来》这首新疆的维吾尔族民歌——"掀起你的盖头来／让我看看你的眉／你的眉毛细又长呀／好像那十五的弯月亮"。而这首民歌后几段的"你的脸儿红又圆呀／好像苹果到秋天","你的嘴儿红又小呀／好像那五月的红樱桃",以及另一首乌孜别克民歌《黑眉毛的姑娘》中"你的眉毛黑又黑／亲爱的妹妹／露出来让我看一看",等等,这用来指称其心上人的"妹妹",和指代美丽姑娘的眉毛、弯月亮、红苹果、红樱桃等,都是海子早期爱情诗歌中常见的语词和物象。它们于此透露了一个强烈的信息,这就是海子对于民歌谣曲那种拙稚的本色性表达,心有灵犀的倾爱,并由此开始,把它们当成自己重要的诗歌资源。

海子诗歌中的这种元素之所以让我动心,不只是因为在崇尚欧美现代主义艺术的当代先锋诗人中，极少有人把它当一回事，更因为这一元素本身，是中国新诗获具自己独立面目的内在血液。

海子的这类诗歌还有一个重要之处，那就是它们对一直笼罩诗坛的所谓"意义"进而是"伪意义"的洗刷。长期以来，诗人们一直恪守诗歌的"意义"法则，在对于意义的强迫性追寻中，把诗歌异化为一种说大话的艺术，一种说伟人的话，说哲学家的话，说历史学家的话的艺术。从而使诗歌泛滥成一种小题大做、小事大说的"意义"轰炸。这还不算，它由此更向社会提供了一种强迫性的诗歌标准暗示。

假如你是一个报纸副刊的文艺编辑，你就不会不震惊于这样一种现象：在本时代的大众诗歌写作中，无论是经历了国家政治风雨的六七十岁的老人，或是十六七岁的中学生，凡他们自认为适合发表标准的诗歌投稿，几乎都会有人类、历史、风浪、征途、历程、时代、世纪、钟声、东方、朝霞、辉煌、中国、大厦、长城、昆仑、长江、黄河、黑暗、光明、民族、黄皮肤、凯歌、昌盛……这类"大词"。在他们的意识中，这就是在报刊上发表的那种诗歌。不这样写，就不合发表标准。那些中老年人这样的"诗情焕发"当还可以理解，而中学生们呢？无疑，他们的这一"标准"则又来自他们的老师——中国新诗大众性的写作，就这样由"意义"串起了一个承前启后的标准作业链。

这种写作形态,在诗人抒情角色的自我圣化中,不但使其忽视了一切琐屑、鲜活的生命意绪,原汁、常态的生活性状,而且也将活生生的自己,格式化为只会重复深刻的话和正确的话的机器。关于这一现象,从20世纪50年代中后期直到80年代初期的几十年间,基本上是我们这个国度垄断性的诗歌风尚。

我正是在这个意义上,看待海子这些游戏性诗歌笔墨的。它调节着诗人的心态,润滑着其心灵,使其写作得以保持与心灵相应的全息性的丰富。此后,当我们因海子整个诗作中不加掩饰的感伤、痛楚、自责以及自负,而感受着一种赤子式的全真品格时,它与这种类型的写作并非没有关联。

3. 学院派的技术主义时代与王

关于海子诗歌的丰富性,我们仅在其短诗中按题材、题旨即可归纳出多个系列,而这其中之一,即是由《妻子和鱼》《思念前生》《船底之梦》《河伯》《坛子》《打钟》等构成的"古典文化"系列。这既是他唯一与同时代青年先锋诗人合流的写作,也是继《亚洲铜》之后,再次被先锋诗界看好的作品。从某种意义上说,海子是借此而获得了继"朦胧诗"之后的"新生代"诗歌圈子的认可,从而有了以"群"的身份证,与同代诗人共同出场的机会。一个典型的标志,就是这其中的数篇作品,被收入了由新生代诗人们汇聚的那本《中国当代实验诗选》。

海子这个系列的诗作大都写于1985年,虽然为数不多,但却透露着海子个人比较丰富的写作心理信息。从海子这一时期纵向的短诗写作类型上说,既有以《东方山脉》为代表的民族历史追认,以《跳跃者》《浑曲》为代表的嬉乐性的笔墨操练,以及炽热疼痛的"麦地""村庄"等,如果再考虑到他同时进行的"河流三部曲"浩瀚空间中史诗方向上的腾空追高,海子此间创作中那种哪吒闹海式的亢奋状态当不难想见。

而从横向上,即以《中国当代实验诗选》汇聚的新生代先锋诗人的写作来看,海子这一时期的写作,似还处在没有确立主体方向而四处寻找"接轨"的阶段。

随着一个艺术听命于政治的时代的结束,20世纪80年代正渐渐地把没有意识形态权力加冕的荣耀,留给了文化向度上的先锋性写作。在20世纪80年代以来的中国文坛,诗人们已越来越清楚地看到了"文化"之于写作的意义。在先锋诗人内部,就个人的文化履历而言,一般分为这样两种类型:一种是"朦胧诗"代表人物北岛、芒克、江河、杨炼、顾城,以及其后的廖亦武、欧阳江河、宋渠、宋玮等,他们不曾有过学院经历，但却有着先天性的文化感悟力和后天巨大的文化热情。另一种，则是清一色的学院背景。假如我们在诸如于坚、翟永明、王家新这些20世纪50年代出生的诗人身上感受到的，尚是一种兼容的开阔；那么，与此前的写作形成截然断裂后突然以一个方阵形态出现的，便是以西川、贝岭、老木、海子、宋琳、陈东东、张小波、陆忆敏、孟浪、张枣等为代表的"新生代"诗人。他们大致上有这样两个共同点：其一，基本上都是60年代出生；其二，大都是79级后进入大学。在他们身上，我们随之看到了继"朦胧诗""文化史诗"之后的另一种写作场景，这就是以学院派诗人为主体的文本性写作，在当代诗坛的形成及其位置的确立。先锋诗歌的技术主义走向亦由此开始。

然而，直到1987年，随着《中国当代实验诗选》的出版，这一事实才有了一个逐渐清晰的格局呈示。如果往上追溯的话，这批诗人中某些技术主义的写作，诸如宋琳的《致埃舍尔》《无调性》等，1985年时已经出现。那么，这种写作何以在两年后才得以彰显呢？究其原因，当不能不和1986年那次"两报"诗歌大展无关。盖因于被那场声势浩大的大展淹没所致。

从某种意义上说，由《深圳青年报》和安徽的《诗歌报》于1986年10月联合推出的"中国诗坛1986年现代诗群体大展",更像是中国诗坛的一场"无产阶级文化大革命",具有"破旧立新"的性质和席卷全国的规模。绝大部分的参与者之所以云集于这面诗坛"革命"的大旗之下,正是缘于他们从自身体味到的"两手空空""一无所有"的"无产阶级"身份感。更为实质性的问题是,这的确是实实在在的革命——挑战权威,解构文化,解构深度。

当时供职于《深圳青年报》的大展的主要策划者徐敬亚,曾提供了这样一些统计数字:到1986年7月为止,全国共有非正式出版的个人打印诗集905件,不定期的民间打印诗刊70种,非正式发行的同仁诗刊和诗报22种,而遍及全国的诗歌社团竟达2000多个。这次大展在此基础上推出的"社团流派"共60余家。

除了北岛等早期"朦胧"诗人作为为大展壮声色的特邀嘉宾,廖亦武、欧阳江河、韩东、于坚等继起的已名诗人外,以"大学生诗群"和"第三代"为主体的诗人们,此时或处于隐显不明的临界状态,或完全处于匿名状态。他们聚众结社是缘于高亢的诗歌热情,他们不顾囊中羞涩而自费打印诗刊诗集,则缘于不被官方出版物接纳的愤懑。当此之时,有人举旗为他们在官方出版物上的亮相作集体摆渡,那种登高一呼、应者云集的情景可想而知。

——流派社团首先就是这样从一架架做鬼怪式低空飞行

的飞机突然打开的舱门中,背着五花八门的降落伞从天而降的:撒娇派、超越派、八点钟诗派、色彩派、呼吸派、自由魂、特种兵、三脚猫、世纪末、咖啡夜、游离者、新大陆、悲愤诗人、四方盒子,霹雳诗、野牛诗、太极诗、迷宗诗、求道诗、卦诗、超感觉诗,日常主义、黄昏主义、群岩突破主义、超低空飞行主义,生活方式、男性独白、情绪哲学、超前意识、病房意识、离心原则……并且,还有这样一拨以他们不凡的名字向诗歌致意,此后又在诗坛上集体失踪了的诗人:京不特、胖山、男爵、泡里根、软发、土烧、流不流……

除少数诗人与"流派"是在进行一种认真的诗歌理念实验外,其他更多的似乎是在展示一种诗歌姿态。以一种类似于行为艺术的极端,传达一种观念。这种观念的核心,便是对此前诗歌中一切冠冕堂皇的皇皇大言,高深莫测的庄严法相实施颠覆与消解。与此相对应的策略,便是言说姿态的低俗化或痞子化。他们以嬉皮笑脸对待激昂慷慨;以实实在在的高等学历佯装最没文化的无知;以自得其乐的粗鄙对待所谓的高深或优雅。

而这时以李亚伟、万夏为代表的四川的"莽汉",则更是直接地在诗歌中"打家劫舍"。他们在自己有关大学校园的诗歌中是逃课、赌饭票、打架的浑小子;在走向街头巷尾的诗歌中是惹是生非、行侠仗义的无产者。但在他们充满了肢体语言的对于传统规范的破坏中,又凸现出粗涩结实的异端震撼力。正如李亚伟在一篇文章中所言,"这是严肃的惹是生非"。他那首在当时广为流传的《中文系》,其粗浊的原汁状的口语语言,对于事物本质的有力逼近,整体上的感官冲击力,使之成为当代诗歌史上一块触目的顽石。

我不能把这次大展中所有的诗作,都视作"严肃的惹是生非",正如同我不能把几十年来官方出版物上的诗歌,都视作"装腔作势的严肃"一样。

尽管这次大展泥沙俱下,矫枉过正,但它对于一个国度板结了的诗歌观念的冲击,无疑是重大的。对于这种板结,纸上谈兵的理论务虚并不能从实质上改变什么,而以作品实施的这场冲击,无论它带有多少儿戏化的色彩,却就是把一个此前让人不可思议的诗歌世界,理直气壮、强词夺理地凸现了出来。终而使这种不可思议——如同法国油画界野兽派的艺术革命那样——由让业界瞠目结舌的"野兽"的挖苦,成为美术史上堂而皇之的野兽派绘画。

事情就这样在我们亲历过的十数年间再次印证了一个规律:任何艺术革命都是以一种异端的形态出现的,而这种异端形态,又必然是建立在一个具有健全文化结构的群体之上——由那些体格健壮的文化混血儿和叛逆者来担当。

然而,对于这次应者云集的两报诗歌大展,在当时的青年诗人中,唯有海子和骆一禾没有去赶这场大集。除了性格中"个"的因素,以及两人此时已共同进入了他们的"麦地"诗歌,另外一个更重要的原因,当是他们认为诗歌这种独立的个人写作,有必要和群体性的革命运动保持距离。

而《中国当代实验诗选》就是在这次大展之后,从文本性写作的角度上,对新生代诗人的集萃。它排除了诸如"莽汉"那种富有冲击力度的粗鄙和极端,强调了学院性写作的技术和规范。

海子的《妻子和鱼》《思念前生》等这一古典文化系列,从其创作背景来看,应该是他"河流三部曲"写作的余绪。但两者却代表着不同的文体走向。在其长诗明确地追随着杨炼那种具有庞大结构的文化史诗写作时,这个系列的短诗却收聚出一种比较纯粹的文本性。从技术的角度上说,它们似乎更为新锐,更富学院性写作的本体性,并将海子与同代诗人的写作联结了起来。

——依然是水,但却是庄子的水,是庄子静态哲学观想中的水。海子于其中表达的,是一种缥缈爱情的哲学感应,母亲、农事、家园等其故乡南方意念上的文化寓言。

《思念前生》可以视作这些诗歌哲学意绪的典型表述——"庄子在水中洗手""庄子在水中洗身",洗后的结果是蜕去了人的一切文化痕迹,进而退还到一个原始形态上充满神奇幻想的灵肉结构体——"庄子想混入／凝望月亮的野兽／骨头一寸一寸／在肚脐上下／像树枝一样长着"。在这种生命的逆向返还中，人、兽、树浑化为一体。他始而对这种重返感到欣悦，继而又因未洗尽的"文化"而为之苦恼，终而在月亮的再次清洗下光洁如婴童，鲜活如婴童。这还不够，在前边"也许庄子是我"这一人物关系转换的前提下，"我"的最终归返之地则是——"母亲如门，对我轻轻打开"——返回到生命在母腹中的羊水状态。

海子在这里表达的是这样几个哲学观念："浑"——物我一体的浑化；"返"——朝着人类初始状态的归返；"一"——从自然万物此在的千姿百态，归入包罗万象的始端，归入一。如果人的始端是"羊水"状态，那么，自然万物的始端则是与"羊水"相似的"海洋"——这是古地质学家为我们描述并经科学考证的结论。随着海子自己痴迷的本源追返与本源亲和这一心理线索，我们便可恍然明了，生存背景中根本没有海，终生与大海无关的海子，其诗歌中何以会有那么多的"海"——《海上》《海上婚礼》《抱着白虎走过海洋》《海水没顶》《七月的大海》《海底卧室》《在大草原上预感到海的降临》《面朝大海，春暖花开》《太平洋上的贾宝玉》《献给太平洋》《太平洋献诗》……除去这其中的一部分与具体的人和事相关外，它们在更大成分上，则正是海子的这种心理情结的折射。

其实,《思念前生》中"庄子想混入／凝望月亮的野兽"这一表述,正是海子自我形象的本质描述。一方面是庄子那种超越人寰、逍遥太虚的哲思的大脑,一方面是幼兽般的、心性拒绝化育的钝拙与率真,从而"浑一"为文明的幼兽这样一种心灵形象。不知为海子敬仰的荷马是否也有着同样的心性?荷马曾经说过这样的话:文明离不开野蛮,野蛮为文明提供了丰富的营养。

清楚了海子对这种野蛮、率真、任性的本在生命形态的崇尚,我们就不难理解从来没有结过婚的海子,何以在他20岁刚出头的年龄上,便常常大言不惭,如同童话中的小男孩谈起自己的王国和公主一样,谈起自己的妻子、爱人、新娘、婚礼和一大堆儿子、女儿。譬如他有一首题名为《幸福》的诗,又特别在标题下补充了一个"(或我的女儿叫波兰)"这样的标题。西川在这首诗作下特别做了一个脚注:"海子喜欢'波兰'一词,'女儿叫波兰'并无特别所指。"在我看来,海子还喜欢"女儿""儿子"这两个词,并且似乎不只是对这两个词,而是内心期望真正地拥有。他在《歌:阳光打在地上》这首诗中更是写下过这样的诗句——"这地上／少女们多得好像／我真有这么多女儿／真的曾经这样幸福"——这种远古时代,一个家长领着一帮活蹦乱跳的女孩儿,在山坡上点瓜种豆的情景，海子把它视作幸福。

　　海子的影集中有一幅据我的判断，大约是1986年在青海德令哈拍摄的照片。那是德令哈城外毗连着的草原，远处是低矮的小学围墙，近处的草地上，7个脸蛋脏兮兮神色笑嘻嘻的小学生，一式地双臂后撑，身体斜仰地坐成一斜溜。7个小学生都八九岁的年龄，有头上歪顶着草绿色军帽拖着鼻涕的小男孩，有穿着花衣裳，扎着小辫子但头发蓬乱的小女孩，其中还有几个脖子上拴着红领巾的。给人的感觉是，那是一群刚放学立即就冲出校门，在草地上打闹撒欢的野小子和疯丫头，不知紧接着就被海子用什么方法，整编成这样一溜呈小天使状的队列，旁边三四米距离处，就是身体斜卧着的海子。在那幅场景中，他与这支小队列形成的呼应关系，绝不是一个小学辅导员之于其学生们的课外游戏；从年龄上说，当然也不是一个家长之于他的一群儿女；而是一个童话式的草原部落中从远方归来的酋长或王，重新整编好他的部众后，将再次向着某个遥远的地方飞翔而去。

　　在写于1985年5月的《打钟》这首诗里，首次出现了一个关键性的语词，那就是"皇帝"——"打钟的声音里皇帝在恋爱／一枝火焰里／皇帝在恋爱"。而从全诗的语境来看，这个"皇帝"便是诗人海子的自喻。他与自己的女友在恋爱，与和女友浑然一体的诗歌在恋爱。

是生命中高能量的涨出，使海子在潜意识地寻求"大"的顶级性表达时，与"皇帝"这个词仓促相遇？但皇帝虽有君临天下的威仪，却更有九重宫阙中深锁的孤寡，这与海子那种民间的、野孩子的心性是绝对不相符的。所以，他在写于同一时期的《蓝姬的巢》中，又修正出另外一个语词，即"卖高粱的皇帝"——"蓝姬的丈夫是一位卖高粱的皇帝"。这个词虽已比较接近海子的心理意愿，但仍不是他最终要找的那一个。当时的海子似乎还没有那样的眼界，直到1986年进入青藏高原和内蒙古草原后，他才突然明白，他要找的、要引以自喻的——是"王"。从公元13世纪的蒙古大草原上狂飙突起，以放纵的马蹄践踏文明世界的成吉思汗上溯，经史诗时代血酒澎湃、人熊同嚎的草原部落酋长，直至上古时代布衣草履、蔑视帝力的部族头领，"王"最终要演绎的，其实就是面对一个复杂世界摆出的最简单的姿态：我是我自己！他一切的群体力量的啸聚，只是为了对"我们自己"最终成为"我自己"的捍卫。我是不接受任何干扰修正的"我一个"，因而也是与万物同在的一切。所以，从本质上说，"王"是一种精神，他以拒绝教化的野蛮形态，不容任何修改地坚持生命的完整天性。他是造物之主，他是黄髫小儿，他是白云苍狗、红云儿马，也可以是"皇帝去卖高粱"。总之，它所要顽固坚持的，就是生命、精神那种为造化所赋予的野生性。在这一点上,海子的那个"王",又正好与他潜意识中始终持守的民间立场相吻合。

1986年12月,从青藏高原和内蒙古草原的旅行结束后,海子在《诗集》一诗中写下了这样的诗句——"诗集,我嘴唇吹响的村庄／王的嘴唇做成的村庄"。"王"在此首次出现后,从此便基本上取代了"皇帝",并与麦地、太阳一样,成为海子诗歌中一个最基本的"词根"。

在1985年这一时期,由活跃的诗坛大气氛所激发的一切鲜活的诗思,都在海子的生命中涌现,使他长大成人,成为一个对人类文化经典和中国诗坛现状了然于胸的先锋诗人。跃入其中的大规模的诗歌博弈已经全面展开:文化史诗、学院派的文本性写作,包括心灵操练的游戏性笔墨……还有,就是在此后影响了一个时代诗歌风尚的"麦地"抒情诗。

4. 麦地:刀子割下的良心

作为新时期诗坛一个跟踪性的阅读者,我对海子诗歌最初的深刻印象,大约与这样三次事情有关。第一,是在由四川青年诗人万夏主编的民间诗刊《现代诗内部交流资料》1985年第一期上,所见到的他的《亚洲铜》。

第二,就是在由唐晓渡和王家新选编的《中国当代实验诗选》中，读到他的《打钟》《妻子和鱼》《思念前生》《坛子》，这四首诗作。

对海子及其诗歌的这两次记忆，首先都是与选发其诗作的刊物和诗集有关，由于选编者的眼光及其在先锋诗界"重新洗牌"的性质，一个诗人能够入选其中的本身，就意味着一种被认可。这样看来，海子当时在先锋诗界所受的待遇还算不错，而诗歌起步早于海子的骆一禾，此时尚在这个圈子之外。然而，海子这两次诗作的本身，并未给我留下特殊印象。至少对我来说，它们并不具有那种从一大堆作品中跳出来，使我眼睛为之一亮的光芒。

对海子诗歌第三次的接触，则是一次震撼。

那是1988年秋季，在参加了在拉萨举行的"太阳城诗会"回到青海不久，我从新近出刊的《诗刊》第9期上，读到了海子的《麦地》及"外一首"《五月的麦地》。在我当时的印象中，似乎从未见到海子的诗歌在诸如四川的《星星》、北京的《诗刊》《人民文学》，以及上海的《上海文学》等，这类当时为诗界瞩目的官方刊物上出现。

我就是在这个时候读到了海子的《麦地》：

吃麦子长大的
在月亮下端着大碗

碗内的月亮

和麦子

一直没有声响

是的，这样的诗歌让我感觉到了震惊。一霎间，他似乎放弃了文化，放弃了智慧，放弃了修辞，而以发自神经末梢的本能说出，传递了一种动人心魂却又是难以言传的情绪。仿佛月色初现的傍晚，端着大碗埋头吃饭的乡村孩子，在发愣、发傻的狼吞虎咽中，对使之活命的麦子突然欲失声痛哭地谢恩。

也就是因参加那个诗会，在拉萨期间，我曾与作为旅行者的海子，有过一面之交的泛泛交谈。而在回到青海读了这两首诗之后，我竟因此生出了失之交臂的遗憾。

在我的阅读记忆中，从未见到过这种毫无诗歌技巧意识的、最简单、最直接，却又是一针见血的说出。我曾在此后的《孪生的麦地之子——骆一禾、海子及其麦地诗歌的启示》一文中说过，麦子是我们这个农耕民族共同的生命之根。然而，正是因为它太基本、太普通，反而为我们习焉不察，便从来不曾成为进入我们诗歌的材料。事实上，中国新时期的诗歌，一直致力于对这种生命之根、之本的追寻，比如对于太阳、水、土地，比如文化史诗类诗歌的本身。然而，正像太阳是人类共同的太阳,水与土地也是人类共同的生存之本一样,如果我们对其内涵没有血缘性的特殊感受,它在我们的诗歌中便只是一个概念性的虚词。

而对于我们这个传统的农耕民族,我们这个用胃,甚至以脸皮、人格为代价,刻骨铭心地感受过饥饿的民族,在代代相传的记忆基因中,吃——粮食——粮食中最好的粮食麦子,则曾经是我们所有的心思。我不能用黄金比喻麦子的珍贵,因为黄金对于我们来说是抽象的,也不是必需的。而只有麦子,对于我们才是性命攸关。中华民族诸多的成语与古训:饿殍遍地、民以食为天、饥不择食、食色性也、书中自有千钟粟、饕餮等等,实质上都是饥馑的荒年,由粮食和麦子派生的语词。所以,我们这个被称作礼仪之邦的民族,才有了世界上独一无二,也是最能体现生存关切的见面问候——"吃了没有?"对于吃的关切,已经成了储存在我们这个民族的胃部和神经末梢的集体无意识。也因此,一位当代小说家,才为自己的小说起了一个在外国读者看来也许是莫名其妙,但却是我们感觉中顶级性表达的标题——"狗日的粮食"!从某种意义上说,我们这个民族今天对于吃的特殊的热爱和崇尚,正是对世世代代所受饥饿的复仇。所以,在我的家乡陕西关中的方言中,才有了一个对于吃的恶狠狠的表达——咥(dié)!此字高古,最初出于《周易》,释义为"咬",现今极少有人能识。但我们的关中人民文化积淀丰厚，更对饥饿与粮食有过"血海深仇"，才将普通的"吃"，转化为眼睛渗血的"咬"——咬牙切齿地吃，穷凶极恶地吃！

所以，当麦子在海子的诗歌中相继出现，并成为一个词根的时候，它对于中国广大读者和诗人来说，既是黑暗泥炭层集体记忆的激活，也是精神肺结核的一次酣畅放血。当时的诗坛上，正流行着从法国现代主义画家高更那里转换过来的、对于生命本源的追问：我们从哪里来？我们是谁？我们向何处去？而对于中国的诗人们，大家于此突然明白：我们从麦子中来，我们是吃麦子长大的。

但面对《海子诗全编》我们就会发现，麦地诗歌在海子的创作中，并不是集中地以板块的形式出现，而是时断时续地隐现于数年的时区中。从1985年1月的《麦子熟了》开始，继而有:《麦地》(1985年6月)、《五月的麦地》(1987年5月)、《麦地 或遥远》、《麦地与诗人》(包括《询问》《答复》两首，1987年)——仔细清点后我还惊讶地发现，海子的"麦地"诗歌其实并不多。

那么，我们何以会对海子的"麦地"诗，产生数量庞大的错觉呢？我想，这还与那些麦地的外围题材，比如粮食、村庄，乃至草原、秋等各成系列的短诗有关。而事实上，这些短诗在海子的心理出发点上并不相同。金黄的麦地，具有光芒感的麦芒和颗粒状的麦子，无不与太阳这一物象相对应，以逼人的炽热、火辣、灼烫，继而进入其此后庞大的"太阳七部书"中，构成一部磅礴痛楚的太阳音诗交响。而村庄、草原、秋联结的，则是雨水、月亮、母亲、女孩子等阴性意象，是其所有感伤情绪的物象对应，并与他的"河流三部曲"构成一个有关生命源头以及家园的系列。

与没有看见"王"之前用"皇帝"替代一样，海子并不是一开始就直接看见"麦地"的，麦地或麦子之前的一个替代性语词则是"粮食"。"埋着猎人的山岗／是猎人生前唯一的粮食"——在这首题名为《粮食》的诗中，海子的主旨虽然是要以"西边山上／九只母狼／东边山上／一轮月亮"这种"境"的描述，表现一种空蒙的"谣"的烂漫，但他开头的这两句诗行，已经将粮食置于猎人为此而夺去了自己生命的程度来指认。这无疑使这个"粮食"，具有了"麦子"那种与性命相关的属性。

在论及海子的麦地诗歌时，还有必要提及《日光》《歌：阳光打在地上》这两首麦地外围题材的诗歌。综合阅读海子的诗歌我们就会发现，一触及"麦地"和"太阳"的意象，海子就会立时收拾起其精神浮云和嬉戏姿态，进入收漫天乌云为一握闪电的那种感觉。

梨花

在土墙上滑动

牛铎声声

大婶拉过两位小堂弟

站在我面前

像两截黑炭

日光其实很强

一种万物生长的鞭子和血!

  这是在脱脂机上榨出的诗歌,它在一大堆原材料中榨出诗歌的主体,然后再施加刀斧,砍去那些过渡性的语词粘连后,使之断为三截,使其像三段柞木截面,以触目的茬痕构成内在呼应。第一段仅用了"梨花""土墙""牛铎"三个常规物象一共12个字,便传递出春夏之交,南方乡村初显的闷热和中午歇晌时分的静寂。之后,便是两截突兀结实的"黑炭"栽在面前。最后,海子并未承接两个小堂弟的话题继续延伸,而是笔锋陡地一转,将日光喻作一条鞭子凌空抽下。这条鞭子,内在地承接了以上的意象。两截黑炭般的小堂弟那种顽皮、精壮的野生活力,盖源自日光的抽打。日光,既是抟弄、鞭笞生命，使之泥里摔、土里滚的鞭子，又因此而成为中国乡村那些名叫铁蛋、拴狗、栽牢、社娃……的野孩子们，皮实、健壮生长的血源。

再联系到《歌：阳光打在地上》中"阳光打在地上／并不见得／我的胸口在疼／疼又怎样／阳光打在地上"，我们便会进一步地意识到，这看似单调重复的诗句所表达的，正是经历过铁蛋们那种童年的生命，在诗歌中对于日光和生命的言说。他在"并不见得／我的胸口在疼"中说的另一层意思是，"也并不见得我的胸口就不疼"。但是，疼又怎样，不疼又怎样，阳光都照样要"打"下来——打在地上，也打在我们身上。我们无可选择地必须承受。海子在这里只是强调了阳光的"打"，而并不表示什么态度。因为作为一个曾经的承受者，他对这种"打"的痛楚是可以浑然不觉的；而作为一个诗人，他对这种"浑然不觉"的状态却是敏感的，并正是要通过这种浑然不觉的无所谓，表达那种乡间野生生命的简单和皮实。

与《亚洲铜》以及诸如《思念前生》等学院派写作上严密的喻象系统贯穿，哲学意味的隐喻，语言内在纠缠的扑朔迷离性状相比，《日光》则呈现着刀砍斧劈的果断。它在直接有力的阐述中，甚至还带一种"毒辣"。诸如大婶像拉两个犟牛犊般地"拉过"两位小堂弟，两位小堂弟之于"两截黑炭"的直指。

这是海子在短诗书写中的一个准则,他在《我热爱的诗人——荷尔德林》一文中,对荷尔德林的诗歌做过这样的指认:"荷尔德林,早期的诗,是沉醉的,没有尽头的,因为后来生命经历的痛苦——痛苦一刀砍下来——诗就短了,甚至有些枯燥,像大沙漠中废墟和断头台的火砖,整齐、坚硬、结实、干脆、排着、码着。"这是海子写于1988年年底,即他离世前不久的一段文字。这样的指认与其说是针对荷尔德林,倒毋宁说是海子的诗艺独悟。骆一禾对海子的这种语词特征极为敏感,他在海子去世不久致友人的一封信中这样写道:"他1984年就写过'阳光打在地上/阳光/打在地上'。"其未言之意,当是把这个"打",同"春风又绿江南岸"的"绿"之类一样,视作中国诗歌中一种经典性的表达。

而骆一禾自己,此后也有过诸如"血,砍在地上"这样的句子。他在自己后期的诗作中,突然一改先前那种纯血的明净与炽热,而突入了血涌颅顶的心灵暴力绞杀——"在天空中金头叮斗鹰肉","闪电伸出的两支箭头/相反地飞去,在天空中叮斗/火色盖满我的喉咙,一道光线//勒住过去的砂红马头,我看见/血泊清凉的锋面/一捆闪电射开鹰肉","光芒闪耀/鹰肉在天空叮斗"(《眺望,深入平原》)。

不是所谓的修辞促成了这一效果,而是在客体与主体之间，因光的唤起与对射状态中，对光的直接呈示。

那一年
兰州一带的新麦
熟了

…………

有人背着粮食
夜里推门进来

油灯下
认清是三叔

老哥俩
一宵无言

只有水烟锅
咕噜咕噜

谁的心思也是

半尺厚的黄土

熟了麦子呀!

《熟了麦子》书写的是兰州一带的事情,而兰州一带及甘肃乃至整个西北的诗人们,却没有写出过这样的诗,也没有寻思过这样去写诗。当海子把兰州作为一个地理名词推现出来,当初给我的感觉,就如同他把为我们熟视无睹的麦子在诗歌中强调出来一样,顿时给人一种陌生和惊奇。在阅读海子的某些诗歌时,我们常常会感觉到那种神秘的通灵感。比如在这个对他来说绝不熟悉的兰州,他却能敏锐地抓住老哥俩嘴头咕噜咕噜吸着的"水烟锅"(兰州是中国少有的水烟出产地),这一极端地方化、民间化的特征。的确,诗人与诗人是绝不相同的,所谓杰出的诗人,往往都能够抓住一些常人视若无睹、却又是典型性的细微事象,使之在作品中发光,进而成为大家的惊奇。而平庸的诗人之所以平庸,便在于他对这种细微事象感受力的迟钝,因而永远只能拾人牙慧,成为这些语词物象的"二道贩子"。

《熟了麦子》写于1985年1月20日,这是海子第一次将麦子作为抒写对象呈现在诗歌中。在这首诗中,除了"水烟锅"之外,其他的许多细节同样让人惊奇,诸如"有人背着粮食／夜里推门进来"。在我的经验性感觉中,这一描述,似乎还带有20世纪60年代初的饥馑荒年，这粮食来路暧昧的那种紧张——三叔夜晚背来的这粮食是从哪里、通过什么手段弄来的？是因为有什么过不了的坎儿，三叔才冒着风险在夜晚送来了这救命的粮食？如果一切正常的话，老哥俩当不至于抽着水烟而心事重重的一宵无言。"谁的心思也是／半尺厚的黄土／熟了麦子呀！"这成熟季节的麦子对于这老哥俩，对于人民公社时期统购统销粮食政策下生存的农民，很难说不是"隔叶黄鹂空好音"——麦子熟了"又能怎样！"老哥俩的心思砸在地上溅起的，难道不是空落落的茫然的尘土？要命的麦子总是在中国农民的心思中，这样若即若离，因而又使他们永远地为之心事重重。

海子是在1985年从文化史诗和学院派的文本性写作中进入"麦地"的。这一年对他来说是特殊的一年。他在这一年以多种精神情态出现于诗中。他在《但是水、水》中泅泳，在《浑曲》中开心嬉戏，在《坛子》中一脸玄妙……而这一年对他来说更为重要的，则是他由一个带有大学生痕迹的诗人，赤脚站在夏天暴烈太阳下的脱毒去水——他说，"我请求／下一场雨／清洗我的骨头"。毒辣的太阳在这一年炙烤他、鞭笞他，也唤醒了他骨头中那种野生生命的精悍与灵性，使他以本真的心灵，去映照那些粗朴、结实、发光的事物。他在这一年还写下了这样一些诗句——"夏天／如果这条街没有鞋匠∥我就打着赤脚／站到太阳下看太阳"；"泥土高溅／扑打面颊／活在这珍贵的人间"。

写下《熟了麦子》5个月之后的1985年6月，海子又写出了我们在前边提到的《麦地》。如果说《熟了麦子》还着重于民间性的客体抒写，那么，在这首诗中，海子已站在了麦地中央。虽然它的整体基调，是建立在麦收时节的兴奋和乡村少年式的活蹦乱跳的欢快之中的——譬如"我们是麦地的心上人／收麦这天我和仇人／握手言和"；"这时正当月光普照大地／我们各自领着／尼罗河、巴比伦河或黄河／的孩子，在河流两岸／在群蜂飞舞的岛屿或平原／洗了手／准备吃饭"，但在这首诗的最后，当他写下了"健康的麦子／养我性命的麦子"时，你所感到的，则是从心源蓦然震发的呐喊，并带有一丝难以言说的痛楚。

两年之后的1987年，当他再次写到麦地——《五月的麦地》时，这种痛楚不但延伸了过来，而且被放大。他已经意识到了麦地之于他所构成的一个诗歌世界。麦地养活着整个人类，养活着在麦子中生存歌唱的诗人们，他们无忧无虑，甚至是轻松、浪漫地"背诵各自的诗歌／要在麦地里拥抱"，但诗人们并未省察到浸渗在他们生命中的麦子的情义，这因而使海子这个曾经的农家少年感到了某种悲伤。他和他们虽然都是诗人，都在写着可向对方相互背诵的诗歌，但这诗歌又是绝对不一样的。所以，他继而写道——"有时我孤独一人坐下／在五月的麦地／梦想众兄弟"——不是作为诗人们的那些众兄弟，而是如今劳作在麦地中，他少年时代的那些众兄弟。想到他们，就"看到家乡的卵石滚满了河滩／黄昏常存弧形的天空／让大地上布满哀伤的村庄"——这样的情绪，使人恍然间联想到艾青那首《我爱这土地》——"为什么我的眼里常含泪水／因为我对这土地爱的深沉"。海子正是因此而明白了自己以农村为根的心灵本质，并在这种本质上把自己与他人划分开来。所以，他最终这样写道——"有时我孤独一人坐在麦地为众兄弟背诵中国诗歌／没有了眼睛也没有了嘴唇"。这样的表述无疑是有深意的。所谓的"中国诗歌"，自然是他从麦地和中国乡土中延伸出的这类诗歌。在他同时还强调了自己的"孤独一人"，并且背诵得进入没有眼睛和嘴唇这种与土地同化的忘形状态时，他还要表述的，是他孤独一人地建造着本质性的"中国诗歌"。也就是说，他对自己所干事情的性质和意义此时已非常清楚。立志建造"中国诗歌"的抱负，浓化了他内心那种"王"的创造感。但相对于同代诗人的整体格局，这种独自一人的建造，又让他感到了某种悲凉和孤独。这就是我们在海子的诸多诗歌中，常常感受到那种"王者的孤独与感伤"的原因。我想这还是充满了诗歌博弈激情的海子，何以拒绝参加热闹的1986年两报诗歌大展的原因。

1987年底写出的《麦地与诗人》，分别由《询问》和《答复》两首诗构成，亦即一问一答。从这种构成上来说，前者应是麦地的询问，后者该是诗人的答复。然而，事情并非如此。当海子把麦地设置为一个终极性的事物再次书写时，他实际上已由此反观到自己的"渺小"。所以，在刚刚写下了"在青麦地上跑着／雪和太阳的光芒"这样一个开头后，他便迫不及待地直接说出了结论——"诗人，你无力偿还／麦地和光芒的情义"！

这是海子内心的另外一重世界。他在自己生命的许多时段，总是严苛地压榨自己。在我们不断地看到他对自己的满意时，还会看到他对自己同样多的不满意。这种满意与不满意，正是对自我目标设置的趋近之后，又看到了更遥远的目标而追之不及的沮丧。随着他在独立冲刺中与同代诗人的写作距离越拉越大，在失去了可比性的竞技的刺激时，他又凭空为自己悬置了一个暴烈的物象——鞭子。1985年，那根提供万物生长之血的日光的鞭子，在1987年则成了专门抽打、压榨、驱遣他自己心力的鞭子。"一只空杯子 装满了我撕碎的诗行"，"一只空杯子内的父亲啊／内心的鞭子将我们绑在一起抽打"（《八月之杯》）——海子于此表现了一个诗人的极端性，也就是说，在此时的他看来，自己此前所做出的一切都不值一提，他此刻23岁的生命如同一只一无所有的空杯子，里面虽然装满了他所书写的诗篇，但却是被他无情撕碎，不能在他的价值标准中岿然不动的诗篇。这的确是一种极端的自我苛责，如果不是出于极端的生命高标悬置，他又何以谈得上无力偿还麦地和光芒的情义呢？当他紧接着在其后的《答复》中写下了"麦地／神秘的质问者啊／／当我痛苦地站在你的面前／你不能说我一无所有／你不能说我两手空空"时，所谓的"答复"已不成为"答复"，而是一种恳求——我拼命地去做了，我知道我没有做好，但是，我拼命地去做了！我不指望你的褒奖，但起码，你不能说我什么都没做、什么都没有做出来呀！

什么是"你无力偿还，麦地和光芒的情义"呢？海子少年时代就在潜意识中对他贫穷的家庭和父母尽孝；而他的诗歌写作，则是另外一种意义上，对于滋育他生命的土地和太阳的报答与尽孝。事实上，海子的这种痛苦，并不是来自生存的苦难，而是来自个体生命所不能抵达的超生命的要求。他以人类文化中的经典作品和诗人，诸如荷马之于《荷马史诗》，歌德之于《浮士德》为参照，最终甚而以《圣经》、埃及金字塔、中国的敦煌这种非个体能力之所为，而是一个群体在他们的大时代集体建造的文化象征体，作为自己的诗歌目标，以这个目标来建造他的"中国诗歌"。所以，他才有了无力偿还麦地和光芒的情义这样的心理。"无力偿还"事实上已经是一个清醒的结论，但他却要知其不可为而拼命为之。所以，在他残酷地压榨自己，把自己挤压为渺小的一点，以便更彻底地洞察终极视野的大事物时，又同时把自己的写作推向一个爆炸前的临界状态——骆一禾正是在海子的这种状态，也在自己心神相应的生命中感应到了这一点，才在他的《黑豹》一诗中写下了"我们无故的平安　没有根据"这一雷霆追命、时不我待的诗句。而海子最终的自杀、骆一禾随之的追魂殒命——尽管还有其他多种因素，而这一点，则是最根本的原因。

5. 诗坛上尴尬的"傻弟弟"

然而，这样的麦地诗歌并未给生前的海子带来荣耀。在1988年第9期的《诗刊》上读到海子的这两首麦地诗歌时，我们无法获知一些更详细的信息，只有在西川整理的《海子诗全编》出版后，我们才知道这两首诗中的《麦地》写于1985年6月，《五月的麦地》则写于1987年5月。搞清它们的写作时间是重要的，从《麦地》写出3年后才得以发表的这样一个事实，我们可以想见海子当年诗作发表的艰难。若干年后的今天，我们不禁会发出这样的疑问：对于这样的诗作，到底是刊物的哪个地方出了毛病而拒其于门外？是因为编辑们在一种全新的诗歌艺术面前无力做出准确反应，还是他们鉴赏力的低下，艺术观念的陈腐，或者干脆就是以人取诗，以自己平庸的刊物标准取诗？如果对此做出全称指认，肯定冤枉了诸多刊物。但是，这诸多刊物又都大致上与这些弊病相关。这因而造成了从20世纪80年代初期开始，当代青年先锋诗人对于官方文学诗歌刊物始而是愤懑、继而是严重的不信任。它终而导致的，便是先锋诗人们作品发表观念的改变——其一，自费打印自己的诗作汇编；其二，自办民间先锋诗刊。

在新时期诗歌史上，这种做法最初始于北京一群青年先锋艺术家1978年12月创办的地下刊物《今天》。这个因作品不能见容于正式出版物，而由画家、作家、诗人们创办的刊物，到了20世纪80年代初中期因刊发过北岛、芒克、多多、江河等此后被称作"朦胧诗人"们的诗作，而名噪一时。《今天》诗人们的作品，继而为艺术观念逐渐更新的官方出版物所接纳。诗人们也因此成了民间诗歌英雄。然而，官方出版物与先锋诗人们之间的艺术观念，似乎总存在着两至三年的时间差。当它们刚刚能够接受这些作品时，继起的诗人们又开始了新的先锋艺术实验。这时候，随着最初那些先锋诗人的诗歌声誉日隆，以及先锋艺术观念在青年诗人中大面积的浸渗，事情开始发生了微妙变化。一方面是这些刊物对已名先锋诗人特邀嘉宾性的开放，并以此作为自己艺术观念不落伍的标志；一方面则对闻讯涌来的大批继起者关闭大门，以此保持自己正统的权威性。

《今天》的出现以及北岛等人随后的成功，给了大批继起的未名先锋诗人以暗示，随之形成了两个结果：其一是民间诗歌报刊数量的放大；二是先锋诗人们以更新锐也更极端的写作，从而以更大的响动，等待收编，以期获得一张特邀嘉宾的请柬。但是，随着这种请柬一如既往的发放控制，汹涌而至的大批等待者逐渐失去了耐心。于是，民间诗刊终而以遍地开花的态势，形成了足以与官方诗刊两分天下的局面。一时间，诸多名不见经传的诗歌写作者，仅只凭着自己在民间刊物上的名字，也可在走遍全国的诗歌浪迹中，轻而易举地找到自己的"同志和朋友"。

当诗歌发表难的问题进入缓释状态时，诗集出版仍是一个难以跨越的门槛，自费打印自己的诗集便成了唯一的办法。翻检由此往后20多年来我手头由诗人们寄赠的上百部个人诗集，从最初的铅字油印本，到电脑喷墨打印本，再到香港天马、香港金陵……直至20世纪90年代内地的各家出版社由作者自费出版的诗集，给我最深的感受是，毕竟是改革的时代了，也毕竟是开放搞活了。对于优秀诗集的问世，它虽然不是最好的方法，但比起因论资排辈而在出版社门前密密挨挨的排队现象，毕竟大家多了一份出版的机会。

同代先锋诗人的境遇,也就是海子的境遇。或者说,海子的境遇更为窘迫。就 1985 年的情况而言,当时中国现代主义诗歌的两大重镇——北京与四川的诗人各有特殊表现。以北岛为代表的"朦胧诗人"已功成名就,从中蜕变而出的江河、杨炼在文化史诗的写作中更是名闻遐迩。与海子同代的继起者诸如牛波、西川、大仙、雪迪、老木正逐渐被诗坛认可,成为北京青年诗群新的风景线。而以数份重量级的民间诗刊名声大噪的四川青年诗人,则以他们的群体实力,向着以北京为代表的现代主流诗界,转换出一种强硬的挑战乃至挑衅姿态。

这种强硬得到了回报,没有地缘优势的四川先锋诗人,却依靠群体力量得到了更大范围的空间拓展——当时由中国作协主办、诗人牛汉任主编的中型文学月刊《中国》,其 1986 年第 10 期几乎就是四川先锋诗人的一个专刊。除了《中国》,同一时期的《人民文学》也经常辟出大篇幅的版面,以供四川青年诗人的长诗或组诗持续亮相。在当时,任何一个外省诗人,若能持续地在北京的官方刊物亮相,也就意味着他被中国诗坛主流圈子的接纳。至此,由四川盆地浩浩荡荡闯进北京的"革命军",终而怒气全消,并与京华盟主握手言欢。

与此同时,四川的廖亦武、欧阳江河、翟永明、开愚、程宝林,北京的西川,包括虽已写出了诸多优秀诗作,却一直在诗坛上显得落寞的骆一禾,都先后参加了由《诗刊》社每年一度举办的"青春诗会"——这一为中国诗坛选拔"国家青年队"选手的诗会。而唯独身处京华的海子,却在浮出水面露了几次头之后,又没入潮水之下。

不但如此,在四川诗人次第涌向北京时,身居北京的海子却数次辞别北京,逆向而行地前往四川和青藏高原,寻找他的诗歌,也以诗歌寻找他的同志和朋友。

从1983年的《小站》开始,1984年以后,海子又先后自费打印了自己的诗集《河流》《传说》《但是水、水》以及《太阳·断头篇》《太阳·诗剧》等单行本。不难想见,这绝对是一种不得已而为之的选择。如果发表途径顺畅的话,他是绝不会在经济十分窘迫的情况下这样去做的。骆一禾曾以疼痛而怜爱的心情记叙了海子与此相关的一些事情:"在生活上他基本是不谙世事的,除去书店之外,他生活的常识很少,他是个傻弟弟,干过傻事一桩。他居然能够知道昌平全县哪一家誊印社便宜,他和西川合印的《麦地之瓮》就是他找的誊印社,这真是只有一门心思。"

而当时,海子就一直这样干着自己的"傻"事情,他笨重地写作,笨重地以自费打印诗集为自己的诗作寻找出路,唯独没琢磨过发表途径上的关系学。

海子是从1985年初开始书写有关麦地的诗歌的,然而,除了我在前边提到的《诗刊》上的那两首外，再也不曾见到他的其他麦地诗在刊物上露面。我的大脑中至今还清晰地保留着当年的有关记忆。那是海子1989年去世不久，以《人民文学》为代表的核心文学期刊，开始相继推出海子生前的大量短诗。除麦地外，还有村庄、草原这样一些题材类型。

因之，海子此后的响亮诗名，实际上便是由他的这些短诗成就的。这也是一种值得琢磨的诗歌现象，一般来说，先锋诗人的诗歌声名，大都是在诗界内部产生影响的。在这个问题上，大约只有朦胧诗人中的北岛、舒婷和顾城是仅有的例外。他们当时的诗歌，曾被包括在校大学生的一代文化青年广为传抄，并在小说作家、画家中形成影响。而在朦胧诗之后的先锋诗人中，其诗歌能有如此社会效应的，则似乎唯有海子一人。在海子去世10年后的1999年初，南京的《金陵晚报》曾刊发过一组对当代青年就业问题的访谈文章，其中一位24岁名叫胡萍的女大学毕业生，在《我的工作是找工作》这样一个自嘲的标题下谈道："我特别喜欢海子的一句诗——'远方除了遥远一无所有'。海子，这位被誉为'中国最后一位诗人'的天才，在90年代前的门槛以卧轨的方式粉碎了他的全部理想……毕业已经快一年了，我仍然待业在家。未来对于我来说，就像等待戈多一样遥遥无期。"海子的诗歌之所以能产生如此的影响，我想就在于他以灵魂性的敏感和化繁为简的直接言说，触及了现代人最普遍，也是最本质的精神处境，从而引发了强烈的共鸣。

是的，海子是在1985年进入他的"麦地"的。那一年，他的心情则显得特别愉快。他不但写下了多种类型上的诗歌，还心情晴朗地写到了他所居住的昌平小城。《城里》中说，"这城里／有我的一份工资／有我的一份水／这城里／我爱着一个人"，"我最爱煮熟的麦子／谁在这城里快活地走着／我就爱谁"。然而，就在一年之后的1986年，他的心情却陷入难以自拔的阴郁。这一年，他又一次写到了他的小城，并且几乎不能自抑地将内心的叹息，再现于诗歌的标题——《在昌平的孤独》。

六 | 在昌平的孤独

1. 昌平：没有回声的寂寞

昌平是一个在汉代即设置县级建制的自然行政区。除了在前边提到的北有居庸关、十三陵这一与古代北方部族战争、皇家风水烟云相关的历史特征外，它在现实中长期呈现的，主要是一个主产小麦、玉米、谷子、红薯及苹果、核桃、板栗、柿子、梨、杏等农作物的农业县。由燕山余脉延伸的军都山从县境横亘而过，距东南方向曾作为元大都的北京30多千米。我们由此可以想见，处在燕赵大地上的这片平原，在漫长的历史中既化剑为锄又熔锄为剑，战争与农耕交织的情景。中国大地上的诸多地理名称都不是无缘无故的，所谓的"军都山",其作为军事要塞重兵屯驻之指涉,所谓的"昌平"寄寓的昌乐平明之期盼,正从两个典型的角度,表明了历史上的昌平锄剑交替的图景。

与中国北方诸多历史上的重镇要地一样,这样浓重的历史气息浸染,必然沉积出一种稳定、古朴、黏滞的社会民间心态。从20世纪60年代开始,在北京市郊的房山、通县、丰台、海淀等分别以新兴的工业区、文教科技区等为自己的发展进行角色定位时,唯有这其中的昌平,是以农业、园林与历史名胜作为自己特色的。而随着1984年中国政法大学青年教师的先期入住,1988年法大昌平校区的建成与投入使用,才使这片农耕的平原,陡然获得了一脉高等学府的现代文化气息。而这个校区在向昌平传递着自己的气息时,也接受着其农耕文化氛围的濡染。

1999年5月2日的昌平县城,淡白色的太阳下大街宽阔,城区安静。从城区规模和建筑物的外观看,这是一个早已退去了旧式县城痕迹,正在向现代性的明朗与开阔:花坛、绿地、雕塑等现代城市的规格和方向上发育的县城。所以,尽管广告彩带覆盖的商城门前,组合音响轮番播放着流行歌曲和重金属摇滚乐,但随之就被开阔的空气所吸净。从京城开来的那种厢身加长的345路公交车卸下一些人,又装走一些人,之后,宽阔的大街又空空荡荡。既与京城构成了一种衔接呼应，又显示着它与繁华、喧闹、人头涌动的京城的鲜明反差。

5月2日的昌平正处在国际劳动节的节日状态，同许多在近20年来扩容的新兴城镇一样，它的节日状态就是空旷。一部分人进入京城过节，一部分人回到附近的农村探亲过节，一部分人待在家里接待亲朋过节。人们的生活秩序随着节日发生了短暂的变化。

节假日中的政法大学昌平校区内同样显得空旷。校内食堂门口显然是节日前就贴上去的，诸如太行山二日游、五台山三日游的花花绿绿的告示中，有一份是青年学者谭五昌来校做《海子论》专题讲座的布告。这当是3月26日海子去世10周年，由京城内大专院校的纪念活动辐射到法大昌平校区的一个标志。1999年的四五月间，正是以美国为首的北约军事集团对南联盟实施狂轰滥炸之时，所以，校园内由大学生主办的一块黑板报上，在表达了欢庆"五一""五四"和爱国成才的主体基调中，头题文章便是对国际霸权主义的谴责。而这篇文章的开头，则是"四海翻腾云水怒，五洲震荡风雷激"——这一在20世纪六七十年代使用率最高，我们已经睽违了近30年的毛泽东的诗句。这种氛围似乎表明，与北大在不断地摈弃中始终置身于思想艺术潮流前沿的那种活跃、新锐相比，为国家司法机器输送人才的中国政法大学，自有其严谨、务实、恪守国家意识形态思想传承的稳态的正统。因此，在这样的氛围中，诗歌的浪漫便无疑会显得刺目。换句话说，一个具有天赋光芒的诗人，他在北大那样的氛围中会有如鱼得水的自在感，而在法大这样的氛围中，他即使不会因某种程度的诗歌执迷而被视作五迷三道，起码也会显得格格不入。

我们由此会联想到西川在《死亡后记》中记述的，有关海子在昌平与诗歌朗诵相关的一段逸事。西川在文章中这样写道：有时他大概是太寂寞了，希望与别人交流。有一次他走进昌平一家饭馆。他对饭馆老板说：我给大家朗诵我的诗，你们能不能给我酒喝？而饭馆老板的答复则是：我可以给你酒喝，但你别在这儿朗诵。

依据海子社会交往中温和、内向的性格，他当不至于如此在公众场合表现自己的诗人"风格"的，然而他的确如此了，这难道不是长期的寂寞导致的反常发泄？如果是在北大，如果是在京城，他至于如此吗？

正如前边提到的，1984年夏天，海子和法大的部分青年教师从京城搬到了昌平，住进西环里小区15号楼。同住这栋楼的，有两个人需要特别一提，一位是其同事与好友孙理波，前边已经说过，1987年孙过生日时，海子曾为之写过一首《生日颂》；另一位，是当时供职于中央政法管理干部学院的常远。他们与海子的关系都颇为密切。

而海子在昌平的日常生活，在孙理波的眼中并不特别寂寞：近5年的时间，我们基本过着一种清闲的读书生活。一个礼拜一两次去学院路校区参加教研室活动或上课，其余时间便是读书、聊天或聚在一起喝酒。

据孙描述，搬到昌平后，学校为每两位教师配给了一套两室一厅的居室，每人一张单人床、一个写字台和两个书架。由于海子的同屋基本上不来住，所以，房间的两张写字台和四个铁皮书架随后都归海子使用。另外，他们都有一个煤油炉或电热丝炉，房间里简单也简洁。海子非常喜欢干净，房间的整洁度比许多人都强。24小时若没人来找，常常就一个人了。

他还记述了海子这样一个有趣的生活片段：一天晚饭后不久，我去找他，见他坐在床上，两脚泡在盆里，手里还拿着一本书。看那样子，似乎已泡了好一阵了，我就问他说，你小子还挺会享受的？他晃晃手里的书，不无得意地说，在我们老家，人们都说，富人吃肉，穷人泡脚……孙还补充道："生活里他是一个会做饭洗衣，温和，随意，爱整洁干净和有情有义的人，不狂放，更不癫狂，但有个性。"

关于海子的写作，孙的描述是这样的：海子使用的稿纸通常有两种，一种是信纸，上面印有红色的"中国政法大学"字样，另一种就是普通的方格子，两摞稿纸放在桌上足有一尺多高，弄得整整齐齐，在稿纸上面还放了一张厚厚的黑色的纸。我问过他，你小子干吗把稿纸弄成这样？他笑嘻嘻并有几分得意地说："我坐在这边的时候，看见那稿纸，有一种想把它消灭掉的感觉。"他通常习惯在晚饭后开始写作，一口气写上五六个小时，有时还要喝点红星二锅头。

到了1986年后，他们似乎隔三岔五在一起，除几个人一起吃饭、聊天外，天好了，有时还去爬山，徒步去十三陵水库、定陵转悠。

而海子后来那张流传甚广的，双臂伸展、呈"英雄就义"状的照片，就是在这样的游玩中拍摄的。那是1987年秋日里的一天，孙理波与海子和贵州流浪诗人马哲去山后游玩，在通往十三陵的路上，不远处的大红门和红墙在蓝天衬映下格外鲜亮，先是马哲拿过孙理波的鸭舌帽，一步跳上墙边的台阶，摆了上边的那个姿势，被孙拍了下来；海子觉得那个造型不错，随之也摆出相同的姿态，让孙为他也拍了一张。

在孙理波的回忆中，还有一件更具"逸闻"性质的事情：1987年春的一天晚上，大约9点来钟，海子到我宿舍，闲聊了一会儿后，我对他说，我们去城里吧！这时进城的公交车已没了。他问，咋去啊？我随口说，走啊！他犹豫了一下说，行，我回去收拾一下。

10点，我们从西环里开拔。在灰暗的路灯下，一边说话一边向城里走。近一点左右,我们正坐在路旁休息,远处走来几个联防队员,拿着大手电朝我们晃,我说,别动,让他们过来。他们走近后,便开始盘问,干什么的?去哪儿?有证件吗?我啥也没带,而海子则摸摸口袋,拿出工作证。他们用手电照着看完后,又对着我们的脸晃了晃,没发现什么破绽,遂一脸的不解。他们走后,我对海子说,你小子心还挺细,知道回去拿工作证啊!他似乎有点得意地说,当年在北大读书时,有一晚在中关村附近溜达,因为没带学生证,差一点被圈了起来。

就这样,他们六点走到三环,在北太平庄吃了一点东西后,我去城里,他去了学院路。这一趟共8个小时,我们走了35千米。

——以上无疑是一些有趣的往事,因而孙理波认为,当时"我们虽然过着平淡的生活,但不能认为无味"。然而,这又是海子日常生活的一个侧面,他更多的一个人的日子,尤其是他内心中更强烈的文学交流的渴望,则是这种友情不能替代的。即使这天晚上35千米的夜行,难道不也是缘于无聊的寻求刺激?其行状不更像是寂寞无着中黑夜飘忽的游魂?

海子生前曾获得过三次创作奖,第一次是由"北京大学首届文学艺术节执行委员会"为他颁发的"北大——一九八六年度五四文学大奖特别奖"。据介绍,这次艺术节所设的最高奖——"中国新诗奖"颁发给了北岛,北岛曾为此到会郑重其事地致了答谢词。艺术节所设的"中国新诗探索奖"则授予了北岛的同代诗人芒克和上海的青年诗人宋琳。"特别奖"除授予海子外,还有同为北大子弟兵的西川。此时海子从北大已经毕业三年,也正是他写下了《在昌平的孤独》的那一年。所以,从某种意义上说,这还代表着北大人对于自己诗人的特别关注。

第二个获奖证书是由"昌平县文化文物局"颁发给"中国政法大学海子同志"的,证书的正文是"荣获昌平县一九八六年业余文艺创作一等奖",签发时间是1987年3月。想来,这大约是一个设奖门类比较宽泛的奖,除了"业余"文学创作外,当更包括了歌词、作曲、相声小品乃至舞蹈等群众艺术类的奖项。对于海子来说,这是一个比较奇怪的奖。他是怀着兴趣主动参与了昌平县的这次"业余文艺创作"比赛呢,还是寂寞开无主地去凑热闹?或者是在什么人的鼓动下这样做的?对此,我将在后面谈及。

第三个奖,则是由《十月》杂志社颁发的。时间是1988年9月9日,正文为"《农耕之眼》荣获第三届《十月》文学奖荣誉奖"。

这三个奖都与海子在其中工作了近6年的中国政法大学无关,也应该是正常的。

然而，严谨、务实的中国政法大学并非完全与诗歌绝缘。1999年，法大昌平校区的许多在校生并不知道海子，但并不是完全没有人知道。否则，就不会有谭五昌到这里做《海子论》的讲座。而这个讲座的发起者和主持者，则是一个名为"345"的学生诗社，全称为"中国政法大学345诗社"。一目了然，这个名字来源于京城通往昌平的345路公交车。

"345诗社"创立于1988年秋季，初创时共6人，到1999年其成员约十几人。10多年来随着新老学生的交替，其规模大约一直是这么一个人数。这对于一个中国重点大学的民间文学社团来说，人数不能算多。在1998年诗社创立10周年之际，他们印制了一本压膜封面的历届诗社成员诗歌作品汇编——《感觉十年》。在这部诗集的后记中，诗社当年的一位发起者，记述了1988年秋诗社初创时的情景，以及6名成员打印出他们第一期诗刊的兴奋：

当晚，我们怀揣着剩余的资金，钻进校内小有名气的一家饮食店——蓝屋。用葡萄酒和花生米来庆贺这个胜利。

但我们并不知道，身后正坐着一位大名鼎鼎的诗人：海子。

……第二年三月，突然传来一个消息：海子自杀了。我们震惊不已。在此之前，对于这位刚刚成名的新生代代表，我们所知甚少，只晓得他是一位有成就的诗人，本校的老师。当我们准备请他作顾问的时候，他却突然走了。从此……校园里开始传抄他的作品，我们读他的作品，也写一些关于"麦子"的诗。

这大约就是海子和法大所有的诗歌关系——隐形的，未实现的，不曾接收到信息反馈因而也未做出反馈的。

2．B·阳光灿烂的初恋

当然，事情也并不仅仅如此，我们也许还会想起西川《怀念》一文中所记述的，初登法大讲台的海子，在其开设的美学课课堂那种浪漫的诗情蒸发："海子的美学课程很受欢迎，在谈及'想象'这个问题时，他举例说明想象的随意性：'你们可以想象海鸥就是上帝的游泳裤！'学生们知道他是一位诗人，要求他每次下课前用十分钟的时间朗诵自己的诗作。"由此推想，无论海子当时授课的内容精深程度和严密性如何，但它肯定是精彩的，在那种青年教师的激情中，又荡动着一种少年诗人诡谲的灵性。因此不难想象，当台下几十双眼睛——尤其是诸多从外省来的学生，盯着这位年龄几可作为自己同学的人在讲台上神采飞扬时，简直是如睹奇迹。当全班的同学们课后为此而津津乐道,甚至有人会夸张性地模仿那位"少年"教师的动作、腔调,以引起一片开心的哄笑时,大约没有人会想到,有一位名叫 B 的女同学却于此萌动了"化师为友"的心思。

事情不久就显露了端倪。一次上课时涉及诗歌的话题,他们的查海生查老师遂向台下的同学们提问:你们都读过哪些诗人的作品,喜欢哪位诗人?这应该是一个消遣性的提问,也是一个颇能调动台下情绪的提问。果然,台下的同学们个个当仁不让,从北岛、舒婷、顾城到艾青、徐志摩、冰心,再到泰戈尔、惠特曼、聂鲁达,直至艾略特、庞德……终于轮到了 B, B 站起来,待四周的声音静下来后,直言不讳地答曰:我喜欢海子的诗。然后从容坐下。教室里先是蓦地鸦雀无声,继而哄堂大笑……

也许就是从那一刻之后,一个故事有了它最初的开端。

近 10 年后,我在安徽查湾翻看海子生前的影集时,见到了 B 同学的一张照片,这是这册影集中唯一的一张青春女性的单人照片。站在北戴河海滩上的 B 一袭连衣短裙,虽然个头不高,但那张娃娃脸和贴耳剪发,却在海风晨光中洋溢着活泼、成熟的风姿。尤其是一双眸子对着镜头那种顽皮坚定的远眺,让人隐约感到其富于主见、心性高远的内在质地。

——这是 1984 年后的情形。1983 年 9 月毕业进入法大的海子,在校刊编辑部工作了一段时间后,于1984年9月被安排到了哲学教研室,开设控制论、系统论和美学课程。初登讲台的陌生与新鲜自然刺激着他的兴奋。而兴奋会使人聪明,使人感觉良好。兴奋本身就是一种良好的感觉状态,良好的感觉状态因持续的兴奋会使人更加感觉良好。人由此而命走顺字,处处开花,事事顺畅。从1984年开始,海子迎来了自己诗歌创作的第一个鼎盛期。而到了1985年一二月间的隆冬时分,我们则会惊奇地发现,他正是在这样的季节中,集中性地写出了一大批"不合时宜"的有关日光、麦地、中午、夏天的太阳、活在珍贵的人间等,那种充满着青春灼烫感的诗篇。据海子的父亲查振全回忆,有一年寒假,海子回到查湾后,足不出户地在老屋的正厅当门坐着小凳子,伏着大凳子,写了整整一个假期的诗歌。从海子整个作品的迹象看,那个亢奋的寒假正是这段时间。

只要读了1985年2月所写的《你的手》,我们就会恍然明了这中间到底发生了什么,海子在大冬天的查湾老屋何以心头阳光灿烂——

"北方/拉着你的手/手/摘下手套/她们就是两盏小灯",两盏灯般的手继而抚过"我"两座旧房子般的,容纳了很多,甚至容纳了黑夜的肩膀,并把它们照亮。"于是有了别后的早上"的思念,在南方故乡的晨光中,"我端起一碗粥/想起隔山隔水的/北方/有两盏灯",但,"只能远远地抚摸"。

海子恋爱了。曾在诗歌中的先秦时代做遥远的形而上追思的海子,此刻就当门坐在老家形而下的小凳子上,以手端着粥碗做着对于一个北方少女温暖的思念。他的诗歌写作和政法大学没有什么关系,只和政法大学的这位少女有关系。这个关系,应该是在这个寒假之前的1984年秋季建立的。女生B,从此就真的实现了她"化师为友"的意愿,持续成为海子诗歌中的主人。"'你喝水吧/我给你倒了/一碗水'//写字间里/中午是一丛眼睛画成的/看着你"(《中午》)。能与亲切的爱情相匹配的,大约最是这供给生命能源的亲切的碗。海子在南方老家端起粥碗想女友,也回忆体味着在学校时女友来到他的宿舍,给写作中的他倒了一碗水的那种温馨。以碗唤碗,以碗对碗,真是一对互为知己的妙人儿!水喝舒服了,就把学生升格为妹,脑袋歪仄着哼一支浑曲:"妹呀/竹子胎中的儿子/木头胎中的儿子/就是你满头秀发的新郎……"

于是,阳光灿烂的日子——政法大学昌平校区背后军都山的山间林地,昌平县城郊田间的白杨绿化带,柿子树、板栗树林地和葡萄园旁环绕的水渠渠岸上,满世界的阳光灿烂。那里成了海子的世界,成了心情的阳光需要林荫遮掩的爱情出入的世界。

菩萨"一生只帮你一次/这也足够了",通过她,我双手碰到了你，你的呼吸，"两片抖动的小红帆／含在我的唇间"（《写给脖子上的菩萨》）——这大约是 B 送了他一件带菩萨图像的工艺品项链，而他则把菩萨当成了他们爱情的媒婆，感谢菩萨撮合了这爱情。

在那个寒假及返校之后，海子的写作中开始出现了大量的爱情诗——其中不光充满了愉快、烂漫、温馨，还充满了"动作"，以及对生命和世界的"新知"——

风吹过月窟／少女在木柴上／每月一次，发现鲜血／海底下的大火咬着她的双腿／我看见远离大海的少女／脸上大火熊熊（《九盏灯·月亮》）

你是我的／半截的诗／半截用心爱着／半截用肉体埋着／你是我的／半截的诗／不许别人更改一个字（《半截的诗》）

梦中的双手／死死捏住火种／／八条大水中／高喊着爱人／／小林神，小林神／你在哪里（《我的窗户里埋着一只为你祝福的杯子》）

肉体美丽／肉体是树林中／唯一活着的肉体／肉体，远离其他的财宝……野花，太阳明亮的女儿／河川和忧愁的妻子／感激肉体来临／感激灵魂有所附丽（《肉体·之二》）

——对女友"每月一次，发现鲜血"这一生理现象的恍然大悟，逗哏式的专断与独裁的爱的表述，爱的酣畅与沉醉，从爱的实体中对于生命的深层感悟。到了这美丽的 1986 年，海子不再是那个手端粥碗想女友的初恋中拘谨的乡村少年，而是一个有足够能耐消费爱情的浪漫诗人。

女友 B 是中国政法大学 83 级的学生，来自内蒙古呼和浩特。所以，我们又在海子的诗歌中看到了这样一些关乎草原物象的记写——

一匹跛了多年的 / 红色小马 / 躺在我的小篮子里（《春天》）

当我俩同在草原晒黑 / 是否饮下这最初的幸福　最初的吻 // 当云朵清楚极了 / 听得见你我嘴唇 / 这两朵神秘火焰 /……我们合着眼睛共同啜饮 / 像万里洁白的羊群共同啜饮（《幸福》）

1986 年 7 月间，海子密度很大的诗歌写作出现了空白，从 8 月开始，写作数量又陡增。如我在前边所述，他在这期间经青海去了西藏，然后又经敦煌、祁连山、内蒙古返回昌平。而从同年 8 月开始书写的诗歌，其中大部分便是将对 B 的情感牵念、两人的往事回忆，杂糅于这次远旅中的集中书写。

3. "我的琴声呜咽 泪水全无"

但海子不会想到,他美丽的1986年却逐渐开始变得有些紧张。8月份,他先是仍然写下了恋爱中嬉皮笑脸的《谣曲》《八月尾》《梭罗这人有脑子》——"梭罗这人有脑子/让鲜花结成果子"。接着,他诗歌中的情绪、语调、措辞开始发生了微妙的变化。

"在赤裸的高高的草原上/我相信这一切……/我相信天才,耐心和长寿/我相信有人正慢慢地艰难地爱上我/别的人不会,除非是你/我俩一见钟情","我曾和你在一起/在黄昏中坐过……/在春天的黄昏/我该对你说些什么"(《给你》)。其语气中所显现的郑重其事,似乎是希望通过对往事的回忆,能够在对方心中唤起一些什么。这好像并不符合热恋中的常态。尤其是在两人既然早已处在热恋中,又何谈"我相信有人正慢慢地艰难地爱上我"?显然,使海子沉醉的爱情在此出了故障。他之这样说,当是提醒对方深入认识自己,使两人进入更富深度、更为可靠的爱。所谓的"我相信天才,耐心和长寿"中的"天才",当首先是提示对方的一种委婉的自我指认。此前的5月,海子已完成了他"太阳七部书"这一宏大史诗工程中的第一部《太阳·断头篇》,他对自己在诗歌写作中到底会成为一个什么角色,当是心中有数的。所以,他对自己认领"天才"这个指称似乎也很坦然。就爱情而言,他无疑非常珍重对方,但在事情出了故障后,他并没有强求的意思,而是以这种隐含着矜持的姿态,往修复的方向上加温。

继而便是温情、孤独、淡凉的《海子小夜曲》。他孤独地回忆着往事——"以前的夜里我们静静地坐着","我们听得见平原上的水和诗歌/这是我们自己的平原,夜晚和诗歌",然而,"如今只剩下我一个","在这个下雨的夜晚/如今只剩下我一个/为你写着诗歌/这是我们共同的平原和水/这是我们共同的夜晚和诗歌",他继而更为沉湎性地回忆到——"是谁这么说过 海子/要走了 要到处看看/我们曾在这儿坐过"。从当时的情境看,说这个话的,很可能就是B。海子当正是此前在昌平郊外的某个夜晚,听从了B的这一建议,才决定了7月份那次只身西藏的长旅?在海子此前爱情消费期的诗歌中,我们获得的信息是一式的爱的沉醉和林子中捉迷藏式的嬉戏。而在高峰期过后的此刻,它所沉淀出来的则是一些"正经"的信息,譬如这种沉湎于夜色和诗意中的纯净与安详,譬如两人之间有关诗歌的话题,有关海子本人的诗歌以及走向的话题。

B喜爱海子的诗歌,因喜爱海子的诗歌才进一步的"化师为友",而在当时能够喜爱上海子那种天马行空的诗歌,并不是一件容易的事。因为当时海子的头上还没有诗歌形成的光环。因之,B无疑有着直觉性的鉴赏力,以及与之相应的悟性、灵性。这应该也是海子钟情B的根本原因。此外，从大约1984年起，海子的一些诗歌之能在内蒙古的《草原》和《诗选刊》上一次又一次的出现，直到海子离世后，又是《草原》率先刊发了纪念海子的文章，这除了其诗作本身的因素外，也与B不无关系。这样看来，B绝不仅仅是大学生中的那种诗歌发烧友，以及与海子初恋中昏天黑地疯玩的小朋友，而是在活泼任性外表下，有着良好的处世能力和社交方寸，此后在社会上被称作"白领阶层"中的那类人物。她此后去了深圳发展，继而又去了国外，她之能够在社会生存中如此这般，当绝不是仅仅凭借诗歌上的智商。B身上那种潜在的务实性和人情的练达，所谓的"革命浪漫主义和现实主义相结合"的素质，也许注定了她与只迷醉于自己诗歌中的"乡巴佬"海子的必然分手。对于B来说，大约可以合适地套用那句流行的人生感慨："初恋时我们不懂爱情。"而一旦B身上那种潜在的社会处世能量逐渐焕发出来，并被她自己确认——正如海子确认了自己的诗人资质后所表现的，两人便必然会从此分岔，顺着各自的方向延伸。

事情就在这个要命的1986年8月底的几天时间内发生了陡转，写于8月25日的《葡萄园之西的话语》于此透露了一些新的信息：

也好

我感到

我被抬向一面贫穷而圣洁的雪地

我被种下,被一双双劳动的大手

仔仔细细地种下

……………

涧中黑而秀美的脸儿

在我的心中埋下。也好

我感到我被抬向一面贫穷而圣洁的雪地

你这女子中极美丽的,你是我的棺材,我是你的棺材

从情态上说,这两个"也好"无疑有一种负气的干脆与决断。似乎是刚发生了一次摩擦,承前省略的缘由在"我被抬向一面贫穷而圣洁的雪地"透露了出来。也许,海子在此曾被要求过实实在在地谈一谈物质性生存的问题。正如海子的父亲所言,"女孩的娘老子嫌我们家里穷"——不过 B 的表述可能会避免"穷"这个字眼而更委婉一些,海子则直接用"贫穷"说透了对方的意思。他坦然承认贫穷之于自己的事实,更强调了贫穷之于诗的圣洁这样一种关系。并且,还特别强调了自己"被一劳动的大手"种下的、这种"农村——土地"的社会身份属性和生命属性。这实际上正寓含着与"城市——体

面"社会地位和身份的对应。在做出这种承认时,海子很坦然,他绝不以贫穷为窘迫。

但海子于此并未表现出那种不负责的、任性的决绝,而是很微妙地把贫穷圣洁与 B 在"清贫的美丽"这样一种意念上统一了起来,最后以互为对方的"棺材"这种极端的比喻,表达了对 B 一生一世的心志。

当 B 被作为一个实在的个人代称,出现在写于 9 月 10 日的《给 B 的生日》中时,事情已经到了尾声。一般而言,女友的生日一旦进入诗中,当会有一种非常的情感发抒。然而这首诗里没有冲动和热烈,而是在回忆性的淡淡的友爱中,隐含着一种不祥的气息。"天亮我梦见你的生日／好像羊羔滚向东方／——那太阳升起的地方／／黄昏我梦见我的死亡／好像羊羔滚向西方／——那太阳落下的地方"——我们好像两只羊羔在"运送太阳"的途中,亦即因着诗歌而相遇,在相遇中而产生爱,但两人的走向原本就是相反的,一个向东,是奔现世生存的美好;一个朝西,是为理想中的诗歌受难。

同一时间,海子又写了《我感到魅惑》。该诗结尾的"小人儿,既然我们相爱／我们为什么还在河畔拔柳哭泣",则第一次确凿地公开了两人的别扭——然而,事情至此已不可挽回。

接下来,海子相继写下了这样一些诗歌:《不幸》《泪水》

《给1986》《哭泣》《马》等。这其中的一些标题，已经刺目地显现了海子心绪的恶劣。

四月的日子　最好的日子

和十月的日子　最好的日子

比四月更好的日子

像两匹马　拉着一辆车

把我拉向医院的病床

和不幸的病痛

……………

两匹马

白马和红马

积雪和枫叶

犹如姐妹

犹如两种病痛

的鲜花

《不幸》中以"四月的日子"和"十月的日子"，"积雪"和"枫叶"，"白马"和"红马"，分别贯穿起两个物象系列。不知4月时分昌平以北的远山，是否还能看到积雪的"白马"，而10月时分则无疑枫叶如燃，红马幻动。但季节景色的喻象于此并不重要，重要的是它们"犹如姐妹""犹如两种病痛／的鲜花"，各自代表着两个事件和两个人物。如果我们把 4 月和白马这个符号系统的对应者设定为 S，10 月和红马则可设定为 B。诗中一开始就把这两个月份称作"最好的日子"，而 10 月则是比 4 月"更好的日子"。但这样好的日子，却像两匹马合拉的一部车，把他拉向"医院的病床／和不幸的病痛"。于此，海子诗歌中的另一位女性，以隐性的形态出现了。但她此时还不能进入我叙述的前台。此时，B 仍然还是主角。

　　如果《不幸》还带着情感上的克制，紧接着写于 10 月底的《泪水》，便成了无法克制的泪水的放纵。海子与 B 近两年的情感，在经过不可挽救的努力之后，至此在他的心中彻底结束——"在十月的最后一夜／我从此不再写你"。

　　也许只有到了此刻，海子才更深刻地意识到，这并不是自己个人情感上的失败，而是一个农村的穷孩子相对于城市体面社会阶层的失败。并因而刻骨铭心地意识到，就连这个昌平，也是一个根本不属于自己的地方——这个与雄豪堂皇、香车宝马的京城相毗连的郊县，不但事实上便属于京华的行政区划范围，它在社会物质理念的趋向上也与皇皇京都完全相同。而他自己，只属于自己的家乡，属于家乡的亲人、土地和贫穷。这个世界所有的体面者阶层都有一个共同的属性，这就是带有恐惧心态的排他性。只有坚持严厉的排他，它才能够保持相对于一个社会大多数人的优越和尊贵。并且，它自己的圈子越小，它对于社会的心理优势便越强。而贫穷则接纳所有的人，从形而上的意义上说，它接纳着失败、悲伤和疼痛，以一种完全平等的精神基准，给所有的心情以家园。

海子在这首《泪水》中再次强调了贫穷——这来自爱情挫折中致命的因素，并直接以"穷孩子"自称：

在十月的最后一夜
穷孩子夜里提灯还家　泪流满面
一切死于途中　在远离故乡的小镇上
在十月的最后一夜

而且，这首诗中第一次出现了有关酒的记写：

背靠酒馆白墙的那个人
问起家乡的豆子地里埋葬的人
在十月的最后一夜
问起白马和灰马为谁而死……鲜血殷红

海子终究是那种天才性的诗人，即使在感情极为哀痛之时，也没有用激烈直白的言说来实施宣泄，一些特殊的意象好像早就存放在那里，专门等待着他在不同的心境中择取组合。譬如这个由"背靠酒馆白墙"贯穿起来的两行诗句和意象，既恰切地传达了此情此景中的他沮丧潦倒的心绪，又极易让人想到凡·高《吃土豆的人》那幅油画中，由昏暗的汽灯、简陋的木棚衬托的，吃土豆的穷兄弟的笨拙鲁钝，并把此刻的他置放在那一情境中，联结出底层生命的群体形态。而此刻的海子，恍然间成了穷兄弟中的一个醉汉，穷兄弟中一个在劣质烈酒中郁积着满腹心事的诗人，向家乡豆子地底下埋葬的亲人询问生命的归宿，向倒在血泊中的"白马""灰马"问是否有魂系我？

1986年10月底的这个时分，是海子生命中一个关键的时刻。在他以"在十月的最后一夜／我从此不再写你"斩断了心头的一窝乱麻之后，大约也是由此开始了与酒纠缠的记录。而酒，也从此在他的血液中，使他演绎了一个具有漂泊感的诗歌浪子形象。也是由此开始，海子那种有着深刻生命感伤和暴力性的精神烈焰，便触目地出现在他的诗歌中。

1986年夏秋之交这一刻骨铭心的内心冲突，对他既是一场青春的劫难，又是一次人生的涅槃。他一生中留下的仅有的三篇日记，其中就有两篇是此间心灵行迹的记写，并与他的这些诗歌相互印证。

第一篇写于1986年8月，没有标明是哪一天，从行文特征和指涉的内容来看，它与其说是一篇日记，不如说更像一篇诗学随笔，因为要顾及思辨的严密性，不可能一挥而就，所以可看作是在 8 月的某一段时间内持续完成的。日记在关于"抒情"的话题中延伸了这样一段文字：

"抒情，比如说云，自发地涌在高原上。太阳晒暖了手指、木片和琵琶，最主要的是，湖泊深处的王冠和后冠。湖泊深处，抒情就是，王的座位。其实，抒情的一切，无非是为了那个唯一的人，心中的人，B，劳拉或别人，或贝亚德。她无比美丽，尤其纯洁，够得上诗的称呼。"

这段话前边的文字，可视作海子刚刚从青藏高原回来后的神思流连，其关键之处，是要说出"王冠"和"后冠"，最终是要落实到"王座"这个意思上来。接着，他点到了 B 的名字。海子所有的写作在涉及具体的现实事件时，无一不做了虚化、杂糅性的艺术处理，以使之脱离具体的拘泥而上升为一种普遍的涵盖。而他之所以在此违例，是因为他觉得自己不能不这样做。

原因何在？在海子 1987 年 11 月 14 日的日记，亦即他三篇日记中最后的一篇里，曾透露过这样一个情感瞬间："想起 8 年前冬天的夜行列车，想起最初对女性和美丽的感觉——那时的夜晚几乎像白天……"——这一生命中对异性的意识觉醒和情感萌动，当是他 1979 年进入大学的第一个寒假，这一年，海子15岁。所以，对于此刻的他，B绝不仅仅只是一个恋爱中的女友，她使15岁时就对女性的美丽而敏感的少年诗人，借此进入心愿之乡，并领略了生命肉体的奥秘，从而使其成为一个真正的男人；因而，她又是使这个诗人满怀对领路者的感激并被这个诗人再造的一个精神幻象。所以，她既是肉的，又是灵的；在这个诗人的青春生命中以形而下和形而上的实体浑成，成为他的唯一和全部。

这时，我们是否还会联想到19世纪法国浪漫主义油画家德拉克洛瓦画笔下的那幅"自由女神引导人民"？

现在，让我们再回到他1986年8月第一篇日记的话题。

深受欧洲古典主义影响并谙熟其文化艺术的海子，此时将B与这样几个女性的名字"B，劳拉或别人，或贝亚德"并列，其实蕴含着一种颇深的心机。

劳拉是谁？她是意大利文艺复兴的先驱之一，与但丁、薄伽丘被并称为文艺复兴三巨星的著名抒情诗人彼特拉克的女友。彼特拉克23岁时与少女劳拉相遇并一见倾心，此后持续为之书写了数百首十四行诗，抒发了对一个少女、情人，一个集自然造化之灵气的青春女神激情浪漫的无尽爱意。这些诗代表了彼特拉克作为诗人的最高诗歌成就，并将欧洲的抒情诗歌带入一个新的天地，后世据此而把彼特拉克称为"诗圣"。

至于贝亚德，我们当更不会陌生。简单地说，她是大名鼎鼎的但丁青年时代的女友，但丁不朽的《神曲》中的女神。在《神曲》中，贝亚德先是委托古罗马大诗人维吉尔作为迷路于地狱渊底的但丁的向导，带领其漫游九层地狱、九层净界，遍览其间罪愆之后，继而在净界的山顶上亲自出面取代维吉尔，带领但丁进入天堂之门，经过天堂九重天之后，最终领但丁至上帝面前。以此可见，贝亚德不但是但丁的精神领路人、女神，在但丁的概念里她还约等于上帝。

所以，当海子把B与劳拉、贝亚德并列时，他所蕴含的深层心机，则是将自己与彼特拉克和但丁并列。当然，是从对自己的创作预期这样一个角度上的并列。

此刻的B是引导召唤诗人海子的女神，此刻的海子将自己与大师比肩并立的内心期许，表现为一种不事张扬的镇定与自信。

然而，仅仅在第一篇日记的三个月之后，他在1986年11月18日的第二篇日记中，却突然失魂落魄，写下了这样一段读来触目惊心的文字："我一直就预感到今天是一个很大的难关。一生中最艰难、最凶险的关头。我差一点被毁了。两年来的情感和烦闷的枷锁，在这两个星期（尤其是前一个星期）以充分显露的死神的面貌出现。我差一点自杀了……"

从时间上推算，11月18日的前两个星期当正是10月底，亦即"在这十月的最后一夜／我从此不再写你"的那个日子。

所谓"两年来的情感",亦完全与他从1984年秋冬季节开始至今的这段初恋岁月的时间相吻合。

海子于此强调:这是他一生中(其实是他22岁的生命中)"最艰难、最凶险的关头"。他第一次谈到了"自杀",精神不堪摧折的自杀。

于此,他1986年8月以后整个的诗歌轨迹和精神迹象,由这两篇日记得到了确切印证,那些被进行了诗歌艺术处理而显得暧昧,使人摸不着头绪的激烈情感表达,由此而有了可解析的依据。

然而,烦恼斩断,余痛尚在。我们还可以顺着这一线索去解读那些诗后标明了1986年,但没有"月""日"这些具体时间的诗作。我所要说的,主要是他有关青藏高原、敦煌、祁连山和北方草原的这些诗歌。这些诗作,是他7月份那次上述地域远旅的结果,但它们的写作时间,大部分则是在1986年11月18日这个海子度过了他生命中最凶险的难关,基本上稳定了自己的情绪之后。这其中的《怅望祁连》(之一、之二)、《敦煌》、《云朵》、《喜马拉雅》等虽然不再有情感纠葛的投影,但其挥之不去的惆怅和感伤则显而易见。譬如《九月》这首海子短诗中的名篇:

目击众神死亡的草原上野花一片

远在远方的风比远方更远

我的琴声呜咽　泪水全无

我把这远方的远归还草原

……

远方只有在死亡中凝聚野花一片

明月如镜　高悬草原　映照千年岁月

我的琴声呜咽　泪水全无

只身打马过草原

天高地旷、大地寂寥，把远方的远，也把无限心事归还完结并且泪水全无的这位诗人，在辽远的冷风景中只身打马行走的诗人，他内心痛彻骨髓的感伤和荒凉，几乎已无以言表。

再譬如《马》，这首以"断片"形态出现，在其1986年的诗作中因意象出奇地暴烈而显得刺目，并且具有精神自焚性质的诗篇：

燃烧的马，拉着尸体，冲出了大地

……

蒙古的城市噢

青色的城

……

> 我就是那疯狂的、裸着身子
>
> 驮过死去诗人的
>
> 马
>
> 整座城市被我的创伤照亮
>
> 斜插在我身上的无数箭枝
>
> 被血浸透
>
> 就像火红的玉米

这首诗情绪狂躁、莽撞，并且意象凌乱。然而，它的诸多信息，诸如"蒙古的城市噢／青色的城"中，对于"青城"（"呼和浩特"这一蒙古语的汉语意译）的特殊意念；作为他自己自喻的"驮过死去的诗人"，被射满箭枝，又在驰离中用创伤照亮整座城市的疯狂的马等信息，可说是对由这座城市代表的B，告别不了的告别，一次疯狂的精神自焚。

由此开始，海子诗歌中的主体情绪便着重在两个极端的点位上发力，一方面是这匹马式的暴烈，在悲壮感的极端精神扩张中，对人类文化中那些被他称之为"太阳家族"谱系诗人的孤身直追；另一方面，便是由村庄、草原、雨水、月亮、漂泊、流浪贯穿起来的无尽感伤。总之，这次生命中的大事件，对他来说是爆炸性的。它激活炸醒了海子生命中潜伏的所有本在元素，犹如打开了潘多拉的魔盒。

如果说，此前的海子是一个由水的纯净和土地的质朴组合的乡村少年诗人，此后的他，则成了一个经过无数摔打因而能够以恶对恶、以善对善的草原大地上的诗歌浪子。从某种意义上说，在 B 之后，他很难谈得上再有那种刻骨铭心的爱情。

4．S·"对我有无限的赠予"

1986 年的九十月间，也就是海子在遭遇与 B 的感情变故时，我们在他的诗歌中又感觉到了第二个女性的存在。我曾在前边谈到过《不幸》一诗中的两匹马："白马"和"红马"的意象原型，在把一个设定为 B 时，把另一个假设为 S。

除了这首诗而外，我们还会在他"从此不在写你"以后的诗歌中，看到了如下表述。

——《给 1986》："就像两个凶狠的僧侣点火烧着了野菊花地 /——这就是我今年的心脏"

——《哭泣》："哭泣——一朵乌黑的火焰 / 我要把你接进我的屋子 / 屋子顶上有两位天使相抱在一起"

这无疑标志着在 B 之外，还有另一位的存在。

即使在 1986 年 8 月的那篇日记中，他关于"抒情的一切，无非是为了那个唯一的人，心中的人，B，劳拉或别人，或贝亚德"这样的表述，也颇耐人玩味。以海子行文的直接和简洁，这里的表述似乎应该为"B，劳拉，或贝亚德"。但他在劳拉之后为什么有意含糊其词了个"或别人"呢？这难道不是特意为另一个人所设的位置？

事情不久就水落石出。就在1987年2月11日，海子写下了一首《献诗——给S》，S于此浮出水面。这也是继B之后，海子诗歌中第二个具有明确符号指代的女性。那么，1986年秋冬季节时隐时现于海子诗歌中的那个女性，当属S无疑。

S，昌平县文化馆的工作人员。

那么，S是什么时候出现在海子的生活中，并以什么样的身份与海子往来的？要搞清这个问题，我们必须还原当时的一些基本情景。

首先，海子诗歌中与B那些阳光灿烂的日子，只是他与B两年时光中一部分的日子，而绝非全部。这些诗歌之所以那样沉醉欢愉，无疑是初恋的晕眩所致。在与此相关的诗歌中，他可以不放过任何一个幸福的细节，却可以摈弃诸多的懊恼——幸福的他们，开心的他们，能有懊恼吗？答案不言而喻。没有懊恼才是令人奇怪的，尤其是对于这样一对都是初恋的顽童，更是如此。此外，不同的家庭背景和生活习惯，以及对未来的设计，都必将随着两人关系的深入而显现出差异与分歧。这是其一。

另外，海子与 B 相恋的日子，并不是可以经常在一起的。一个在学院路的老校，另一个则在昌平。所以，当时他能与 B 单独相处的时间，最多也不过是星期天时 B 来昌平一次。

还是在 1986 年 8 月的那第一篇日记中，海子一开始就记写了他在昌平的状态："从哪儿写起呢？这是一个夜里，我想写我身后的，或者说，我房子后边的一片树林子。我常常在黄昏时分，盘桓其中，得到无数昏暗的乐趣，寂寞的乐趣。有一队鸟，在那县城的屋顶上面，被阳光逼近，久久不忍离去。"

这是一幅名副其实的老式县城的景致。肯定有寂寞的乐趣，但这寂寞的乐趣对他来说真是其乐无穷吗？肯定不是。并且，这样的氛围和状态，对于一个 20 岁出头的诗人可能还算不上美妙。

我们难道能因为海子的埋头写作，而忽略他的这样一些需求：人的本能的交流需求，情绪释放和接受环境良性刺激的需求，一个诗人的被关注、被欣赏、渴望有人喝彩的需求？但在昌平，要真想实现一种有意思、够级别的交流，实际上是很困难的。而置身在一个"小农经济的汪洋大海"中，谁又会把一个诗人当回事呢？诗人的概念，在这里绝不会比一个大学教师的牌子更响。

正是缘于此，海子对那些重要的朋友才格外看重，尤其是对骆一禾与西川。孙理波此后还有这样一段回忆——

1986年隆冬，海子对我说：过几天有朋友来，你一起过来吃饭聊天吧。我知道，海子平时一般很少有朋友来，若要聚会一定会叫上我，除了聊天，他还要我帮忙做菜。那天，我早早来到海子房间，帮着洗菜做饭，我们一起在煤油炉和自制的电炉子上做了好几个菜。看那样子，似乎有贵客来。傍晚，班车到，来人是骆一禾、西川及他的女朋友。开喝时海子又叫来几个哥们，用两张写字台拼成长桌，满满一桌菜，不那么明亮的灯光下，大伙围坐开喝，推杯换盏，几杯下肚，骆一禾微醺脸红，西川好像不喝，便感觉有点冷。盘腿坐在床上，海子边招呼边喝、边聊，兴致高昂，大笑，至午夜。

　　显然，骆一禾与西川的到来，成了海子的节日。
　　而在昌平，海子也在尽可能地寻找着同道之间的交流。于是，当时在昌平另外一所中专任教的青年散文家苇岸，在此后关于海子的日记体纪念文章中便有了这样的记载。

　　约1985年末或1986年初。写小说的朋友星竹，带来一个人。他给我介绍说：这是海子，写诗的。一个衣着随便，戴旧式眼镜，瘦小的，外省少年形象的诗人。我尚未读过他的诗，也未听说过海子这个名字……他的身上显示着早慧和天才的迹象。

　　这段文字传递了这样两个信息,其一印证了海子的确是在寻找交流。他找到了一个能谈得来的朋友(尽管写小说),接着又由这位朋友穿针引线,寻找新的朋友,以扩大交流范围。其二,海子当时在昌平的寂寞,于此也可见一斑——苇岸:1984年毕业于中国人民大学哲学系,当时亦写诗,大学期间便开始发表作品,应该算是诗界的业内人士,但是,直到这时他并不知道海子。

　　在这样的环境中,我们便不难理解处于初恋中的海子,何以还会写下《在昌平的孤独》。

　　据苇岸讲,海子这首诗的原标题为《孤独》,此后投稿时却改成了《在昌平的孤独》。正是这个标题的更改,才使这首诗有了一种特别刺目的意味。也就是说,在海子去世不久,人们尚未能读到他更多的诗,获知他生前一些更为详尽的情况时,便是通过这样一个标题,感知到海子在昌平孤独的心理处境,并直接把它与海子的自杀联系了起来。

　　这首诗写于1986年,其核心有这样两层意思:其一,"孤独是泉水中睡着的鹿王/梦见的猎鹿人"。所谓的"鹿王",无疑是为雄性荷尔蒙充注的成熟雄鹿,但却在"泉水中睡着",这显然是处在封闭乏味的环境中,海子对自身状态的自喻；由此我们便不难理解"鹿王"渴望"猎鹿人"以追杀打破这种状态的梦想。

其二，"孤独是一只鱼筐/是鱼筐中的泉水/放在泉水中"，"拉到岸上还是一只鱼筐/孤独不可言说"。也就是说，孤独是用竹篮（鱼筐）打水——竹篮打水一场空。

在这种情景中，供职于昌平文化馆的S之走近海子，成为海子文化与情感上的双重交流者，当是很自然的事。

合乎逻辑的推理当是这样的：海子渴望着文化上的交流，而昌平文化馆则是昌平最有"文化"的地方。海子之去文化馆溜达，翻看一些报纸杂志包括普通的交谈都是情理之中的事。而文化馆要开展工作，除了一般的群众文化活动、组织文艺会演外，譬如搜罗创作人才，为文化馆举办的业余文学创作讲习班寻找辅导老师，等等，当然也是"题中应有之义"。而S，作为文化馆的工作人员，跑腿打杂、组织活动、公关联络等一应俱全的杂事自然也是其分内的工作。一般而言，一个文化馆中的这样一位青年女性，通常都会被部门领导委以杂务总揽之职，而她自己也必然是愿意在这类差事中释放能量，因而又显得活跃、抢眼的人物。

在这种情况下，海子作为中国政法大学青年教师的身份，以及随着接触对海子之作为诗人创作情况的进一步了解，都会使S对其产生好感甚至是尊重的心理。

可以为这一推理佐证的一个重要证据，就是海子所获得的那个"昌平县1986年业余文艺创作一等奖"。这应该是昌平县一次规模较大的文化活动所设的奖项。活动的由头，当是为纪念毛泽东《在延安文艺座谈会上的讲话》发表××周年。而"讲话"的纪念日，就是若干年来在中国文艺界已成为一个固定代号的"五·二三"。亦即5月23日。包括了文艺会演的昌平县的这次活动，很可能从4月份起就开始张罗准备，5月初正式开始，由"五一""五四"直到"五·二三"，贯通起中国人民文化政治生活中的一个特殊时日——"红五月"。

从一贯的处事风格来看，海子不是一个喜欢凑热闹的人，似乎也并不特别看重获奖之类的事情。比如同年度由北大首届文学艺术节颁发给他的"五四文学大奖特别奖"，在北岛等获奖者都会参加并郑重其事地致了答谢词的情况下，海子本人却没有赴会。而对一个县的文化部门组织的文艺创作比赛，应该说，海子更缺乏参与的兴致。此时的海子虽然人在昌平，但他所从属的中国政法大学与昌平县并无行政隶属关系。那么，他本人就不能算作昌平县行政管辖中的"县民"。严格地说，也就没有"参赛资格"。然而，在这一切的不可能中，海子却的确参加了。对这件事唯一的解释，就是缘之于S的鼓动。事情在这位干练的文化馆工作人员的手中，便显得非常简单。她先是鼓动好了海子在此一显身手，又说服领导应该欢迎高手参与,以提高活动的档次。这么一番撮合,海子觉得没有什么不好,昌平方面也觉得的确不错。

S既开展了自己的工作,又发展了自己的私谊。

这样做,S是期望在海子那里得到什么回报吗?似乎不是,她此时无疑清楚B之于海子的存在。其实,这只是基于一种普通的心理因素:人是需要欣赏和被欣赏的。因为S欣赏海子,所以,也自然乐意被海子欣赏。她附带地干了好事一桩——海子获得了一等奖。如果这是个二等奖的话,海子也许会觉得自己自讨了个没趣,但一等奖的感觉就会不大一样。海子对此的心态大约颇像那则按摩乳罩广告——"没什么大不了的",在看似漫不经心的神态中,有一种内心膨胀了的愉快。S也当然愉快。

除了欣赏和被欣赏外,从再高一层的心态上说,人还需要崇拜和被崇拜。这种心态,在青年异性之间更为突出,也更为微妙。海子是一个带有明显女性(母性)情结的人,在他大量有关女性诗歌的抒写中,我们更不会忘记那首《给萨福》一诗中这样的句子;"萨福萨福/红色的云缠在头上/嘴唇染红了每一片飞过的鸟儿","谷仓中的嘤嘤之声/萨福萨福/亲我一下"。这似乎有点顽劣。他嬉皮笑脸地把自己的脸凑过去,要求那位相隔了二十四五个世纪的古希腊女诗人,他幻想中的美丽少妇,来亲他一下。而这种顽劣中所透露的,实际上是对来自成熟女性的抚爱、进而是宠爱的这样一种心理愿望。从这一角度上说，S比B似乎更能体现这一角色功能。B是活泼的、热烈的、任性的，因而是——小的；S是干练的、含蓄的、稳重的，因而是具有情感的反向呵护性的。

尤其是，当海子与S因文学的关系而相遇时，热爱文学的S在昌平的庸常文化氛围中，似乎突然发现了一个尚未被认识的天才。这种发现是属于她的，因而有一种私密性。她要保守这个秘密，以不被别人分享。于是情感呵护中的崇拜，使S觉得她正在成为一个匿名状态中的天才，唯一的精神后援和秘密的知情人。在这样的时日中，S当不会没有就近亲昵的冲动，但她清楚自己的身份，因而严格地恪守着分寸。

海子不会感觉不到这一切，心性高远的他当然需要被崇拜。并且那种远距离的，含有一种心灵委曲的默默崇拜更能使其动心。然而，此时的他已经身有所属，已经与B有了未形诸文书的身份契约——双方都必须为此负责。也正是缘之于此，海子才在他完成于1986年5月的长诗《太阳·断头篇》中，写下了这样的诗句——"爱情，必须向整个村庄交代，交代清楚／爱情要对大地负责／对没有太阳的夜晚负责"。因此，海子与S便一直处在自我克制的心灵秋波中。S成了海子一个真正意义上的女友——异性朋友。这其中相互间的精神舐舔和默契，则是任何男性友人都不能替代的。

因此，我们便不难理解，当海子遭逢了1986年与B重大的情感变故，心绪恶劣透顶的他，何以会于此时在《不幸》中写下这样的诗句：

四月的日子，最好的日子

和十月的日子，最好的日子

比四月更好的日子

"四月的日子"，正是海子被S鼓动参加昌平文化艺术节创作比赛的日子，是两人以这种特殊方式交往的开始。而"十月的日子"则是与B的情感结束后，他的痛苦、烦恼突然清算一毕，因而可以正视与S的情感之时。这当是海子内心的一种决断，虽然他不可能马上从B的影子中走出，但在与S的情感线索上，事情则突然简单、清晰起来。所以，10月是比4月更好的日子。

1987年2月11日，海子在《献诗——给S》中第一次写下了"S"的名字，这可以视作两人情感明朗化的一个标志。诗中写道：

谁在美丽的早晨

谁在这一首诗中

谁在美丽的火中　飞行

并对我有无限的赠予

……

谁身体黑如夜晚　两翼雪白

在思念　在鸣叫

　　写这首诗的农历时间，是1987年春节的正月十四。正是海子每年回查湾老家过寒假时，抓紧大段时间写作的时日。诚如1985年寒假时手端粥碗遥望B的情景，此时寂寞写作中的海子，似乎是在朝霞中看见了S。所谓"无限的赠予"，当是指S此前为他所做的一切，包括情感的默默捐献。但是，这一次，情感明朗化了，并不等于恋爱关系的郑重缔结。整首诗"谁在……"的这种句式，虽是实指S的一种修辞方式，但通篇这种疑问代词的贯穿，似乎还泄露了海子潜意识中的游移不定。曾经沧海难为水，与B刻骨铭心的初恋的结束，使他很难再回复到一个单纯少年的纯情和痴情中。经此情感大劫，他已经成了一个心有奇寒、酒中问暖的诗人。接下来的日子，将是一个情感的放逐中，大地上漂泊的浪子的日子；一个浪子在寻找家园的长旅中指路为虹、扑入太阳的日子。

七 | 大地上的放逐

1. 南方冬雨中的浪子叶赛宁

　　海子每一个寒假都要回到故乡查湾,似乎并不仅仅为了回家探亲,就像他每个暑假都要出门远足,却不只是为了旅游一样。从地理位置和方向上来说,他的所有远足都是一条向西的路:内蒙古西部、敦煌、青藏高原、四川。这些地域与其安徽故乡的查湾联结起来,构成了相对于北京的另外一个世界。一个由村庄、草原、雨水构成的诗歌浪子的长路和家园。

　　海子此时已清楚自己是怎样一种类型,并朝那个方向走的诗人。在1986年2月至1987年5月这一区间断断续续写出的组诗《诗人叶赛宁》，便是他对自己的体认。从这首组诗之下各篇的标题，我们便会获得一个轮廓性的印象：1.诞生，2.乡村的云，3.少女，4.诗人叶赛宁，5.玉米地，6.醉卧故乡，7.浪子旅程，8.绝命，9.天才。这是一个与乡村、土地、少女、酒、流浪、死亡等相关的天才诗歌浪子的精神史。海子在此以叶赛宁自喻，他是借叶赛宁抒写自己，借叶赛宁已经走完的道路，预言自己相似的未来。

叶赛宁的心灵形象就是他的形象——"我饱经忧患／一贫如洗"，"别人叫我／诗人叶赛宁／浪子叶赛宁／叶赛宁／俄罗斯的嘴唇／梁赞的屋顶／黄昏的面容／农民的心／一颗农民的心／坐在酒馆"。

而"醉卧故乡"的，则是海子自己——"故乡的夜晚醉倒在地／在蓝色的月光下／飞翔的是我／感觉到心脏，一颗光芒四射的星辰／醉倒在地，头举着王冠／头举着五月的麦地"，"我醉了／我是醉了／我称山为兄弟、水为姐妹、树林是情人／我有夜难眠，有花难戴／满腹的话儿无处诉说"。

在查湾，我与查振全老人专门谈到了酒的问题。据老人讲，海子原先不喝酒，此后不知怎么就喝起来了，而且喝得很凶。过春节在家里醉过好几次，在亲戚家里也醉。有一次，海子和他的二弟在舅舅家里喝多了酒，回家的路上醉了，结果一歪仄就掉到了路边的水沟里，当时幸亏沟里没有水，但最后还是弄得蹭土带泥,狼狈不堪。然而,海子本人很顾面子,每次酒醒后都不愿被人说起他醉时的情景。有一次其二弟开玩笑揭他的底,结果海子还做出动手的样子急挠挠地制止。查振全老人还讲到,有一次海子在骆一禾家里喝酒,结果又喝多了,骆一禾便夺过瓶子不许再喝,而醉了的海子竟孩子般哭哭闹闹地非喝不可。关于海子之于酒的纠缠,我们还将会在后面看到。他高兴了要喝,烦恼了更要喝,但无论如何,我尚还未能在他身上感觉到那种酒鬼的形象。酒宣泄着他的烦恼,酒对于血液的刺激中更有无数温暖的幻象。比起冰冷寂寞的现实来,酒是温暖的,酒的幻觉状态中,有你对这个世界重新做出的情感符码编排,现实中失去的可在这里重新唤回。在这里,山水草木都是你的亲人、爱你的人,你更可以举着麦子、玉米、谷穗为王冠,在幻觉中对着你的诗歌帝国称王。

如果生命中没有发生其他变故的话,海子认为自己本该是这样的——

我本是农家子弟
我本应该成为
迷雾退去的河岸上
年轻的乡村教师

从都会师院毕业后
在一个黎明
和一个纯朴的农家少女
一起陷入情网

但若干年的城市生活却伤害着他，磨损着他，使他变得连自己都不喜欢——

我是浪子
我戴着水浪的帽子
我戴着漂泊的屋顶
灯火吹灭我
家乡赶走我
来到酒馆和城市

在这种自责和精神流离失所的感伤之后，他觉得自己似乎已经历了叶赛宁那单纯而又荒唐的一生，到了浪子回头的时候：

我要还家
我要转回故乡，头上插满鲜花

我要在故乡的天空下

沉默寡言或大声谈吐

这就是海子对自己精神形象的勾画，为他自己心灵走向阶段性的定位：我要还家。

大约是从 1986 年初起，海子往后的每一阶段都会为自己寻找一位相应的诗人或艺术家，做心灵的参照和精神类型的对应，比如他此时将自己与俄罗斯忧郁的乡村抒情诗人叶赛宁的对应。

叶赛宁，出生于俄罗斯梁赞州一个农民家庭的天才诗人，他的一生，是由纯净的乡村抒情少年，到放浪于彼得堡上流社会的女人与酒中，情种与才子的一生；光华照人和荒唐颓败的一生。他 16 岁开始诗歌创作，19 岁时既以表现俄罗斯乡间田野恬静朴素之美的诗歌而闻名。他沉迷于农村、土地的纯净与朴素，醉心于纯粹的写作和"无法表现"之美，期望苏维埃革命建立起"农民的天堂"，并对正在出现的城市工业社会之于农村的蚕食，表现出深刻的忧虑和对立情绪。他因此放浪于彼得堡和莫斯科的上流社会，又以与之不可和解的抵触心态诅咒这个社会。他在这种极端矛盾的精神处境中而孤独忧伤，而放浪形骸，并在这一时期的诗歌中因美化流浪者与无赖汉的精神境界，"成就了"以精神颓废，放荡不羁，玩世不恭为标志的"叶赛宁性格"这么一个专有名词。1921年,他的卓越的诗歌,忧郁颓废的诗人气质,吸引了应邀前来演出的20世纪最伟大的美国女舞蹈家伊莎朵拉·邓肯,并随之结婚,继而周游欧美各国。但从他们坠入情网的那天起,两人寻死觅活的情感纠葛就不曾间断,并于1924年分居。1925年,叶赛宁又与列夫·托尔斯泰的孙女结婚,同年12月,终因严重的精神抑郁而自杀,时年整30岁。

海子无疑意识到了自己与叶赛宁性格的某种契合。在行为的放纵上,他虽然根本没有走到叶赛宁的那种地步,但又的确复合着叶赛宁的某种行迹。对于这一点,海子的心情是矛盾的,也是微妙的。一方面,他绝不喜欢,甚至是讨厌这种"叶赛宁性格";另一方面,他又为不能完全约束自己,而在叶赛宁那里找到了宽容自己的依据。以此而言,并不是他在仿效叶赛宁,而是他本身就真的存在着这种性格因素。但在不能自抑的放纵中,他更多地表现为同这种性格的搏斗。譬如他在草成于1987年7月,改定于1988年3月的那首《眺望北方》中,就有过这样的表达——"明天,明天起来后我要重新做人/我要成为宇宙的孩子 世纪的孩子"。又譬如他在此刻:"我要还家/我要转回故乡"——这仍然是叶赛宁,但是另一个叶赛宁,是从荒唐的都市生活返还到单纯的乡村少年诗人形态上的叶赛宁。

说到这里,我还想植入一个有趣的插曲:我们现在看到的海子的许多照片,他都留着胡子。据他的一位朋友介绍,大概到了1985年,海子的装扮开始向着前卫诗人的形象转型——留齐耳长发,蓄一圈杂乱的络腮胡。而在当年的昌平,只有他是这样的打扮。那么,这是他在内心中向叶赛宁靠拢?

但有一年从老家回北京后,朋友发现他的头发短了,胡子也没了,变得怪怪的让人不习惯了,便好奇地问:"小子,怎么了?胡子咋没有了?"海子有点不好意思,神情诡异地朝朋友笑笑:"嘿嘿,乡亲们受不了!"

随后他又进一步解释到,其实他每年回老家都要把头发搞短,胡子剃掉。因为村子里的乡亲、包括他的父母看不惯,他便只好忍痛割爱。以此来看,无论他在怎样地朝着叶赛宁靠拢,骨子里还是一个老实的孩子。

…………

1987年初的这个寒假,海子回到故乡后写下了诸多有关乡村的诗篇。

但在这之前有一件让人颇为生疑的事情,这就是四川"达县"这个地址同"1987年1月11日"这个时间一起,在海子《冬天的雨》一诗中的出现。再联系虽是写于当年10月,但感觉上是对1月份那次四川之行进行追记的《九寨之星》,我们则可做出这样一个判断:1987年的这个寒假,海子取了这样一条从北京回安徽查湾老家的路线：他先乘北京至成都的直达列车在四川的广元下车，接着换乘汽车走了一趟九寨沟；继而折回，到了位于四川东北角的达县；于此盘桓数日后，再乘汽车抵达附近的万县，由这座长江边上的城市换乘江轮，直达安徽境内长江边上的安庆，回到查湾老家。

那么，他为什么会做出这样的线路选择呢？是与诗歌写作相关吗？似乎是，又似乎不是。说它是，是因为海子走了一趟九寨沟。而这个九寨沟自20世纪80年代初杨炼写出了那首著名的《诺日朗》之后，它对当时中国许多青年先锋诗人都不再仅仅是一个风景名胜，而是一个"文化史诗"代码，一个与青藏高原地理文化相关的"文化史诗"代码。这对于追随杨炼的文化史诗地理线路的海子来说，尤其如此。他1986年夏季已经去了一次西藏，他在1988年的夏季还将再度进藏，因此，这次的九寨沟之行，可视作海子对上次西藏之旅的一个补充，以及下次进藏的提前准备。说它不是，道理似乎也很简单。因为此间以成都为核心的四川诗人的先锋性诗歌写作，在全国处于最活跃的领先位置，诚如我在前边说到的，在北京不得意的海子在四川却颇被看重，他的诸如《亚洲铜》之类的一些作品，不但被圈子气颇重的四川民间先锋诗刊欣然接纳，他本人此前也与诸如廖亦武、石光华、宋渠宋玮兄弟有过书信往来，特别是与后三人，应该说已建立了良好的个人私谊。也许范围还不仅仅限于此，譬如他与四川另外一位重要诗人欧阳江河的交往。在海子的影集中，至今还保留着一张欧阳江河的照片，照片背面有欧阳江河本人这样的文字——"海子存念　欧阳江河　1983年9月摄于九寨沟"。既然如此，海子在他第一次进入四川境内时，为何不肯就近进入成都，与他神交已久的这些诗歌诸侯们把酒谈诗，而是贴着成都的边上擦了过去呢？这似乎并不符合海子的行为逻辑。

是的，从此间几首诗歌流露的迹象看，这似乎是一次叶赛宁式的带着浪漫色彩的漂泊。只是因着与一位女性的结伴而行，事情才显得有点神秘。在九寨沟时，就有这位女性的影子——

很久很久的一盏灯

很久很久以前女神点亮的一盏灯

落满岁月尘土的一盏灯

当她面对湖水

女神的镜子中

变成了两盏

那就是你的一双眼睛

柔似湖水　亮如光明

而他们此行的终点,则止于达县。不过,到了达县所写的几首诗,诸如《冬天的雨》——此后根据这首诗又改定的《雨》,以及《雨鞋》,似乎并未呈示甜蜜。这与其说是面对这位女性写的诗,倒不如说是因这位女性与冬天的雨,荒凉的河岸川地,山顶氤氲潮湿的麦地……这些陌生而新奇的乡村自然景色的联结,唤出了海子心灵中植根于乡村的那种阴郁、原始、野蛮的情感裸裎。"打一只火把走到船外去看山头的麦地／然后在神像前把火把熄灭","你的外表是一把雨伞／你躲在伞中像拒绝天地的石头／你的黑发披散在冬天的雨中","野兽在雨中说过的话,我们还要再说一遍／我们在火把中把野兽说过的话重复一遍","我看到一条肮脏的河流奔向大海,越来越清澈、平静而广阔／这都是你的赐予,你手提马灯,手握着艾／平静得像一个夜里的水仙"。海子在这里把这位女子描述成一个在冬雨中似乎是抱肩瑟缩、需要呵护,但又是内心镇定的人儿,一个神农氏的女儿般(手握着艾)和他这个神农氏之子相匹配的人儿。他因之而在这土地的气息中,顿然恢复了健康的原始野性,他们因而可能是冻得发抖,却禁不住兴奋地哆嗦着发出野兽般的尖叫——他们成了一对回到先民时代幼兽般欢畅的疯孩子。尤其是海子于此还表示了那条"肮脏的河流"从他心底终得流出,使其心境归于清澈和广阔的陡然逆转,并且,把它归结为这位女性的"赐予"。

是的，只要双脚一踏入这种雨水中的乡野，海子便突然焕发出生命野性的茁壮；他之于女性的爱才显得特别的富于生机。那么，这位女性又是谁呢？

在此，我们不妨把她设定为 A。A 本人肯定与四川有关。然而，俩人的关系应该是要好的异性朋友。或者说，是海子寄托了情爱念想的异性朋友。海子在写于距此半年后的 1987 年 8 月的《十四行：王冠》中，有这样的诗句：

> 我所热爱的少女
>
> 河流的少女
>
> 头发变成了树叶
>
> 两臂变成了树干
>
> 你既然不能做我的妻子
>
> 你一定要成为我的王冠
>
> 我将和人间的伟大诗人一同佩戴
>
> 用你美丽叶子缠绕我的竖琴和箭袋

这个"河流的少女"形象，与达县那个"神农氏之女"的形象，显然如出一辙。但两人的关系却已有了这样的定位——"你既然不能做我的妻子／你一定要成为我的王冠"。在这同一个 8 月，海子又写下了一首《十四行：玫瑰花园》——"我们谈到但丁 和他永远的贝亚德丽丝／以及天国、通往那儿永恒的天路历程"，"明亮的夜晚 多么美丽而明亮／仿佛我们要彻夜谈论玫瑰直到美丽的晨星升起"。当这首诗中还出现了"玫瑰花园 玫瑰花园／我们住在绝色美人的身旁……"以及"四川，我诗歌中的玫瑰花园／那儿诞生了你——像一颗早晨的星那样美丽"这样的表述时，它当然更是与 A 联结了起来。从相关的信息看，A 毕业于北京某大学，大学期间与海子相识，老家在四川达县，毕业后分配至成都。另外，她还是一个能与海子谈论但丁，且极富诗歌品位的女孩。

1987 年 1 月中旬从达县回到查湾后，海子开始了疯狂的写作。除了《两座村庄》《九首诗的村庄》等这类村庄题旨上的数首短诗外，他把更大的精力倾注在了长诗《土地》的写作上。

寒假结束返回昌平后的整个 1987 年，海子虽然未再出门远旅，但他的心灵却始终处于漂泊状态，时而晴朗，时而忧郁，有时更处于颓唐与内心大火的焚烧之中。这一方面与他在"太阳七部书"之二的《土地》、之三的《大札撒》，以及长篇诗歌文论《诗学：一份提纲》的写作中，加速了向着"太阳"的冲刺相关，另一方面，则缘于其生活情感上新的变故。

S 成了海子 1987 年的一条情感主线。

2月11日,海子写下了《献诗——给S》。5月份,又在昌平比较集中地写下了与S相关的《长发飞舞的姑娘》《美丽的白杨树》《北方的树林》《月光》,以及没有标明具体的写作日期,但很可能是此一时期的《盲目》《灯》《灯诗》。在这样一个时间段中,他与S的情感一切正常。在一对有情青年男女身上该发生的一切,在这里也遵循着同一个版本。

然而,到了8月末9月初,事情却在一首心境反差极大的诗歌中突然发生了变化。

这首诗,就是草成于9月3日的《秋日黄昏》。这是一首情绪极为暴烈,又隐含着深刻哀伤的诗篇。在"日落大地 大火熊熊 烧红地平线滚滚而来","华美而无上"的茫茫黄昏,"在秋天的悲哀中成熟"这种广袤悲栗的意绪抒写之后,他又继而强调这是一个如同他的血管被切开,令他痛不欲生的黄昏。但是,他接着又化悲痛为散淡地这样写道——"愿有情人终成眷属／愿爱情保持一生／或者相反 极为短暂 匆匆熄灭／愿我从此再不提起／／再不提起过去",因为"痛苦与幸福／生不带来 死不带去"。这首诗所表达的,首先应是他与S在情感发展方向上出现了新的问题,而他自认为已经想好了解决的方法:一切随它去,爱怎么着怎么着。这是知其不可为而不为的超然呢,还是一种屡遭挫折后失去信心的颓唐和玩世不恭?两重因素似乎都不能排除。但这其中,还隐含着强烈的其他信息，是的，海子在此时及其后的若干诗作中，把它称之为"一场大火"——对此，我将在后边专门论述。

10月份所写的《石头的病 或八七年》中一些奇怪表述，似乎道出了他与S间的情感故障以及问题的症结："石头的病 疯狂的病／不可治疗的病"，"被大理石同伙／视为疾病的石头／可制造石斧／以及贫穷诗人的屋顶／让他不再漂泊 四海为家／让他在此处安家落户"。那么"石头"是谁？石头就是S。海子眼中的石头的疾病，和"大理石同伙"眼中的石头的疾病，其实是对"石头的病"在同一事情上两种不同角度的看法，这就是S要成为一个贫穷诗人的"屋顶"——一所房子，亦即结婚成家。在"大理石同伙"，也就是S那些已经成家，有了譬如大理石地板装修的舒适家室的女友们看来，S居然要真的同这个不可能给她带来体面生活的穷诗人成家，让她们有点不可思议。而在海子本人看来，S要他结束四海为家的漂泊，像所有平常人一样就此在昌平结婚安家，同样是不可思议的。海子此时早已野惯了，他似乎也只有在诗歌和大地上的漂泊中，才能感觉到心性自由的欢畅，甚至连一回到昌平"蜗"起来，他都感到寂寞难受，更不用说拴定在居家过日子的柴米油盐和可以预期的尿布婴啼中。他几乎根本就不曾有过这方面的考虑，似乎也欠缺这方面的能力。恋爱是浪漫愉快的，成家是琐屑烦恼的，既然如此，为何不光恋爱不结婚呢？在这一问题上，海子所表现的，是一个极端性诗人的偏执。我们不会忽略这样一个事实：海子是一个心灵生殖力非常旺盛的人。早从 1984 年刚 20 岁开始，他就常常在诗中大言不惭地谈婚论娶，为夫为父，并声称要拥有一大堆儿子、一大堆女儿；甚至在 1987 年初的《诗人叶赛宁》中，为儿女们都已预备好了名字——"儿子叫意大利，女儿叫波兰"。然而心灵生殖力越强，现实中娶妻生子的意愿便越淡——他早已在诗歌中纸上谈兵地实现了，还有何必要在现实生活中再重复一回？

处事干练的 S 没有想到，自己会陷入左右不是的难堪中。更没想到，自己在恋爱的关键问题上，会与这个诗人无理可讲。诗人就拥有拒绝结婚的权力吗？诗人就是因拒绝结婚才成为诗人的吗？S 也许在古今中外的先例中耳闻目睹过大量诗人的离婚，可就是没见过听过哪位诗人拒绝结婚。

我们没有根据断言海子就不珍惜 S，绝对没有。事实上，在此期间海子有关秋天的许多诗作中，都浸渗着与 S 这一情感变故中他心境的极度恶劣。但是平日甚为随和的海子，偏偏就在这件事情上变得极端固执，并有一种捍卫原则的意味。而且，他竟然对此还有一番奇怪的理论——"如果石头不再生病／他哪会开花"；"如果我也不再生病／也就没有命运"。这其中的"他"与"我"，都是海子站在两个角度上对他自己的同一指代，其表达的意思虽颇古怪但也非常明确：如果没有来自对方的情感挫伤，他怎么会写出疼痛而有光芒的诗歌？如果他自己内心没有感受到挫伤，他怎么会痛彻地体验到什么叫作命运？

这似乎也很难叫作强词夺理。只是由于考虑事情的角度发生了位移，而使之显示出不同的侧重。比如海子对于结婚的这种态度，似乎也并非没有明智的成分，既然自己没有能力对一个家庭承担义务，与其重蹈无数诗人结婚又离婚的覆辙，还不如就此刹车，避免在更深的婚姻卷入中两败俱伤。而他的荒唐在于，他并不能在现今中国人的生活观念中，找到贝亚德之于但丁，西蒙·波娃之于萨特等，光恋爱不结婚那样一种精神伴侣式的女孩子。虽然这是一个在理论上似乎无可非议的梦想，但在此时此地却显得荒唐而不靠谱。

——我以上的这番文本解读确切吗？西川在《死亡后记》中的一段文字可以作为旁证："1988年底，一禾和我先后结了婚，但海子坚持不结婚，而且劝我们也别结婚。他在昌平曾经有一位女友，就因为他拒绝与人家结婚，人家才离开了他。"

是的，海子在此显示出他已经发生了倾斜的价值观，比之以结婚成家为指归的这种凡俗的爱情来，他的诗歌事业具有无可置疑的重要性。他此时已写出了在他自己的判断中，一些绝对重要的作品。他此时底气十足，如获神助，在同一时期书写的《祖国（或以梦为马）》和《秋天的祖国》这两首雄狮振鬣、光焰万丈的诗篇中，他自信他就是自己祖国的诗人——把代表祖国的诗篇端现给太阳的那位诗人：

秋雷隐隐　圣火燎烈
神秘的春天之火化为灰烬落在我们的脚旁
…………
他称我为青春的诗人　爱与死的诗人
他要我在金角吹响的秋天走遍祖国和异邦
　　　　　　——《秋天的祖国》

万人都要将火熄灭　我一人独将此火高高举起
此火为大　开花落英于神圣的祖国
…………
我的事业　就是要成为太阳的一生
…………
骑着五千年凤凰和名字叫"马"的龙——我必将失败
但诗歌本身以太阳必将胜利
　　　　　　——《祖国（或以梦为马）》

这种焰火流苏、龙翔凤翥般瑰丽奇幻的场景，在他同期书写的《诗学：一份提纲》的《朝霞》部分，更呈示出常态情况下远非人们想象力能及的绚烂幻象。海子生前曾练过气功（我将在后面出示一份由其练功同好提供的具体资料），而这件事，在西川的那篇《死亡后记》中也曾被专门提及，有一回他曾兴奋地告诉西川，他已开了小周天。并且在西川的感觉中，"海子似乎也从练气功中悟到了什么"。对于我们这些不曾进入此道的人，大约很难说清其中的情景，但这并不妨碍我们通过对间接信息的凭借，获具一个轮廓性的感觉。海子遗留的藏书中有一本《中医学基础》，书中诸多有关人体经络与气脉运气走位的文字底下，都被他用钢笔圈点勾画过。由此可见，他之练气功，绝非三迷五道的谵妄之为，而是从医学的人体机能入手，寻求激发生命潜在功能的途径。20世纪80年代中期，我本人曾较为详细地读过几本藏传佛教有关"藏密气功"和印度学者有关"瑜伽术"的书籍，根据那些书中关于气功状态中对"宇宙本相"的图像性描述，我以为与海子这些诗歌中天马行空的图像极为相似。

尤其是这些诗歌中那种语无伦次却又尽得真诠的语言状态，恍然是被大当量的思维火药炸飞了的碎片，冲腾出绚烂的图像。所谓的"秋雷隐隐　圣火燎烈"——秋日之雷何有？"燎烈"一词又何来？在摹写这一图像时，海子绝不认为自己有必要去遵循什么语法规则，讲什么逻辑道理——我听见和看见的就是那样，所以就那样了。而我们，也在这首诗纳春夏秋冬四季于宇宙的大空间中，看见了他由心灵之火挑起的，万里雷霆与卷地圣火展开的旷世大绞杀。在这个世界上，所有的规则都是为循规蹈矩者制定的，立法者自己从来与遵守规则无关，他所要干的只是制定规则。"上帝说：光是好的，于是就有了光。"事情就这么简单。没有人质问上帝，光怎么就是好的，又怎么就有了光。上帝的至高权威使他的言说无须用道理去阐述——光不是好的吗？既然是，还有必要问吗？

从这些诗歌中的迹象看，我们大体上可以获得这样一个判断，海子应该是在1987年10月前就开始了气功修炼。但有必要强调的是，其一，气功此时没有给他造成任何不良反应；其二，他的写作伴随着气功状态的出现，又到了一个亢奋的巅峰。

10月似乎是海子个人生活情感上的一个劫数，1986年的这个月，他与B的情感终结；1987年的这个月，他与S重蹈覆辙，同时又有了让他颇为矛盾的情感遭遇。但这一次，却未在他的精神上，造成多大的劫难。

在1987年11月14日的这篇日记里，海子对自己当时的状态做了这样的记写："因为全身心沉浸在诗歌的创作里，任何别的创作和活动都简直被我认为是浪费时间……这样的日子是可以称之为高原的日子、神的日子、黄金的日子、王冠的日子。"接着,他又谈到自己明年打算去海南。"在热带的景色里,我想继续完成那包孕黑暗和光明的太阳。真的以全部的生命之火和青春之火投身于太阳的创造。"

总之,他的状态颇佳。未来的目标清晰,奔赴的念头坚定。在昌平蜗了整整一年,寂寞的时光、焦灼的时光、烦恼的时光,都被秋季之后亢奋而流畅的写作所冲淡。

2. 江湖水暖的四川之旅

1988年初的寒假时节,海子又回到了查湾。这一年,似乎决意要把未得远旅的日子补回来似的,他提前结束了假期,首先陪母亲到北京游览了一番,尽了做儿子的一份孝心。送走母亲后,接着就出发远行。但是,他并没有去海南,而是去了四川。

对于海子来说,在查湾的每一个寒假都不是休闲,而是大块时间中的大质量的写作。他"太阳七部书"中的诸多篇章,大都是在这段时间中写就的。这个寒假更是如此。除了一些灵感火花性的短诗,和我在后面将要提到的,寂寞写作中对某个具体女性遥思遐想的诗章外,他集中精力整理了"七部书"中已经定稿的部分。这时,他的手头起码已经有了完整的《太阳·断头篇》《太阳·土地》,以及《太阳·大札撒》《太阳·诗剧》《太阳·你是父亲的好女儿》中虽未在原构思上彻底完工，但却可以独立成篇的章节。这些作品，大约可占其"太阳七部书"那一宏大工程的五分之三。而"太阳七部书"，则是海子设想中一座埃及金字塔式的太阳城。现在，他要把已经完成的这一主体部分带到成都去。

海子的这次成都之行，应该说与这样一个背景隐约相关：这就是北京诗歌界，尤其是以此时已成为先锋诗界元老的朦胧诗人为主体的北京诗歌界，对海子诗歌的非议。据西川在《死亡后记》中回忆，1987年，北京作协在西山召开了一次诗歌创作会议，会议上居然有人给海子罗列了两项"罪名"。其一是"搞新浪漫主义"，其二是"写长诗"。由于海子不是作协会员，不可能参加会议当场辩驳，就只能坐在家里生闷气。

这件事在今天看来，应该隐含着一个不坏的信息。这就是海子此时的诗歌，起码让已获具了一定名分的元老们，感受到了它更为异端的结实存在，感觉到了一种隐约的对于自己地位的潜在挑战，这因而让他们不舒服。人性的缺陷和人们对待某些事物的心理和方式，大约不会有太大的差别：一拨人经过拳打脚踢终而获具的名分和形成的圈子，是绝不轻易对外开放的，要想进圈子就得拜码头，就得低眉顺眼，得让圈子中的人有为你摩顶、为你剃度的师门感。你不懂得这个，他们也就不懂你的诗——或者是视而不见的冷漠，或者是内行的批判。

　　这次的北京西山批判应该是在1987年的5月或此之前。海子是的确不懂得这其中的山高水深。他虽然为此生闷气，虽然在这类事情上表现出应对的无能，但这并不意味着他不使用自己应对的权利。他有他自己的方式。在探讨海子的诗歌世界时，我们很多人大概未曾深究过其《诗学：一份提纲》的写作缘起和直接动因。这篇在海子的诗歌世界显得颇为特殊，犀利雄辩而光芒逼人的诗学文论，在我看来正是首先缘起于对"西山批判"的应对。

　　这篇文论共分八个部分，时断时续地写了近半年。而它的前三章则几乎是一气呵成，可视作对"西山批判"的集中应对。第一章的标题就名之为"辩解"，而开头的第一句话便是——"我写长诗总是迫不得已，出于某种巨大的元素对我的召唤，也是因为我有太多的话要说……"接着，他在后面的两章"上帝的七日"和"王子·太阳神之子"中，对人类历史上那些大诗人们，如数家珍地进行了太阳和太阳王子这两种类型的归纳——那种巨匠型的，在创作中完整地完成了自己的艺术理想，因而足以称之为王者或者太阳的，有米开朗琪罗、但丁、莎士比亚和歌德。那种以光芒四射的天才才华对王位进行血的角逐，又因命运加手其中提前夭折，虽未最终夺得王冠却已光华照人者，则被海子归入王子或者太阳王子的类型，诸如凡·高、陀思妥耶夫斯基、雪莱、叶赛宁、荷尔德林、爱伦·坡、马洛、韩波、克兰……乃至普希金。就个人情感而言，海子觉得他更珍惜的是这类没有成为王的王子。因为他们代表了人类的悲剧命运。而在我看来，这似乎还因为海子意识到自己与他们精神类型的相近。他说道："有时，我甚至在一刹那间，觉得雪莱和叶赛宁的某些诗是我写的。我与这些抒情主体的王子们已融为一体。"这种心犀相通的感觉无疑是准确的，但海子也许并没有意识到，王与王子从本质上说其实是不可打通的两种诗歌生命。王子们既然是以天才为标志，那么造化之神在赋予了他们早慧的光芒时，也必然同时设定了"天才短命"的限制。这就是所谓的命定，或者叫作宿命、命运。而王子们之更能打动海子，正是因为其相同的"青春的悲剧和生命"，海子早已敏感地意识到了这一点。他继而这样为自己申述："我通过太阳王子来进入生命。因为天才是生命最辉煌的现象之一。"

　　做了这样一大通远天远地、自话自说的辩白之后，也不知"西山诗歌会议"的耳朵们是否能听明白。海子最后把话题扯回到了书写此文的起因，并以诚恳的口吻表示了和解的愿望："我写下了这些冗长琐屑的诗行（参见《土地》），愿你们能理解我，朋友们。"文末的写作时间为——"1987年5月30日8点半多"。

海子在此实际上是含着一丝委屈。他被迫把自己的《土地》称作"冗长琐屑的诗行",这表明了海子处世中本分、朴实的一面。但他内心却自有定力,毫不含糊。尽管遭此非议,仍丝毫不为所动地继续乃至加速着自己长诗的进程。"一万年太久!"他在1987年秋季那首《秋天的祖国》一诗中,特地加了"——致毛泽东,他说'一万年太久'"这样一个副标题。他着重要表达的,就是这种在长诗——大诗的建造中时不我待的自我警策。

在北京如此,而在先锋诗歌声响绝不弱于北京的成都却肯定不会如此。这绝不仅仅是海子的直觉,我在前边已多次谈及了四川诗人对海子的看重。并且,这里面还有一个特殊的信息,这就是以"东方整体主义"而闻名诗坛的四川宋氏兄弟和石光华关于现代史诗问题的态度。早在1982年10月,宋氏兄弟就写下了《这是一个需要史诗的时代》那篇颇有影响的短文,诗人石光华于1984年则对此从东方古典文化角度进行了进一步的阐释。而海子,不但以沉醉性的长诗写作实现着对于史诗的奔赴,而且在完成于1986年5月的《太阳·断头篇》中,还专门以"考虑真正的史诗"这么一章与之相应。因之,当海子于1988年初这个寒假结束后,带着"太阳七部书"已完成部分的上万行诗作走向成都时,他是怀有一种双雄际会的庄严感和神圣感的。他们神交已久,他们心犀相通。

他们共同书写着暂时未得彰显而不久必将彰显的诗歌。因而他们必将一见倾心,互为春风春雨。男人间的友谊,有时比异性间的情感更能使男人动心。

3月份,海子已兴致勃勃地站在了乐山大佛风景区,在那尊沉默而宏大的石佛前拍照留念。

4月份,海子出现在四川沐川宋渠、宋玮兄弟的农家小院。宋氏兄弟是那种天分颇高,具有良好文化感悟力的诗人,20世纪80年代曾长期供职于沐川县文化馆,颇有中国古代文人散淡于田园的那种隐者意味。他们虽远离成都,但以成都为核心的四川先锋诗界诸多诗潮的变迁兴替,无一没有他们影响力的存在。他们起着举足轻重的作用。他们深谙东方传统文化,但对西方文化和最新艺术思潮也绝不陌生。

宋渠,出生于1963年;宋玮,1964年生人。兄弟俩虽是海子的同龄人,但在诗歌上的出道却要早于海子。由北大老木主编的那本《新诗潮诗选》,选入了兄弟俩写于1983年春的《大佛》。这首诗作,因其超长的诗行,而致使32开本的诗集页面横转成16开本以供其不折行的铺排,那样的"天假大块"的态势,曾给人留下了深刻印象。继而是1984年"东方整体主义"的写作中,他们史前时代的三叶虫、鹦鹉螺等天地玄黄中文化史诗方向上的《静和》。而他们写于1986年的《家语:昨夜洗陶消息》则以先民时代的民间场景和神话寓言气息,几乎与海子的《传说》《河流》相重合——这种奇迹般的心犀相通,当正是他们彼此倾心的缘由。

在沐川的日子是晴朗的日子,欢畅的日子。海子所保留的此间的数张照片,无一不显示着做客于陶渊明田园场圃的那种消闲与开心。他在相机镜头前摆弄着自己的各种姿态,或与兄弟俩坐于平房前的水泥台阶上示之以陶然怡然;或蹲在菜园一棵大白菜旁与他意念中名叫波兰的女儿,或名叫意大利的儿子合影示之以"父爱"。此时的海子已在腮部和下颏都留下了胡须,以此呈示流浪诗人的风霜感和男人的成熟状。但他在大白菜旁呈示"父爱"时仍是一个喜形于色的少年;他在菜园门前双手撑着门框嬉笑的姿态,表明他并无"掌门人"的城府,还是一个少年。

但这种消闲状只是留在照片上的形象。宋氏兄弟俩此间专门为海子腾出了一间单位上的宿舍,10多天的时间里,海子几乎每晚都是一个通宵地推进着他的"太阳系列"。他在玩命——玩自己的命。

此时的海子与宋氏兄弟已经没有更为深刻的话题要谈。他们已经通过作品交谈完毕。尤其是同等智力间的对话一点即透,根本不存在绞尽脑汁的阐释、比方,以及因向对方说不明白而狗急跳墙般地辅之以跺脚抡胳膊的手势。

因之,在沐川的日子,便完全成了男人间的精神滋润。

大约两个星期后，海子返回成都，住在宋氏兄弟的好友万夏处，与更多的成都诗人诸如欧阳江河、石光华、刘太亨、钟鸣、杨黎等进行了交往。此番交往似乎更富诗歌的江湖意味——这就是所谓的抵掌论剑。揣着一书包"太阳系列"长诗的海子重新引发了成都诗人关于"史诗"的话题。而这在他们看来已经是一种过时的写作。海子舌战群儒，而他又实在很难以一当十。有时说急了，竟憋得眼睛发潮。然而，整个气氛又的确是友好的。四川"袍哥们"七嘴八舌的"发难"，更多的是为了活跃气氛的玩笑与调侃。

这之外还有一个重要的插曲，这就是在沐川时，海子曾让宋玮给他算过一卦。据说宋玮的卦算得极准，在四川的诗歌圈子中很有名气。海子是以这样两件事而向宋玮问卦的：其一是他的诗；其二是一个女孩子。

关于第一卦，宋大师的结论是：海子的诗将对他自己形成一个黑洞，进去后便出不来；关于第二卦，宋相士的答复为——此女孩现在就在成都，但你们现在和以后都不会在一起。海子听罢未做表示。

宋玮不但可以被称作宋相士，也的确可以被称之为宋大师。此后的事实相继表明，这两起问卦都被他一语说中。

据万夏此后和成都其他当时接待过海子的朋友所凑的信息，海子当时在成都确实有一个女朋友，工作单位大约在某医科大学。但他们的关系，的确是要好的异性朋友。而这个女朋友，无疑就是我在前边说到的那个 A。

在成都的日子同样是愉快的。住在万夏处的海子每天晚上与"袍哥们"喝酒辩论，第二天一大早独自出门，傍晚兴冲冲而归。这期间的一部分外出，便是去看望 A。他是要续接一个不会有结局的故事？

在成都，海子还与他当时不可能想象得到，但此后却在他的心理上留下了阴影的同龄诗人尚仲敏，有过感觉颇佳的交往，并在其宿舍住过几日。据尚仲敏在 2009 年时，向武汉大学从事诗歌研究的青年教师荣光启回忆：这期间，他还"带海子至翟永明处，三人聊了一个晚上"。

尚仲敏，当时四川青年诗人群中的晚生代诗人。除了诗歌写作，他还于 1986 年在重庆大学读书期间，与朋友们合办过一张"大学生诗报"，并成为"两报诗歌大展"上"大学生诗派"的发言人。1988 年 4 月的这个时分，大学毕业一年多在成都一水利学校任教的尚仲敏，自是不乏大学生诗人对于先锋诗歌和理论的热情。他与 1983 年即任教于中国政法大学，且在诗坛上闯荡了数年的海子虽然谈不上棋逢对手，但无疑有着共同感兴趣的话题。而一旦涉及深层的诗歌话题后，不善言辞的海子往往又会立时判若两人，在自己的太阳幻象中时而慷慨激昂、宏论滔滔，时而心事重重、沉默寡言。对此，尚仲敏在他半年后的一篇文章中这样记写道："通过仔细观察，我发现他的痛苦是真实的，自然的，根深蒂固的。这使我敬畏和惭愧。"

也因此，这次的交往在交谈的尽兴和气氛的融洽中，无疑还使海子感受到了一丝被敬重的快意。所以，回到北京后，海子专门在骆一禾跟前提到，四川的尚仲敏人不错，我们在北京应该帮帮他。

在昌平的寂寞，在北京的孤独，却在作为异乡的四川完全消弭，日子在异乡回报了他，也缔结了他之于四川的特殊情结。因此，海子在8月份漂泊西藏时题名为《雪》的诗中，又一次提到了四川："有时我退回盆地，背靠成都"——四川，成了他心灵与精神的后援。

3．A与P：妹妹和姐姐

男人在精神文化的亢奋中热爱着互为知音的男人；男人在心灵情感的孤寂中却想念着女人。此时，如果我们再回头去看1988年2月份，海子寒假期间在查湾苦行僧般玩命写出的那些作品，便会在那首题名为《野鸽子》的短诗中发现一个新的情感端倪：

当我面朝火光

野鸽子　在我家门前的细树上

吐出黑色的阴影的火焰

野鸽子

——这黑色的诗歌标题　我的懊悔

和一位隐身女诗人的姓名

这究竟是山喜鹊之巢还是野鸽子之巢

在夜色和奥秘中

野鸽子　打开你的翅膀

飞往何方？　在永久之中

你将飞往何方？！

野鸽子是我的姓名

黑夜颜色的奥秘之鸟

我们相逢于一场大火

　　这是一首颇费猜测的诗作。此前我曾把"野鸽子"和这位"隐身女诗人"相等同，但经过反复推敲我却发现，这个野鸽子，既是"我家门前细树上"可能真的出现过的那一只，又是海子明确的自喻（"野鸽子是我的姓名"）。此外，这首诗还有这样几个关节点——"我的懊悔／和一位隐身女诗人的姓名""这究竟是山喜鹊之巢还是野鸽子之巢"？作为野鸽子的我"将飞往何方"，"我们相逢于一场大火"？

尤其关键的是，这位隐身女诗人是谁？

综合海子在这前后的其他诗作来看，这个时候，是另外一位女性，出现在了海子的生活中，并且是更富情感实质的出现。但她不是 A。如果把这首诗中的几个关节点联结起来，便会贯穿起这样一个脉络：我和这位隐身女诗人，相逢于一场事先并无心理准备的情感的大火，因为不是那种正常婚恋关系的大火，所以让我有不知所措的懊悔。在以后的她那里，我不知道那是别人的巢还是我的巢。以后的我，是飞向她还是飞向别的地方？

现在，我们再摘引出海子同一时期前后的一些诗歌，对相关事件和这位隐身女诗人，做一个轮廓性的勾画——"那是秋天的灯　凛然神采坐在远方／那是醉卧荒山野岭的我们……／／……在山谷，我们的头颅在夜里变成明亮的灯盏和酒杯／相互照亮和祝福之后／此刻我们就要逃遁"（《秋日山谷》，1987 年），"北国氏族之女／一火灭千秋……北国氏族之女／——柿子和枫／相抢于此秋天"（《枫》，1987 年 11 月 2 日），"在白色夜晚张开身子／我的脸儿，就像我自己圣洁的姐姐"（《汉俳·之四：草原上的死亡》，1987年），"海水把你推上岸来……／推到我的怀抱／朝夕相伴，如痴如醉"（《一滴水中的黑夜》，1988年2月11日）……

接下来，我将据此做出相关的故事梗概还原：首先，事情发生在与S的关系出现故障的末期，亦即1987年10月的这个秋天，海子正处在剪不断理还乱的烦恼中。也因此，他与自己周边一位平时就有来往，且性格比较成熟的女性，有了一次为驱除烦恼的爬山野游。继而是山野中的饮酒畅聊，再继而，是被血管中酒精的火苗烧晕后，又引燃了两人身体纠缠的大火。这场猝不及防的大火烧过之后，彼此都颇为尴尬，直至挨到夜晚，两人才尴尬地借夜色逃离"肇事现场"。在这件事情上，双方的尴尬和海子不知所措的懊悔还在于，他与S此时并未彻底了断。也因此，又有了《枫》这首诗中，"柿子和枫／相抢于此秋天"。"柿子"，应是盛产柿子的昌平的S，而"枫"，便是眼下的这位女性——"北国氏族之女"。这里需要说明的是，在这部评传的前三个版本中，我都依据对相关信息的推测，把这位女性与青海的德令哈相联系，亦即其父母的家在德令哈。而此次我所获得的确切信息是，这是一位从小随父母生活在北京的女性，且与海子同在政法大学工作的"姐姐"式的人物。上边所引诗句中，在海子诗歌中第一次出现的"姐姐"("就像我自己圣洁的姐姐"),以及海水"把你推到我的怀抱/朝夕相伴,如痴如醉"——两人距离如此之近的描述,也与这一信息相互印证。而这个时候的海子,已从最初不知所措的懊悔,变得如痴如醉。

现在,我们把这位姐姐设定为 P。

接下来的 1988 年 5 月 16 日,海子写下了一首表述上隐晦、含混,但其本人内心却极为清晰的《太阳和野花——给 AP》。

我在前边从海子的诗歌中分拣出了两位女性,并分别设定为 A 和 P,正是以这首诗为根据。我之所以断定 AP 不是一个人而是两个人,其一是因为依据海子此前诗歌中对 B 和 S 这两位女性,都是以单独的英文字母来指代,所以,他在此绝无对一个人用两个字母指代的必要。其二,是依据诗歌中语气、心态、象征称代和情感的明显区别与差异。其三,这首诗中的确存在着两个女性。

首先,这首诗的主体抒情对象,应该是作为"妹妹"身份的 A,亦即此时身居成都的这一位。在海子此时的心目中,A 是一个同他具有情感发展前景,也就是可以发展成"只恋爱不结婚"关系的女友。而刚刚说到的 P,则是一个"姐姐"式的人物。她既是海子诗才的欣赏者,又是海子情感与生活上的呵护者,或者精神情感导师。所以,这首诗其次又是记写 P

的。当然,P这种导师身份是暧昧的,她已经被其弟子"化师为友"。

做了这样的前提说明后,解读这首诗还有一些麻烦。这就是此诗虽完成于"1988年5月16日夜",但它却是海子"删86年以来许多旧诗稿而得"。这就是说,这首诗既有1986年以来的情感原型,又有当下情感状态上新的添加。它是两者的综合,又必然以当下为主。并且,在技术处理上还存在着一个意象上另一个意念的附着、覆盖以及退出,这样一层层的丝膜错杂。一个诗人对一首特殊的诗歌做这样的技术处理,其实并不难理解,他当然要表达一种真实的情感原型,但诗歌又绝不是这一原型的材料性记录,而是杂糅形态上的提炼和典型性表达。

所以,这首诗前三分之一部分中的"你的母亲是樱桃/我的母亲是血泪"这样的表述,我们可以把它视作是海子在1986年时对B的表达而放过去,从而把注意力集中在后三分之二部分——此在的A与P上。

海子在此处的说话对象首先是A:"是谁这么告诉过你:/答应我/忍住你的痛苦/不发一言/穿过这整座城市/远远地走来/去看看他 去看看海子/他可能更加痛苦/他在写一首孤独而绝望的诗歌/死亡的诗歌""答应我/忍住你的痛苦/不发一言/穿过这整座城市//那个牧羊人/也许会被你救活/

你们还可以成亲 / 在一对大红蜡烛下 / 这时他就变成了我 //
我会在我自己的胸脯找到一切幸福 / 红色荷包、羊角、蜂巢、
嘴唇 / 和一对白色羊儿般的乳房"……

　　对此，我们可以做出这样大致的解读——海子问 A：是
谁给你说了那些话？我们从那些话的语气上猜想，它应是 P
说给 A 的。无怪乎海子视 P 为"姐姐"，她情感圣洁地开导 A，
去看看海子这个写死亡之诗的心情绝望的"牧羊人"，去拯
救他。如果妹妹你在这个时候能去看望他，也许就能拯救他，
也就能使那个一心只恋爱不结婚的孩子改变主意，而成全了
你俩的姻缘。拯救了他，也就等于成全了我，了却了我对这
个天才的傻孩子的心事。我会因此而感觉到自己获得了所有
的幸福。

　　P 此时几乎成了圣母，但这却是海子为自己经过加工提纯
的圣母。而真实的事实或许应该是，A 与 P 两人根本就互不
相识，相互之间都不知道对方的存在。因此这首诗在更大的
成分上，应该是只有独自心中明白的海子，按妹妹与姐姐的
情感属性，再加上他本人的渴望，为自己编织的幻象。因为
就三个人的情感角色来说，这里面最能感受到幸福的，首先
不是 P，更不是 A，而是海子本人。

4. 在西藏：今夜拉萨河没有女神

1988年6月13日，海子开始了他"太阳七部书"之五的三幕三十场诗剧《太阳·弑》的写作。这部作品，此后被诗人西渡视作海子长诗的代表作。

7月20日左右，海子在我的耳朵旁出现——当时在青海一家报社任编辑的我，接到本地一位青年诗人的电话：北京的海子和两个同伴到了西宁，你是否有时间一聚？

我当时因准备参加8月初由西藏文联在拉萨举办的"太阳城诗会"，需要提前编妥数期版面的稿件且还要交代其他工作，一时间头绪颇为杂乱。便在电话中问对方，海子他们现住在哪里，在西宁待多长时间？以便考虑时间约西宁的朋友们一起一聚。

对方告知：海子他们已来了两天，因为是自费旅游，所以就住在省文联的会议室里，白天游览，晚上就在会议室的长条椅上凑合着睡一觉。进而告诉我，海子们此行的目的地是西藏，过两天就要启程，因为他们北京一个朋友的家是德令哈的，该朋友已给家里打了招呼，所以，他们准备再到德令哈待几天，然后去西藏。当得知我过几天也要去西藏，眼下时间有点紧张时，诗人在电话中建议说，要不我替你跟他们联系一下，你们干脆在西藏见面算了。到时候你们肯定正好能在拉萨碰上面的。我大致估算了一下时间后表示：也好。

当时，我还被西藏方面的会议组织者指派了一项任务，就是在西宁等候当时在北京《诗刊》供职的唐晓渡和同行者崔卫平，以及在北大跟谢冕先生读博士的程文超，待会齐诸位后，再与青海诗人昌耀一起去拉萨。那时候我还算年轻，所以被指派兼任了一个"地陪"的角色。

1988年前的那些个年头，对于文学真是一些美妙的时日，那时候整个社会的兴奋点似乎都与文学相关。就像90年代整个社会的兴奋点都与经商相关一样，90年代有多少经理、老板，80年代就有多少作家、诗人。

而作为藏传佛教圣地的西藏，则又突然成了中国文学艺术家们朝圣的圣地。

仅8月初，就有数拨人马从不同方向的天空和地面，向着西藏进发。7月下旬，我刚在西宁与由总后勤部组织的一个包括作家陈建功、邓刚、郑义，学者高莽，诗人梁上泉等近20人组成的"中国作家青藏线采访团"见过面不久，随后当我们到达格尔木兵站部时，又与之相遇。接着，采访团一行人马乘坐由部队提供的越野车从青海的格尔木，浩浩荡荡进发西藏。而去西藏参加"太阳城诗会"的北大的谢冕教授夫妇、中国作协的顾骧、《当代》的资深编辑刘茵，则从空中取道成都直飞西藏。而我等几人则与穿着粗重的酱色光板羊皮大衣，一个人占着一个半人的座位，以皮衣上浓烈的酥油气味和远古的游牧气息刺激着我们鼻腔的进藏朝圣的青海藏族牧人，与猴子般身体精瘦、旅游装备齐全、神色兴奋中又夹杂着一丝紧张的港澳青年学生，等等，混装在同一部黄河牌长途大轿车上，从天高地旷的高原公路进发西藏。对了，还有与我们在西宁结识，又相继在格尔木和拉萨会面的、来自北欧瑞典的两位女大学生。

而海子一行三人，在青藏线上走走停停地晃荡着，又在进入无人区前突然弃步登车加速了自己的行程，在一片奇幻的高原月色下翻过唐古拉山进入西藏。

第二天下午抵达拉萨。傍晚，当我们坐在西藏文化宫大院招待所平房前的石凳上闲聊时，海子一行三人像魂一样地从暮色中摸了过来。他们面色赤红，一身风尘。与在拉萨工作、注重以时装强调文人身份的汉族青年文化人相比，他们更像从牧区来的藏族牧人家中的上门女婿，对周围的气氛熟稔而神情散淡。

三个人，唐晓渡为我一一做了介绍：海子、一平、王恩衷。我们说起了西宁之约，说起了他们从西宁到拉萨的线路和停停走走的行期，说起了这次拉萨的"太阳城诗会"……他们不是这次诗会的参加者，在拉萨做短暂的停留后，将往西藏腹地更深的地方走一走。整个闲聊中，一平是主要交谈者,他年龄也最大;王恩衷次之,言谈中不时有对沿途所见的惊奇。而海子,则若有所思,神情恍惚。他肯定参与了交谈,并对王恩衷的惊奇有过进一步的补充或解释。然而,他又似乎什么都没说,仿佛真是一个魂,虚在暮色中的石凳上。

大约40分钟后,他们起身告辞,复又遁入暮色。稍后我们才发现,石凳上落下了一件旧毛衣。此后经打问,才得知是海子的。以此可见他当时的神情之恍惚。

晚饭后,诗会的组织者,以在西藏高原上用诗意的青春迎迓"我的太阳"而闻名诗坛的H大姐前来看望。那时我年轻,H大姐在她的诗歌中比我更年轻。她出生于1953年,当时正值35岁的锦绣年华,但在西藏的文学界却平衡八方之风入于秋池,心中光华四溢,行止却沉稳老练,并以这种个人魅力成为西藏文学界的核心人物。西藏诸多青年文人都称其为大姐。

闲聊中,说起此次诗会的邀请人选时,就谈起了骆一禾。H说,骆也应是会议代表,不过他同时还接到了参加诗刊社"青春诗会"的通知。骆本极想借这次诗会走一趟西藏,所以,对到底参加哪个诗会一直犹豫不决。如果今天还没有得到他的信息,大概就真的不能来了。

H对骆一禾显然很熟悉,而且印象极佳,言谈中不时有诸如"学者型青年编辑"之类的赞誉。并对骆一禾的诗歌鉴赏眼光和理论文章的视角、深度都非常欣赏。

当时的情况大约是这样的：从 1987 年前后开始，骆一禾在他任编辑的大型文学刊物《十月》上，开辟了"十月的诗"这一诗歌专栏。每期集中推出一位诗人的组诗或长诗，并由他自己配写一篇编者按式的评论短文。这样，在为诗坛集中推出一部力作的同时，更强调了一位诗人的分量。由于《十月》本身在中国文坛的地位和"十月的诗"这种精品意识的强调，这个栏目便似乎成了中国当代诗歌殿堂的象征。它对诗人们的召唤力及其登临殿堂的荣耀感当然不言而喻。而就是在这个殿堂，骆一禾曾不止一次地推出了海子的诗，推出了青海诗人昌耀的诗，也包括西藏诗人 H 大姐的诗。以此可见，骆一禾对青藏高原诗人诗歌中的生命意识和文化信息当同海子一样，有着深刻的感应并为之倾心。

而 H 组织"太阳城诗会"前在《西藏文学》上推出的"太阳城诗会"诗歌专栏，实际上正是"十月的诗"启示下的一个举措。它同样每期集中推出一位包括了西藏、青海、四川等藏民族分布区诗人的作品，并由 H 约请有关批评家为每件作品配写评论文章。昌耀此次在《西藏文学》所刊诗作配发的长篇评论，就是由 H 约请骆一禾及其夫人张玞主笔的。这除了她确信骆一禾愿意也能写好这篇文章外，当还有一个出自私谊的考虑，就是通过这篇文章而为骆一禾提供一个到西藏的机会。因为按事先规定，这次会议的参加者，除北京的特邀人士外，须有作品进入《西藏文学》上的这个诗会专栏。当然也包括评论。

根据以上情况看，海子与昌耀、H之间，当会因骆一禾及其"十月的诗"这一中介，彼此间是有感觉的。我在前边已经说到过海子对昌耀那种敬其诗而碍于近其人的心态，但对H却似乎正好相反，他并不见得对H的诗有多少敬意，却对这位生长于内地却能与西藏文化融合的汉族女诗人本身，怀有兴致。如果他认为自己是西藏文化的痴迷者，那么，他起码觉得H在这一点上会与自己互为知音。并且，在北京时他肯定会因为"十月的诗"，而听骆一禾颇有兴致地提起过H，然后H便成为两个人一夕交谈的话题。那么，他在内心已经颇为熟悉H了，他也当然有理由相信，通过"十月的诗"，H会对自己同样熟悉。

……闲聊在继续，关于骆一禾的话题松开之后，唐晓渡提起了傍晚时告辞不久的海子三人，并问H，何不请三人顺便参加这个诗会。唐进一步介绍到，这三个人的写作都不错。尤其是海子，在北京的诗歌圈子中很有知名度。

是的，他们三人的写作的确都不错。此后的若干时日，我才进一步注意到了三位的作品。一平当时供职于北京某中等专业学校，写诗亦搞诗歌理论，尤其在理论上以冷静持重的灼见而闻名。他此后移居波兰,在20世纪90年代仍不断有"海外谈诗"的文章见诸国内报刊。而年龄最小,长得颇帅气也不乏稚气的王恩衷,当时则任教于北京的中国国际关系学院英语专业,曾不时以英语写诗并发表于海外英文报刊。特别需要一提的是,20世纪90年代初那本在国内诗界影响颇大的《艾略特诗学文集》,就是由他编译的。王恩衷此后也去了海外,至今不知身在何处。他是那次在西藏相遇的北京三人中,给我印象最深,也是感觉最愉快的一位。

但是,当唐晓渡以探询的口气提出邀请三人参加诗会,聊以弥补其自费旅游的经济问题时,H并没有承接这个话题,却顾左右而言他。我对此颇感不解,遂把话题又扯了回来。H见似乎搪塞不过去,先是欲言又止,继而彻底放开地道出了先一天晚上发生的一段故事——

海子一行是三天前到拉萨的,到达后即与作协联系并住了下来。然后,与当地文学同仁有过泛泛的接触。第二天晚上,海子与一平到了H的住宅聊天。H若干年来已走遍西藏,从人迹罕至的藏北荒原到神秘艰险的西部阿里,甚至登上了长江源头海拔6000多米的各拉丹冬雪山。从某种意义上说,她不但在中国诗人,甚至在世界范围内的诗人中,也是创造了登临海拔最高纪录的人。并且,她此时又从诗歌的青春激情,转入对西藏文化人类学角度上更深入的解读。那时候H

大姐的写作如日中天，她用自己的行动和文字合成性地实现着自己的写作，又为此而几经情感波折，此时已导致家庭解体，一个人独住文联家属院一套宽敞的房子，与她为伴的，是一条忠实粗壮的大狗。

大约正是 H 身上不无传奇色彩的经历，及其与藏地文化精神混化了的生命内质，对应了海子心灵深处的审美理想。另外，这种生命方式的本身也足以对具有漂泊天性，不时流露着做一个野蛮的文明人的海子，形成一种召唤。只要联系到海子此行结束返回昌平后，房子墙壁上张贴的天真灵动的西藏女童头像，他对于从西藏带回的印度香的迷醉，他到了秋天即将结束时仍在房子中有床不睡而打地铺这些信息来看，其中所折射的，正是他对西藏生命方式的迷恋。并且，这都无疑与 H 有着曲折的关系。在拉萨期间，我们一行数人曾应邀到 H 府上小坐，她在向大家推荐西藏的旅游纪念品时，特别建议别忘了带一些印度香回去。并且，给我印象极为深刻的是，H 的床正是地铺的形式。所以，当骆一禾后来去昌平看望海子，为他从夏天开始到 11 月份还没撤去的地铺，而感叹其不能很好地自理自己的生活；敏感到海子屋内浓郁的印度香的气息，而警告其"不要多点这种迷香"时，当并不清楚海子心中这一层隐秘的心思。

……海子、一平与 H 聊到晚上 11 点多时，H 开始暗示客人该离开了。磨蹭了片刻后,两位客人一并离去。但大约过了20分钟,海子又独自一人折了回来,心不在焉地闲聊了一会儿后,突然向H老大姐表达了晚上在此留宿的要求。这大约有些出乎H的预料。因为年龄上11岁的差距,使老大姐H断然不会把眼前这个小兄弟,视作一个旗鼓相当的对手。无论海子是否在自己的心目中觉得他早已对大姐熟悉透顶,而且并不把H视作一个大姐,而是相同的诗性生存理想中的知音,而知音间就应水乳交融,就应以相互间的合力,来表达对日渐恶化的社会生态中非诗性生存的共同拒斥,但是,当这种形而上的意念要以具体的方式体现时,却无论如何也抹不去形而下的色彩。并且,H大姐绝不认为自己对这个小兄弟,有着相互等同的心理熟悉程度。

于是,H听到这个要求为之一怔后,开始耐心地为这只迷途的羔羊指明回家的路径。而海子则执迷于自己心行合一的意念,絮絮叨叨、咕咕哝哝,最终才极不情愿地离开。半个多小时后,海子又来敲门,此时已是午夜一点多钟。那时大月亮在潮湿的夜雾中把市郊的那片草滩,把草滩上的红柳、黑刺和淙淙有声的拉萨河照得如梦如幻,而与草滩毗连的这座走廊在露天下的二层小楼,尽管还居住着数户人家,但在海子的眼中它则是一所草滩上的小木屋。这样的情境中,海子不知是否会想起此时就在拉萨的小说作家马原,当年的那篇成名作——《拉萨河女神》这一小说标题？当海子在这梦幻般的月色下，固执地敲叩他心中的小木屋之门时，我想他一定是置身在半梦半幻的迷茫中。这个午夜的草滩上真的有拉萨河女神吗？然而，这一次，门不再打开。无论他多么固执地敲叩，门，始终没有打开。他没有得到女神的回应，也就证实了这个梦幻般的夜晚并无女神，而是少年诗人自己步入了太虚幻境。他浴出水面的海豚般扑噜噜抖去了头上的水珠，他清醒了，然后沮丧地踽踽返回。

这其中是否有一种残忍——一个来自生命本源的愿望，在教化的铜墙铁壁上头破血流的残忍？接着，海子便在8月13日写于拉萨的那首《我飞遍草原的天空》中，写下了这样疼痛而激烈的诗句：

我从大海来到落日的正中央

飞遍了天空找不到一块落脚之地

…………

今天有家的　必须回家

今天有书的　必须读书

今天有刀的　必须杀人

草原的天空不可阻挡

——该干什么的就干你的什么去,你尽可以麻木平庸,尽可以为非作歹,只是不要因诗做梦,儿女情长,"草原的天空"它寒冷凌厉,不是梦幻之乡。

之后,海子一行三人便出了拉萨,朝着西南的后藏方向,溯雅鲁藏布江到了距拉萨400多里地的日喀则,继而再朝西南方向延伸200多里地,到了可以眺望到喜马拉雅山雪峰的萨迦。而在8月19日萨迦的夜晚所写的《远方》中,他一开头就写下了"远方除了遥远一无所有"。从1984年对"在最远的地方,我最虔诚"这句话的崇奉,到此刻这相反方向上极端的诗句,我们不难感觉到海子心灵的绝望。

大约8月20日之后,当诗会结束,我和唐晓渡、崔卫平、程文超一行4人准备前往西藏山南地区游览时,又在拉萨遇到了已从萨迦返回,准备第二天也去山南的一平和王恩衷。我问起了海子,一平告曰:走了。

原来他们三人数日前从萨迦经日喀则返回拉萨的途中,搭乘的汽车半夜在路上出了故障,且一时半晌无法修好,三人便在附近找到了一户藏族人家,在人家灶膛前烤着火,半睡半醒地待到了天亮。海子随后在《黑翅膀》一诗中曾有这样一夕的记写:

今夜在日喀则,借床休息,听见婴儿的哭声

为了什么这个小人儿感到委屈?是不是因为她感到了黑
  夜中的幸福

愿你低声啜泣,但不要彻夜不眠
我今夜难以入睡是因为我这双黑过黑夜的翅膀
我不哭泣,也不歌唱,我要用我的翅膀飞回北方

这里所表达的晚上难以入眠,急于返回昌平的心情,让人颇感蹊跷。1988年下半年以来,他的心灵似乎一直处于烦躁不宁的状态。此次的西藏之旅本应是一种解脱,然而,结果并非如此。他在昌平想去远方,到了远方却想回昌平,无论在哪里都不得其所。这其中的原因又是什么呢?

……天亮后三人一边晃荡着赶路,一边揣摸着搭乘过路的顺车。就在经过路边的一个玛尼堆时,他们又停了下来。仔细捉摸了一阵后,海子从中拣选出了两块色彩鲜亮的彩绘佛像浮雕——10年后,在海子的坟头见到它们时,其工艺和色彩之精美,仍让曾长期生活在青海的我感到震撼。

然而海子并不知道藏区的一个规矩:庙里的东西,玛尼堆上的东西,亦即所有祭献给佛爷的东西是不可以动的。谁动了谁就得出毛病——这是长期在藏区生活的人们见证了诸多应验的事例后,共同的敬畏和禁忌。

将两尊佛像背到拉萨后,海子再也没了其他心思。第二天即乘上一辆中巴直抵青海的西宁,然后再换乘火车直趋北京。

5."神的故乡鹰在言语"

这是海子短暂一生中最后的一次远旅。此刻只要我们对他的人生和诗歌漂泊行迹做一简单梳理,就会发现这样三个关键性的地址:昌平、查湾、西藏。关于前两者之于他的意义,我们无须探究。那么,西藏对于他又意味着什么呢?远在1984年长诗《传说》的序言《民间主题》中,他曾借用克利的话表达了自己的心思:"在最远的地方,我最虔诚。"那么"最远"的西藏便是他遥远的情感依托之地。1988年8月,第二次置身于西藏的他,在《雪》这首诗中,又进一步做出了这样的表述——"千辛万苦我回到故乡","雪山……/ 我的病已好 / 雪的日子 我只想到雪中去死"。这一表达,或许与他在拉萨经历的情感碰壁有关,但又的确是他对西藏之作为自己的故乡,乃至生命归宿之地的指认。我们知道,对于海子可称之为"故乡"的,只有查湾。此刻海子把西藏与故乡查湾等同起来,其实质是赋予了西藏以形而上的故乡意味——所谓的"精神家园"。然而,此刻身在"家园"西藏的他,又"今日有家的 必须回家",迫不及待地要"飞回北方"的昌平,那么，昌平又有什么呢？回答是：昌平有他的"姐姐"。这样一来，由村庄、草原、姐姐所对应的查湾、西藏、昌平，便组成了海子的精神家园系统。

然而，这三个场所中的任何一个，都无法使他长期居留。这因而导致了一种根本无法解决的生命处境的尴尬和感伤：他是一个没有家的孩子。如果说，早在少年时代，他因着诗性燃烧的迷乱和冲动，而"渴望一种夜晚的无家状态"（见1987年11月14日的日记），那么，到了他开始渴望家的时候，家却真的没有了。他曾经轻信了当代人那个"家园，在路上"的说法，因而一次次出门远行寻找着路上的家，但这个家却根本不在路上，而是永远地存在于"别处"。家在逗弄着他，与他东躲西藏——对于农耕文化中的中国人来说，这个说法似乎有点玄。家如衣裳一样地包裹着你，还需要到处去寻找它吗？但事实上，人类永远存在着物质性生存和精神性生存侧重的差异。那些被称为诗人的人，他们以物质性生存的家为基本前提，又渴望着置身于精神俱乐部的生存——他们在这个家里互为知音，说一些在社会大家庭中别人听不懂，因而也没有兴趣去听的话，从而在自己的俱乐部中达成一种精神的共享和心灵的共鸣。而另外一些走得更远，因而也显得更为极端的人，他们的心思和话语，即使在这个俱乐部也无法达成交流，因此，一切的固定场所都很难对他们构成所谓的家。

他们只能出门寻找。譬如李白，即使大唐王朝的皇帝以豪华的物质供给对他笼络羁留，沉香亭前以贵妃研墨，宠臣脱靴纵容其诗人的任性，极大地满足着其诗人的虚荣心时，却仍然无法使其驻足。他的一生都在路上。仗剑飘零、诗酒风流的洒脱，仍然只是表象，大地之上没有地方能安顿他的心神，"举杯邀明月，对影成三人"，"我看青山多妩媚，料青山看我亦如是"，他的心思是在天上，在月中，在大自然的魂灵中。以至最终神魂出窍，水中捉月而去。

海子与李白大致上属于同一精神家族谱系。"天空一无所有，为何给我安慰？"——即使经历了痛楚的幻想破灭，他仍固执地表示了自己精神中的天空倾向。

毫无疑问，这样的精神倾向对于一个人来说，它是危险的、可怕的，也是凄楚的、感伤的。但问题的关键是，海子又根本无法摆脱。

我在前边已谈到了在昌平的生活中，海子先后与几位女性的情感关系。而一进入草原，他的诗歌中则又出现了一个可成系列的女性——由少女构成的时而真切、时而缥缈的形影。我们自然不会忘记他那首专门献给内蒙古西部草原上"萍水相逢的额济纳姑娘"的《北斗七星 七座村庄》——"还有十天 我就要结束漂泊的生涯／回到五谷丰盛的村庄"，"秋天的风早早地吹 秋天的风高高地吹"，"额济纳姑娘 我黑而秀美的姑娘","翻过沙漠 你是镇子上最令人难忘的姑娘"。

与"七座村庄"留给我同样深刻印象的,还有写于1986年的《七月不远——给青海湖,请熄灭我的爱情》。这是当年7月他前往西藏途经青海湖时的记写,在这首诗中,他还有一个浪子叶赛宁式的特殊表述——"我就是那个情种:诗中吟唱的野花/天堂的马肚子里唯一含毒的野花/(青海湖,请熄灭我的爱情!)"

两年之后1988年,又是一个7月,海子又来到了青海湖,他在7月24日的《绿松石》一诗中,写下了这样的诗句——"青海湖,绿色小公主/……你曾是谁的天堂?""和水相比土地是多么肮脏而荒芜/绿色小公主抹去我的泪水,/说,你是年老的国土上/一位年轻的国王,老年皇帝会伏在你的肩头死去"。

紧接着的7月25日,他又写下了《青海湖》一诗——"一只骄傲的酒杯/青海的公主 请把我抱在怀中/我多么贫穷,多么荒芜,我多么肮脏/一双雪白的翅膀也只能给我片刻的幸福"。《绿松石》中写到了"土地多么肮脏",而此处又写到了"我多么肮脏",这是对自己身上某种叶赛宁性格的自责吗?

海子与青海湖的牵连,至此还没有完,1988年11月回到昌平所写的《无名的野花》,描述了一个16岁的、提着鞋子恍若女神般走在大草原雨中的少女形象——"小小的年纪/

一身红色地走在／空荡荡的风中",之后笔锋陡地一转,"来到我身边／你已经成熟"。

海子与青海湖如此固执的情结颇为耐人寻味,也让人颇费猜测,莫非这是他将自己生活中的女性置于草原的"意象大挪移",进而由意念派生出的幻象?但有一点可以肯定,一进入草原,他就像进入了人生的真空状态,人世间一切的功名纷争和欲望烦恼都被突然清空,代之而出的,则是星空之下那些缥缈而逼真的女性形象。

"一切少女都会被生活和生活中的民族举到自己的头顶,成为自己的生活和民族的象征。世界历史的最后结局是一位少女。海伦和玛利亚。这就是人类生活的象征。"海子在《太阳·你是父亲的好女儿》中的这一表述,当正是他女性情结的根源所在。

就是在这样的情况下,他在前往西藏途经德令哈的数天盘桓中,于7月25日写下了那让许多读者都刻骨铭心的诗歌名篇——《日记》:

姐姐,今夜我在德令哈,夜色笼罩
姐姐,我今夜只有戈壁

草原尽头我两手空空

悲痛时握不住一颗泪滴
姐姐,今夜我在德令哈
这是雨水中一座荒凉的城

除了那些路过的和居住的
德令哈……今夜
这是唯一的,最后的,抒情
这是唯一的,最后的,草原

我把石头还给石头
让胜利的胜利
今夜青稞只属于她自己
一切都在生长
今夜我只有美丽的戈壁　空空
姐姐,今夜我不关心人类,我只想你

　　这是写作手段上一首极为单调的诗,除了姐姐、姐姐,德令哈、德令哈、戈壁、戈壁外,剩下来的就是空旷、空旷。它没有更多的词汇,甚至在一个天高地旷,极易触发无限联想的高原之夜,却拒绝任何联想。心念如拼命叉开的五指,死死地抓着"姐姐"不放。

而对于这位姐姐,孙理波此后有这样的描述:她岁数比海子大一点,在海子死后不久,她撕掉了海子写给她的一些诗稿,去了南方,至今一人。

2009年,孙理波还去南方看望了这位姐姐:无情的海子,我想告诉你,今年10月,我去南方看望了你曾写过的姐姐,"你爱的人没有忘记你,爱你的人更没有丢弃你……我清晰地看到,她美丽的脸上似乎还荡漾着你当年的沧桑"。"20年前,她在烧毁你的诗稿,带着北京的一片灰色和绝望南下时,本想把你全然忘记。20年后,当我望着坐在窗户旁,她木然的凝眸,递一支烟给她时,本想她会泪如泉涌。可是我错了,在弥漫烟雾的空气中,我只看到'一束芦花的骨头'。琴声呜咽,泪水全无"。

就此而言,这的确是一位应该让海子刻骨铭心的姐姐。

而我们在这首《日记》中感受到的,则是一种逼近终极的情感状态,海子诸多的诗歌,无不具有这种状态。西渡在谈及海子的《太阳·诗剧》时说道:我永远不会忘记它开头那句"我已走到了人类的尽头"带给我的震撼。而海子诸多的这类诗歌,几乎每一次都是"走到了人类的尽头"——以逼近死亡的毁灭性生命体验,进入一个极限性的瞬间。这就是那类天才性诗人其生命感知的强度和血沸电闪的锐利与盲目。一种因绝望而野蛮的光,它从无数个方向朝你射来,不温暖、不美丽、不舒服,却以针灸般的锥扎,使你在致命的痛楚感中,蓦然化淤放血般地周身打开,继而感受到生命那种古老而新鲜的原生信息的豁然涌入,如历死亡,如获重生。这就是所谓"好的诗歌让人会有再生之感"。

从本质上说,所谓的天才性诗人,都是绝望状态中的写作者。早慧的他们最初的诗歌都无不美丽,他们早在自己的少年时代就已对大自然的一切天籁美色:村庄、草场、野花、河流、虫声、鸟影、朝霞、黄昏……有着超乎寻常的心领神会,并把唯他独知的那种孤独的美丽呈现于诗歌。比如普希金和叶赛宁少年时代的诗歌。然而美景无法流连,他们不幸的,也是命定地很快就结束了自己的少年时代,很快走过了"美"的诗歌阶段——这是世人在心目中为他们永远保留着美好记忆的那个位置。然后,世人就无限遗憾地搞不清楚,晴朗的他们为什么就突然脱离了原来的轨道而变得悒郁、疯狂?世人当然更弄不明白,在他们的前面和后面,竟然还有一个专门朝自己开枪赴死的诗人艺术家家族,普希金朝前射出的子弹打中了自己,马雅可夫斯基朝自己开枪,凡·高朝自己开枪,海明威朝自己开枪……然后叶赛宁、雪莱、拜伦、兰波等等,在自己30岁左右的大好年华上怎么就突然一头仆地,命丧黄泉?

所有天才艺术家的生命趋向中,都有一种尖锐的直指终极的极端。他们在这种极端形态,寻找自己的绝对真理。这个世界当然有这种绝对真理在,但这个世界绝不会按诗人的绝对真理来行事,它有自己纳万物而以折中来摆平的含糊和中庸;有自己法无常法,随机应变的运行法则。这便决定了诗人与世界必然的冲突。确切地说,是诗人所追求的绝对的"笔直",在世界那个坚硬油滑的"圆"上的碰壁。所以,诗人在褒义的角度上,又被指称为赤子童心,他以儿童的天真和纯净来要求世界,但你知道儿童在这个世界上最基本的情感反应表情吗?这就是哭!尖厉地啼哭,毫不掩饰地哇哇大哭,死去活来地号啕痛哭。对于天真无邪的心灵,任何一种伤害都是一种致命的伤害。而正是天才诗人们这种儿童式的纯净和敏感,才成就了他们敏感的诗歌——少年时代对美的敏感反应,其后对于生命终端的死亡过早的敏感反应。

绝望就这样早已暗中铺设在他们的写作进程中,当然有间歇性的,甚至是更长时段的松弛,譬如处在那种来自姐姐式的情感哺喂中,譬如处在对于远方的无限遐想中。但这松弛只是对下一刻绝望的积攒。当又一次的绝望侵临,诗人不能自已的时候,出现在他们诗歌中的,不是庸常状态下的诗人的写作,而是诗人与绝望的共同言说。这种状态下的言说,置这个世界所有的修辞方式和语法规则于不顾,甚至无视谛听的耳朵。

在德令哈那个空旷荒凉的雨水中的夜晚，当庞大繁杂的人类文化世界突然从眼前和大脑中退去，海子尖锐地凸立为高原腹地孤立无援的一点，没有任何一只援手伸来引渡时，他是否产生过一刹那的虚幻感：他若干年来漂泊流离，他若干年来倾尽心血意欲建立的那个诗歌太阳帝国，难道不是一个虚幻的乌托邦？它难道真的有什么用吗？如果有，它何以弃我于如此的荒凉孤独而不闻不问？假若认真追究，海子为之倾注了所有心血的诗歌，似乎从来没有反哺过他以什么，而给了他可以感触的友情与爱的，则是那一个个的女性；给了他荒凉生命以暖流的，则是那个姐姐。而此刻，当他就独坐在德令哈的天空下，在最需要热气呵耳的时刻，姐姐却不在身边。他恍惚间感受到自己被整个的世界弃却，他因而语无伦次，执着一念：姐姐、姐姐，今夜的大地，空空；今夜美丽的戈壁，空空。连今夜的青稞也只属于她自己，而没有什么属于我。因此，"姐姐，今夜我不关心人类，我只想你"。

类似的情景，还出现在一年前草原上的深秋。也是同样的语无伦次，但却是陷入深秋那时光弃我的孤独与悲伤中：

秋天深了，神的家中鹰在集合

神的故乡鹰在言语

秋天深了，王在写诗

在这个世界上秋天深了

该得到的尚未得到

该丧失的早已丧失

在我看来，这首《秋》无疑可视作当代诗歌中的名篇，它单调地执着于"秋天深了"这悲伤的一念而咕咕哝哝。那似乎是另外一个世界的话语——秋天的深处，神、鹰、王、诗歌、言语，在那里窃窃私语的际会，就那么几个意念在反复堆撺，但却像藏传佛教中的六字真言，在反复的叨念中就果真现出了它的真味。在这首诗的最后两行，当他突然回到了人间的话语系统时，却已是泪流满面。

就是在这样的绝望中，海子仍一直在寻找，一直情系远方。他已经完全成了一个只为诗歌而存在的人，并已为诗歌弄得疲惫不堪。而此时仅仅能够作为他生命和写作动力的，一个是女性的爱；另一个，则是远方的永恒——被他反复用"石头"来象征的具有结实、本质、恒久属性，深陷在云雾中，高踞于人类之上的这样一种事物（他在《给伦敦》一诗中，把作为经典经济学家的马克思和经典语言学家的维特根斯坦的一生，分别指称为在货币和语言中"卖了石头买石头"的一生）。他就是在这样的自我搏斗中，追寻着远方。

而1988年8月中下旬，当他在即将离开西藏，写出了

"远方除了遥远一无所有"这一数年心念一夕幻灭的诗句时，我们无法不对他生出大劫将至的不祥预感。因为这一指认已经封死了他远方漂泊的意义，他已到达了绝望的终点。然而，这个终点此时给予他的，并不是绝望的失魂落魄，而是置之死地而后生的精神逆转！

在同一时期的《西藏》一诗中，他更写下了这样的诗句——"西藏，一块孤独的石头坐满整个天空"，"他说：在这一千年里我只热爱我自己"，"没有任何泪水使我变成花朵／没有任何国王使我变成王座"。应该说，这是一番极为冷静而自负的表达。他将自己与抽象为石头之永恒的西藏完全等同，他热爱过大地宇宙间一切美好的事物：村庄、少女、月亮、太阳，还有"我热爱的诗人荷尔德林"，以及雪莱、叶赛宁那些天才，但丁、歌德这类巨匠。然而，他在这里"只热爱我自己"，他在事实上也完全把自己融入了他们之中，认为自己所干出的事情从本质上说，可以与他所热爱的人一起进入永恒。他此时清醒、镇定、铁石心肠——再没有任何泪水能使我多情反被无情恼；他此时决绝、自负乃至决不惮于欺师灭祖——再也没有任何高高在上的王，能使我成为他的座椅——我是坚硬、冷漠、堆满天空的石头，我又是王！

是的，他曾经生存在一种什么样的状态和心灵处境中呢？——"我怕过，爱过，恨过，苦过，活过，死过""我真后悔，我尊重过那么多。"（1986年：《太阳·断头篇》）读到这样的诗句时，你很难不为之酸楚。苦过，哪怕是死过，都自有一个人的尊严在，而"怕过"，则是一种最为卑微，也是最不可忍受的生存处境。然而，他在社会生存中，就曾那么以一个乡村孩子在都市嚣张的优越气焰前"怕过"！他尊重过那么多的人和事，但在他以一个无名诗人的身份混迹于人世的时候，除了骆一禾那样的朋友和他生活中的女性，谁又尊重过他呢？

此刻，他仅仅是对自己表示了自己的自负：

"没有任何国王使我变成王座！"

他此时已基本上完成了"太阳七部书"。他对人类的诗歌史了如指掌，他清楚自己的这一"七部书"会是什么。

八 | "七部书":焚身于太阳的幻象

1. "太阳七部书"的缘起

海子以他卓越的抒情短诗,以他脱离于一个时代群体诗歌方式之外的卓越的抒情短诗,活在一个时代的诗歌记忆中。但如果没有"太阳七部书",他虽然仍是一个天才性的抒情诗人,但却是一个天才性的少年抒情诗人。他将缺乏那种坚实宏大的大盘底座的支撑,缺乏那种从一个成长性的少年抒情诗人,到一个具有宏富胸廓的集成性诗人的宏大气象;他将只能使人惊奇而难以使人震撼。确切地说,"太阳七部书"之于他的抒情短诗,犹如黑夜浩瀚的天空之于灿烂的星群,正是因了这背景的浩瀚,才使他的诗歌世界具有了天体的浑成性——它让你难以一眼望穿,让你愈往里走,愈是觉得深不可测。如果我们没有足够的能力和把握在人类的诗歌景观中说事,那么,"太阳七部书"起码是中国现代诗歌史上的一个奇迹。

然而,这个"太阳七部书"到底是什么呢?迄今为止,这仍是一个大体明确而局部含混的指称。

这个指称最初来自骆一禾。

在海子去世一个月后,骆一禾在为海子即将出版的长诗《土地》单行本所写的《"我考虑真正的史诗"》这篇序言中,为"太阳七部书"开列了一个明确的篇目清单,用骆一禾的原文表述便是:

诗剧《太阳》

诗剧《太阳·断头篇》

诗剧《太阳·但是水、水》

长诗《太阳·土地篇》

第一合唱剧《太阳·弥赛亚》

仪式和祭祀剧《太阳·弑》

诗体小说《太阳·你是父亲的好女儿》

在这篇文章中,骆一禾明确地表述了"七部书"这一命名的来龙去脉:"在他(海子)辞世前将全部遗稿交我处理的遗书中,他列入了全部长诗篇目,总名为《太阳》"。在具体列出了上述篇目后，骆一禾继而写道："这些作品虽然在文体上是不完全一致的，但在内在逻辑、诗性和精神上，是完整的，构成了主干，我和西川称之为'《太阳》七部书'。在七部书周围，还有一批断章、未定稿、残页及构思札记和字句提示眉目，轮廓较为清晰的有《太阳·大札撒》和《太阳·沙漠篇》。"

这就是"太阳七部书"这一提法最早的来源。

骆一禾在此虽说明这是他与西川共同的认定，但此后的事实表明，这更多的是骆一禾本人的意思。

在接受了海子遗书中全权负责整理其遗作的委托之后，骆一禾又与西川做出了开展这项工作的分工，即由他负责编辑整理海子的长诗，西川编辑整理海子的短诗。长诗《土地》单行本的出版，就是骆一禾这项工作的最初成果。

当两个多月后，骆一禾突然追随海子而去，所有的工作便留给了西川。由于接下来西川是面对海子的短诗、长诗、文论乃至日记这全部的遗作，所以，便能较从容地做更确切的归整梳理。而由他开列的"太阳七部书"从篇目确定、排列顺序和标题的技术处理上，都与骆一禾略有出入，其具体表述如下：

《太阳·断头篇》

《太阳·土地篇》

《太阳·大札撒（残稿）》

《太阳·你是父亲的好女儿》

《太阳·弑》

《太阳·诗剧》

《太阳·弥赛亚》

西川在《海子诗全编》的"编后记"中，也对此做了说明：考虑到骆一禾已经开列了"太阳·七部书"的目录，又综合考虑到海子各篇作品的创作年代及其思想转变过程，所以，将《但是水、水》从"七部书"中抽出，而代之以《大札撒》（残稿）。

这就是说，如果不考虑到"七部书"的说法已经定型，抽出了《但是水、水》之后，并不见得就要补入《大札撒》的残稿。因为归入"七部书"的都是具有一定长度规模，即以2200行左右的《土地》为参照标准，都可出版单行本的这样一些作品。而作为残稿的《大札撒》，其规模只是一首长诗的一个章节，列入"七部书"显然有些勉强。

另外，西川按照他从全部遗作中获得的信息称：海子原打算创作的《太阳》远不止七部，有案可稽的还有《太阳·语言》一部，并且，海子已写出了其中的三篇：《献给韩波：诗歌的烈士》《水抱屈原》和《但丁来到此时此地》，只是因未见到其他篇目，将其合起来称作"书"太短，所以才将它们列入"短诗"部分。

而我从《海子诗全编》中获得的信息是,海子关于《太阳》的设想似乎还要多一些。海子曾把他的诗剧《太阳·弑》定为"三联剧之一",西川对此做出的脚注是"这是海子的仪式诗剧三部曲之一。海子原打算写作的另外两部仪式剧是《吃》和《打》"。这就是说,应该还有《吃》和《打》这与《弑》同等规模,又将是独立成篇的两部。另外,在海子《诗学:一份提纲》之七的"曙光之一"中,开篇的第一句话便是"下面是87.11.15夜录的太阳地狱篇草稿的标题",其下,便是他用1000多字的关键词、关键意象、关键意念为《地狱篇》所记录下的"诗意碎片",以供届时蒸发组合。那么,他的《太阳》的设想中,必然应该还有一部《太阳·地狱篇》。

这里再接着西川关于《太阳·语言》的推测来说,在我的阅读感觉中,除他所列的三首诗作外,其短诗中诸如《耶稣》,组诗《不幸——给荷尔德林》《尼采,你使我想起悲伤的热带》《公爵的私生女——给波德莱尔》和《给伦敦》(写马克思和维特根斯坦之于语言),以及《盲目——给维特根施坦》《马雅可夫斯基自传》《诗人叶赛宁》等这些陆续写于1987年的作品,再往前就是1986年写出的《给萨福》《给安徒生》《梭罗这人有脑子》《给托尔斯泰》《给卡夫卡》等,这些有关世界经典诗人、作家和思想家明显的自成体系的作品,很难说就不是《太阳·语言》即成的材料片段，是围绕着《太阳·语言》这一长诗意念核心的诗意旋转。因为它们在海子的短诗中显得太突兀，缺乏一种对中心事件或背景的依傍，在海子的个人生活情感线索中也找不到粘连的依据。而这些作品，又恰恰在作为题材的方向性和材料的理念性上，显示着可供集纳为一个系列的内在特征。并且，海子诸多长诗的创作都具有"组装"的生产方式，他许多独立成篇并拿出发表的短章，实际上就是他某个建筑单元的一部分。比如，他当初在《青年诗人谈诗》中的那篇短文，只有我们在阅读了《海子诗全编》后才明白，它是为长诗《传说》所配写的序文。他的长诗《但是水、水》中第一篇的三幕诗剧《遗址》，最初也是作为一件独立的作品发表的。海子在书写这些作品时，无疑是把它们作为一个整体建筑的一部分，但考虑到刊物上诗歌版面的有限性，所以，先期独立成篇能够单独发表的便先期发表，最后再在某种可能的条件下——譬如自己铅印或正式出版长诗单行本时进行组装，最终呈示全貌。类似的这种情形，在中国新诗史上并不多见，它只是新时期那类心怀"史诗"雄心的诗人们一种特殊的生产方式。比如杨炼的《高原》《朝圣》等是作为其组诗《敦煌》的组成部分；《陶罐》《穹庐》等是作为其组诗《半坡》的组成部分，然后又由这数组诗作与另一独立成篇不可拆卸的组诗《诺日朗》等，共同组成了其长诗《礼魂》。

另一方面，还有一种情形，就是上述短诗可能只是《太阳·语言》还处在朦胧构想中的一些即成的碎片。这又出现了一种"倒行逆施"的生产方式：碎片渐成规模地堆积，又促成了诗人为它们寻找使其聚合上升为一首长诗的构想——零散的星辰与一个庞大光体的效果是绝对不一样的，这也是海子倾心于长诗写作的本源所在。所以，又可能是这些即成的碎片，促成了海子《太阳·语言》的构想。碎片与碎片的相加无法构成长诗，它们必须有赖于长诗整体设计中构架网络的有机集合，而这又是一项更为艰巨的工作，海子燃烧在无数想法中"顾头不顾尾"的亢奋写作，终而使这一构想只能以这种碎片的形态搁置在一边。

这样，就绝不是一个"七部书"的问题，《太阳·语言》《太阳·吃》《太阳·打》《太阳·地狱篇》，这些构想中的，或已有了初步形体的篇章，将会使七部书超过十部以上。

而如果按西川给出的篇目和意思，即把《太阳·大札撒》作为残稿列入"七部书"中显得有些勉强，那么，"七部书"又只能成为"六部书"。

那么，骆一禾关于"七部书"的指称又有什么依据，为什么一定要坚持"七部"，并对这些含纳了长诗、诗剧、小说等多种文体的作品以"书"相称呢？

事实上，这个说法的原型首先来自海子，他在完成于1988年6月的《太阳·诗剧》中第一次表达了对于"书"的概念："谁是无名的国王／……拥有全权的沙漠和海拥有埃及的书／死亡的书／在夜晚的奥秘中啜饮泪水的无名国王／你到底是谁？"

接着，他又在开始于1988年11月，至死也未完成的《太阳·弥赛亚》中进一步表达了接近于"七部书"的概念——"一卷经书／吐火／……吐火的是我吗 一卷经书自问／一卷经书自问又繁殖 是我吗／骤然变成了七卷 经书不辨真伪／……七卷经书不辨真伪"。

熟悉海子如同熟悉自己，在后两三年的写作中基本与海子在同一方向上合流的骆一禾有理由相信，这里的"七卷经书"绝不是一个虚妄的说法。包括《河流》《传说》《但是水、水》在内的海子所留下的长篇已接近10部，这其中必然存在着海子所称的"七卷经书"。而负有整理海子遗作使命的骆一禾同样认为，自己还负有归整并向诗界阐释海子创作思想的责任。于是，就有了前边由骆一禾开列的"七部书"的篇目和"太阳七部书"的提法。这个提法之于骆一禾是一种赤诚和智力的见证。它是对海子驳杂浩瀚的长诗一种再生性的命名——将各自独立存在的星团集结为一个巨大的光体，继而由"太阳"统摄，成为一座辉煌的太阳神殿。

所谓的"书",有《圣经》中的《旧约全书》,《旧约全书》中的《律法书》《先知书》,古埃及和阿拉伯世界的羊皮书,中国先秦时代"五经六籍的总名"之书等等这些人类早期文明社会最高、最为珍贵的律令法典、经籍文书之意。所谓的"七",有上帝创世的七日,古代犹太教作为圣思的"七连灯台",有佛教的"七佛""七众""七宝"等这样一些与"书"相对应的概念。而"太阳",则是万物生命之源,居于银河系中央一颗不动的大质量的恒星。

这应该就是骆一禾"太阳七部书"这一命名的根源。它源于"七卷经书"的概念而更富现代文化语境的表达,无疑更合海子的本意。而"七部书"的本身,则是海子以人类诗歌的心音对于太阳的致敬。

然而,这只是宏观的、本质上的说法,关于"太阳七部书"的具体单元构成,似乎既不是骆一禾,也不是西川开列的那个篇目。海子在他1986年11月18日的那篇日记中,曾写下过这样一段文字:"目前我坚强地行进,像一个年轻而美丽的神在行进。《太阳》的第一篇越来越清晰了……再不是一些爆炸中的碎片。"从时间上看,这个"第一篇"当是指1986年8月开始,1987年8月彻底完成的《太阳·土地篇》,那么在此之前的1985年5月已经完成的《断头篇》,便自然没有被海子纳入他的"七卷经书"之列,自然也就谈不上更早的

《但是水、水》。这样,如果除去《断头篇》和《大札撒》,比较完整显形的只有五部,而按海子"七卷经书"的表述,另外两部则极有可能就是已具枝干和主体构想的《太阳·语言》《太阳·地狱篇》。

所以,"太阳七部书"之于海子,应是一座未及完成的建筑;它之于骆一禾与西川各自开列的篇目,应是两人顺着海子的本意补充性地再造。只是,根据海子这七部作品确切的创作时间,即完全以创作时序而言,西川开列的"七部书"篇目从顺序上似应调整如下:

《太阳·断头篇》(1986年5月)

《太阳·土地篇》(1986年8月—1987年8月)

《太阳·大札撒》(1987年—1988年)

《太阳·你是父亲的好女儿》(1988年)

《太阳·诗剧》(1985年—1988年6月1日)

《太阳·弑》(1988年6月13日—1988年9月22日)

《太阳·弥赛亚》(1988年11月21日开始,未完成)

此处需要特别说明的是,在1997年出版的《海子诗全编》中,《太阳·你是父亲的好女儿》的表述与其他六部迥然不同。其他六部在"太阳"与具体标题之间使用的是间隔号"·",以表示总名与篇名的从属关系;这里使用的则是逗号",",从而使"太阳"成为这个标题中的主语。我原先对此虽心存疑惑，但却以为这是海子的特殊表述。而在 2009 年出版的《海子诗全集》中，西川则将这一标题的逗号"，"改成了间隔号"·"，可见此前的表述的确有误。因此，本书在后边将一律以此为准。

2. "七部书"概要

对被列入"七部书"之首的《太阳·断头篇》，西川在《海子诗全编》该诗的标题之下曾专门做了这样一个脚注：海子生前曾认为此诗是一个失败的写作，因而本欲将其毁掉。但考虑到骆一禾已将此篇列为"太阳七部书"之一，而且为了让读者看到一个全面的海子，本书特将此篇保留。

然而，在开始于 1988 年底的《太阳·弥赛亚》中，海子又有过这样的诗歌表述——"1985 年，我和他和太阳 / 三人遇见并参加了宇宙的诞生"。《断头篇》完成于 1986 年 5 月，没有标明开始动笔的日期。但从海子本人的整个写作进程以及一部诗歌长篇写作所需要的时间来考虑，此诗的动笔日期应该是在 1985 年 8 月完成了《但是水、水》之后不久即开始的。以这一时段为分水岭，他此前诗歌中的南方和水，逐渐为太阳的主体意象所取代。所谓的"我和他和太阳"中的"他"，可视作投身于太阳中的另一个海子。以此可见，所谓

"参加了宇宙的诞生"所指的便是《断头篇》的书写,由此还可以看出,作为自己精神转折的一个关键性标记,海子对此诗又是非常看重的。

在后面我们将会看到,西川的脚注提示和海子此后的这一表述,并不构成矛盾,它只是对一件作品两个方面的各自指说而已。但这又起码说明,《断头篇》之于海子,是一部重要的作品。

从文体上说,《断头篇》是一部诗剧,由序幕"天"和其后的"地""歌""头"这样三幕组成。各幕之下有数目不等的"场",有些"场"之下又有数目不等的各个角色的独白或歌咏,整篇作品长 2100 行左右。前边说到这部作品"完成于 1986 年 5 月",所谓的"完成"只是就其写毕的时间而言,事实上这是一部未完成的作品,因为其中的许多"场","场"之下许多的"独白或歌咏"都是只有标题而无实体。如果真的按这些标题所确定的内容展开,那么,这部作品将会是在此基础上扩展一倍的规模,亦即达到 4000 行以上。

从海子显示于这部长诗的心理迹象来看,《断头篇》是他从南方故乡的水系和土地索解人类生命之门,而突然发现了太阳作为宇宙本源的存在后,天空之门顿时在他的眼前打开,并且内中景深逐渐加大时的一部惊喜、惊悸之作。他彼时就站在那个分水岭上,水系的大地与天空的万象在他眼前分流,也在他眼前汇流。大地上滔滔的元素洪流和天空中神话光焰的洪流轰然撞击，泛滥于时年 21 岁的这位诗人的生命之中。从氛围上说，那是大地与天空分离之前的宇宙星团涡流；从框架上说，它是上自天空，下至大地，前自宇宙起源，后至人类归宿；上下以鱼变鸟，鲲变鹏为大海与天空连接的天梯；前后以印度神话的湿婆神、中国神话中的刑天和蚩尤为象征的人类置身其中的基本姿态——毁灭性的舞蹈相贯穿。由此召唤置身于宇宙大时空中的他自己起而行动！

由此可以想见，这是一篇包罗了宇宙万有，杂烩了宇宙万有，而命令自己孤注一掷，做一次性诗歌冲刺的作品。如此庞大的空间和浩瀚的元素意绪，你很难想象，如果这一长篇真的完成后，它会是一个什么形态？还有什么样的诗再值得海子去写？

幸亏他没有完成，事实上他也没有能力完成。但由此开始，海子的长诗写作就确立了一个明确的目标：指向终极，穷尽所有。这因而也使他处在一种勃勃雄心与个体能量即使浑身大火也难以完成的矛盾形态。"拖火的身体倒栽而下"，这是第一幕第二场的标题。然而，即使倒栽而下，待稍做将息之后他仍要掉过身来抡斧仰冲。海子之于"七部书"的写作，就如同此刻的断头勇士刑天，轮番着与天帝执斧大战。

在这首长篇中，海子力图总汇性地编织宇宙生命史，东方文化史和个人精神史的所有材料。

"猛地,一只巨鸟离你身体而去"——他在开篇以在水之鲲仰冲为在天之鹏的庄子《逍遥游》中的神话,开始了"原始火球"大爆炸和宇宙诞生的序幕。但是,这并不是关于宇宙起源猜想的描述,而是对自我生命精神蓦然觉醒的象征抒写:

我要说,我就是那原始火球,炸开
宇宙诞生在我身上,我赞美我自己

其后的意象,基本上是"冥王之婆背着一只潮湿之钟来到长松之下"这类中国古代农业神话的演绎。

接下来第一幕的"地",便是宇宙诞生之后,置身于其中的人类在大地四季的轮回中,无休止地破坏与劳作,毁灭与创造。这其中的关键性因素,就是宇宙以其对于生命预先设定的短暂、死亡,同人类永生的生命要求之间的冲突;由宇宙设定的法则对人类的主宰,同人类不甘就范、追求平等自由天性间的冲突;宇宙以它的无限与人类的有限之间引发的不可调和的冲突。为此,海子特意找到了那个在喜马拉雅山附近修行的,集毁灭之神、苦行之神、舞蹈之神为一体的印度湿婆神,作为代表着人类的他自己一分为三的基本精神姿态。对湿婆神的发现以及与自己的对应,应是海子缔结了与西藏的精神文化关系，继而进一步明确了由西藏一路往西，而至古印度、古巴比伦、阿拉伯和古希伯来世界，直至古埃及金字塔的开始。

第二幕的"歌"所表述的，是天地诞生后人类对于爱情与艺术——亦即诗歌的基本欲望。所以他在第三场"诗人"中又分别以"楚歌""沅湘之夜""羿歌之夜""天河畔之夜"为题，准备搬运屈原之于兰草美人的形而上的爱情；娥皇、女英二妃同舜帝"斑竹一枝千滴泪"，嫦娥之于后羿"碧海青天夜夜心"，牛郎与织女天河相隔、苦望七夕，这些断肠的爱情故事。但这些意绪都是"有题无诗"，未及从容展开。在这些爱情故事之后的"诗人的最后之夜"（独白）则是海子自己带有自传痕迹，亦即以他与B为原型的爱情故事抒写：

诗人对她说着

我需要你
我非常需要你
就一句话
就一句

我需要你

你更需要我

就一句话

就一句

这种语言，是海子每每与事物的核心直接相对时，那种造物主般出人意料的简单、一语道完的"说出"。接着，他又写到了人类那古老而激情的初夜——"我从地上抱起／被血碰伤的月亮／相遇的时刻到了／她属于我了／属于我了"。正是缘于这种生命的激情合奏，人类才有了自己不死的生命链，才有了活着并且热爱的理由——它是人类以自己身体抒写的诗歌。

然而，人类更有其具体意义上的诗歌：那类祖先崇拜、鬼神敬畏、五谷祈祝的歌舞祭祀，以及大地历史、战争灾难、民间心情的记写者、传唱者，流布于烟霭村野中的史歌谣谚。为此，海子又引入了祭酒、药巫、歌王、乐师、相士、圣贤……并将这些大地与民间所有历史精神信息的传播者集于自己一身，"考虑真正的史诗"——那种宇宙起源与人类生命关系的大诗。

所谓的大诗，亦即"大史诗"，源自古印度对《摩诃婆罗多》等史诗的称谓。这首长达两万多行的史诗记叙的是，两位王子为了王位在历经两代人的纷争之后，终于酿成了在"俱庐之野"卷入周边各自盟国的、印度历史上毁灭性的"十八日"大血战。它与中国历史传说和神话故事中共工与颛顼争帝怒触不周山，蚩尤与炎帝争霸大战于"冀州之野"，刑天与天帝因争权断头之后而以双乳为目、肚脐为嘴继续执斧相搏，完全一脉相传。其惊天动地的为尊严与王位决以生死的英雄血气，在海子的理解中就是人类英雄在大地上以断头的失败，在天空中将断头化为太阳的胜利——精神王者的胜利。所以，在第三幕的"头"中，他心怀印度大诗的气概而以无头刑天代表的蚩尤、共工等神话英雄，抒写自己在进入如此的宇宙大时空中夺取"真正的史诗"的心志。而其中这样的诗句——"做一个太阳／……我们不屈的天性／来自这大大的头／这么大的头／连我自己也吃惊"，这大大的头，虽然与太阳，与无头刑天的意象密切相关，但却不能不让我联想到海子刚进入北大时，侧卧在石头上以手支头的照片中，那颗大大的头。

该幕之下全剧的后两场，是以"最后的诗"（有题无诗）、"浩风"（有题无诗）这种未完成的形态结束的。这是海子诗歌生命中一个关节性的神秘暗喻——如果从以上"以行动决生死"的血战中延续这两场标题，那么，它展开后的最终落脚点，将是化身为无头刑天的海子，在"最后的诗"中独白完之后的彻底毙命；是太阳陨落，万物枯萎，荒凉黑暗的大地上寒冷悲凄的旷世"浩风"。

海子之鬼使神差地避过了这两场的书写,应是缘于其血液、神经等意识综合系统的暗示。然而,兆头一旦显现,便终究无法回避!

应该说,海子其后的长诗写作,基本上就是在这种危险的状态中行进的。虽然他时而也能以其他的意绪——比如他偶尔强调"和解",来与之相冲,但这个兆头已经确凿地控制了他,为他两年后的突然离去埋下了伏笔。

关于《断头篇》,还有几个可参考的元素需做如下说明:

其一,我在前边已经说过,它是海子告别"水"系列之旧,迎接"太阳"系列之新的分水岭上的写作。因之在语言形态、意象构成上也处在脱胎换骨的蜕变中。这种蜕变,使这部长篇的一部分,仍滞留在由四川先锋诗人所构筑的"史诗"的语境形态中。比如这其中的"祭礼之歌"之下的诸章:"而夜,中国小小的肉体。桌子、田亩、钱财、百姓之间通常的距离,直到王宫坍塌的尺寸。而夜,周易数字的克星,点燃游过百亩桑田的战火,游过动乱之妻和王的头发"……这种语言形态和意象,让人很容易联想到欧阳江河的《悬棺》,宋氏兄弟的《静和》,等等。但此时,这几位已告别了这种"天地玄黄",而进入了清朗的文体性写作,因此,这种语言和意象在此出现,便给人以明显的滞后感。

其二,这部长诗一个潜在的出发点,应是海子与四川"史诗"群落的一次呼应和联动。其主要情结,就是"我考虑真正的史诗"。它既是海子以"史诗"为旗帜与群体的集体冲刺,也是他意欲超越史诗群落的个人冲刺。但是,当他率领庞大的材料集团欲以一次性行动"决一生死"时,又缺乏宏观和微观上综合处理这些材料,使之摆平、匀称的能力。显现出心有余而力不足的尴尬。

以上这两点,当是西川关于海子认为这是一篇"失败的写作"的主要缘由。

其三,这部作品的意象系统和写作资源,仍是以屈原楚辞和《山海经》《淮南子传》为核心的中国古代神话和民间传说,这应是海子对《但是水、水》这一系统写作资源的穷尽,继而,在其后的六部作品中,以古印度、古埃及、古巴比伦代表的"东方文化"将对此做出全面的置换。海子将以此为转折点,全面进入火与太阳系统。

其四,《断头篇》在空间构成上,是以《神曲》为参照的写作。海子于此以但丁为导师,从此前平面性的地理地域文化板块的扫描这一写作方式中,转入以地平线为基准的地面与天空的垂直打通。这一转折极为重要,它使海子在大地形而下苦难的书写中,进入了关于天堂与太阳的玄学意义。

《太阳·大札撒》只写出了"抒情诗"一章,约300行。

诚如这首诗下西川的脚注所示,《大札撒》原为成吉思汗制定的一部法典。更进一步地说,是13世纪的世界舞台上,将北亚草原和铁骑狂飙铺作大地上的赤道,追着太阳运行的轨迹一路向西横扫欧亚大陆的成吉思汗,为其大蒙古汗国制定的一部国家法典,是一位意欲统领世界的大地上的王者,其国家理想和治世大法。海子以此作为自己诗歌的参照框架,这首诗的规模走向,以及海子意识中诗歌王者的图谋可想而知。"抒情诗"原题为"山顶洞人写下的抒情诗",亦即从精神上的原始时代写起,应该是《大札撒》的开始部分。海子一生情系两大草原,一是青藏高原,一是内蒙古(或北方)草原。如果青藏高原对于海子是神性的、形而上的、终极的,那么,成吉思汗所代表的生气勃勃的蒙古草原,有初恋女友B的背景存在其中的内蒙古草原,则是海子青春意念的载体。另外,以《太阳·你是父亲的好女儿》这部诗体小说的青藏高原场景而言,它应是与之对应的内蒙古草原情结与场景的最终穷尽。

"抒情诗"后标注的写作时间是"1987;1988",这种笼统的写作时间标注,映现出顺着一种朦胧的大框架写起,接着放下,继而拾起,又再放下,这样一种不断被其他写作冲散的写作状态。从其周围的作品来看,这大约是一件无法完成的诗作,因为有关它的诸多设想和意念,已经冲入其他的诗作中。它的有关大地上"阴暗的生长力"——亦即原生性的野蛮，诸如酒、粮食、女人、母狮、月亮、血红色的斧头，原始的生命交媾与繁衍，都承接着完成于 1987 年 8 月的《土地》。而它在成吉思汗和"大札撒"方向上关于"蒙古草原"的意念，则又移植到了其后的《太阳·弥赛亚》中，并得以充分展开。

其次，从这首诗的另外一些信息来看，我们还可看到海子的某些短诗，有时又往往是其长诗写作中意绪的外溢，或关键意念独立成篇的放大，这样一种写作方式。比如"抒情诗"第十四节的"老乡们，谁能在海上见到你们真是幸福"，便被略做改动后，以《七月的大海》为题成为一首完整的短诗。此外，第十节"你今夜住在一个黑店里／那个玩着刀子的店主人／就是我……"这段有关"黑店"的意象，此后则被演绎为一首神秘、令人毛骨悚然的《叙事诗——一个民间故事》——以至最后竟成为海子本人生命结局的谶语或寓言。

因之，"抒情诗"是以同其周围作品构成网络关系的核心形态而存在的，它来自这一网络的某些支脉，又外溢蒸发进另外一些支脉。它在"大札撒"方向上野心勃勃的宏大构想，只能成为我们的猜想。

就个人的阅读趣味而言，诗体小说《太阳·你是父亲的好女儿》，是海子"七部书"中最为让我动心的。这部 3 万字的作品,把它称之为"诗体小说"似乎有点勉强。从感觉上来说,它似乎更像古埃及羊皮书那类作品,带有流浪艺人的纪历和先知书、启示录的色彩。海子两次深入西藏,除了为数不算太多的短诗和以石头与天空构建其长诗的玄学空间外,这部作品,应该是他以青藏高原为题旨的最集中的书写。

《太阳·你是父亲的好女儿》应该是以海子本人1988年第二次的西藏之旅为原型,从其与名为也那、五鸟、札多等人结伴漫游的记述中,让人能感觉出一平、王恩衷等人的影子。但是,这还应是海子对自己更大范围的草原漂泊,以及情感精神之旅的综合记叙,因为这其中一个核心性的人物——集巫女、精灵、现代少女为一体的血儿,无论如何都会让人联想到B的影子。在这样一个现实原型的基础上,海子又把"我"和所有人物带入中古时代的大草原——那里有一个"神秘的兄弟会",有强盗、教会行刑的刽子手、神秘的草原酋长、高大深奥的寺庙殿堂、草原上流浪的马车、流浪艺人的歌声、神秘王国的使者……

这是一部幻象性质的作品,是海子将荷马、但丁、维特根斯坦等人类文化史上的巨人,化为民间艺人、石匠、铁匠,使之面对古埃及、古巴比伦沙漠草原上过往的王者、老人、圣人、圣迹等这一切的大幻象,而展开的一个空间。然而,这部作品一个最重要的特点,就是写得非常节制,一切的幻象都对应在具体的情境里，并与主体氛围相和谐——如同太阳的炽热与草原冰雪交渗的那样一种温度氛围。所以，它又具有彻骨的可感性。尤其是他对此在场景的具体描述，比如第四章中靠近高原上"最伟大的圣湖"，兼有渔猎，农业的青稞和油菜种植，并建有炼铁的小高炉那个被他名之为"草原之浪"的村庄，在我的感觉中竟那样准确地对应了青海湖以东，那个名叫日月山的村庄。那里曾是诗人昌耀草原流放中的安身立命之地，亦曾多次出现在昌耀的诗作中。海子无疑接触过那些诗作，也应该经过那个地方，但他又以自己的意念处理，使之半真半幻，既准确真切又陌生新鲜，也使原本对这一地方极为熟悉的我心生惊异。

"血儿开始唱歌。那是歌唱泉水和一根用来担柴和盐和茶叶的扁担。""血儿跳起那种名为'闪电''雨'等等这些没有开始没有结束只有高潮贯穿的舞蹈。不用任何乐器伴奏，只有大风，大雨，能召唤这种舞蹈，配合这种舞蹈。"这是一种介于人神之间的描述。但你再一琢磨，便会发现它是来自我们曾非常熟悉的当代文化图像散件，比如20世纪70年代末民歌风味的流行歌曲——《边疆的泉水清又纯》《挑担茶叶上北京》等。而血儿的"闪电之舞"和"雨之舞"，则起码让我极为清晰地想起了张承志在小说《金牧场》中，女知青小遐在月光下的草原上，那一艰涩生存中的青春之舞；身着和服的夏目真弓在落雪的日本山间木屋中，美轮美奂的"元祖花笠舞"——这两次置作者关于女性的生命情感体验于"绝境"的舞蹈。

　　海子1987年后的大多数作品，都带有隐约的气功状态。但这种状态带给他的，并不只是空茫的燃烧，而是将轻微的燃烧，收聚为感觉的闪电之箭，直指事物的本质，海子在此对血儿的描述便是如此。血儿——这个大地上具有魔幻性的精灵，其生命来源似乎无从可考。她"可能是海边两姐妹所生"，在强盗窝中度过了童年时代后，又在一个巫女世家练习了舞蹈、咒语和歌唱。当她被世俗社会作为巫女即将处死之际，意外地被"我们"所救，从此"跟着我们几个流浪艺人踏上了没有故乡没有归宿的流浪漂泊生涯"。海子继而这样书写他的血儿："她在痛苦，闪电和流浪中学会的东西是那些在幸福家庭和故乡长大的女孩子们无法体会到的。她如此美丽，就像树林把自己举到山岗的头顶上……一切少女都会被生活和生活中的民族举到自己的头顶，成为自己的生活和民族的象征。世界历史的最后结局是一位少女。海伦和玛利亚。这就是人类生活的象征。"

　　这部作品中还有一些更为重要的情节，比如关于猎人和石匠都是盲人的描述，这无疑综合了盲眼荷马和盲眼博尔赫斯的意象。而盲眼石匠在山上永无休止地建造一扇"这世界上独一无二的石门","石门中有无数辨认不清的小石门",还会让人联想到西西弗斯之往山顶永无休止地推滚石头；博尔赫斯小说世界"小径分叉的花园"和"迷宫"的内在结构；想到米开朗琪罗、维特根斯坦等艺术文化巨匠，用他们那种人类世界内在原理、定律式的文化艺术成果，建造通向人类精神艺术殿堂之门的意念。

这扇门，用石匠的话说，就是"如果世界上少了这一扇石门，世界就不完整。而且世界简直就没有了支撑"。

而这扇门，它在海子为之纠缠不休的意念中，又转化为海子自己的门，他自己的建筑，并使他在气功的恍惚状态非常清晰地说出这样的话来：

巨大的石门越来越不接近完成。
巨大的石门有一种近乎愚蠢的表情。

这越来越"不"接近完成，似乎正是他对自己"太阳"诗歌系列写作暗喻性的醒悟和独白：由"七部书"而至"十部书"而至更多，但几乎每一部都未彻底完成。每一部还未完成时，便有新的冲动、新的思想气浪云海般涌入。越是进入纵深地带，打开的天地越是广阔，眼中的风景越是气象万千，以至终其一生也无法穷尽。这或许就是造化留给那类天才艺术家使之绝望的宿命。当不曾领略过此中风景的我们，自以为是然而又是愚蠢之至地从社会际遇、个人处境等角度，去寻找并解释一切天才艺术家自杀的原因时，我们所忽略的，或者是我们根本搞不清楚的，恰恰是这最致命的部分。

最伟大的艺术，便是那种褪去了聪明、精致、机巧，而显得笨拙、滞重、麻木，以至呈现"愚蠢表情"的艺术，这不是海子的发现和独悟，却是他在自己的创作中看见并接近的一种状态。然而，海子这呈示着"愚蠢表情"的太阳系列，又意味着它之于"聪明"欣赏趣味的尴尬——我们这个时代尚缺乏足够合格的读者来面对它。

我在后边将集中谈及的海子之于气功的写作，在这部作品中已密布着的暗燃的火苗。

流浪艺人、炼金术士、幻象世界的漫游者，以及太阳与雪、雨、草原的知心人这多重身份的叙述，使这部作品成为西部草原的羊皮书。

在既有的"太阳七部书"中，有四部作品可分为两个系统并构成了相互对应，也就是说，它们在主体意象、主体场景的内在构成上，存在着一种对应的同构关系。这就是《太阳·你是父亲的好女儿》之于《太阳·弑》；《太阳·诗剧》之于《太阳·弥赛亚》。在我看来，"七部书"中最为重要的个体，亦即"七部书"的主体建筑，当是由《太阳·你是父亲的好女儿》《太阳·弑》《太阳·弥赛亚》和《太阳·土地篇》这四部作品构成。所以,我将在下面重点谈及后三部时,把《太阳·诗剧》纳入与之对应的《太阳·弥赛亚》来一并论述。

3. "七部书"核心的太阳

3幕30场诗剧《太阳·弑》是海子唯一一部彻底完成了的作品。从1988年6月13日动笔到9月22日完成,再除去此间他的西藏之旅,这部作品写作所用的实际时间在70天左右。因此,具有一气呵成的性质。诗人西渡在对"七部书"诸篇进行了冷静的诗学考量之后谈道,他愿举《太阳·弑》为海子长诗的代表作。因为这部作品有着"相当匀称的结构和丰富的诗意"。

关于这部诗剧的写作,苇岸曾在他有关海子的日记体纪念文章中有所记述:"1988年7月7日,晚上去政法大学新校海子宿舍……他正在写一部诗剧,一位政治领袖在诗剧中的诗赛上获得了第九名……"写这篇文章时,苇岸不曾见到过诗剧全貌,所以,这里的表述和诗剧的梗概出入较大。《太阳·弑》的基本情节如下:

以暴君统治保持自己王位的巴比伦国王,因为唯一的王子自小失踪,所以在其垂暮之年,决定以在全国举行一次诗歌大赛的方式，选拔自己王位的继承者。这种貌似的慷慨其实更是一种残忍之举。因为王位只有一个，而所有的竞争失败者都将被处死。这也就意味着，这个唯一的王位必然以无数参赛诗人的人头为代价。并且，进入决赛的两个诗人中的获胜者，还必须亲手杀死失败者，以作为王位的祭品，亦即"让一个人踏着另一个人的头颅走向王座"。

大赛开始若干时日以来，在坐着由国会元老充当裁判官，盔甲武装的兵士两旁站立，类似宗教大法会气氛的主席台上，一批批竞赛失败的诗人：钺形无名人、小瞎子、稻草人、流浪儿、纵火犯、酒鬼……先后被五花大绑地押送而过，前往刑场处死。最后只剩下来自西边沙漠草原之国的猛兽、青草、吉卜赛，以及前来寻找妻子的宝剑，这样四位青年诗人。

宝剑与另外三位青年是患难兄弟。当年在沙漠草原之国时，青草和吉卜赛同时爱上了一个叫作红的女子，而红却爱上了宝剑，青草和吉卜赛因此离开故乡。红与宝剑此后结了婚，但结婚之后，红又鬼使神差地离开宝剑，来到巴比伦国，并且神经错乱。

而现今这个在位的巴比伦国王，当年又是由魔王、天王（他在另一时间、另一地点名叫洪秀全）血王、乞丐王、霸王（他在另一时间、另一地点名叫项羽）、闯王（他在另一时间、另一地点名叫李自成）、无名国王等十三位行帮帮主结拜的

"十三反王"中的老八。当年的"十三反王"天不怕、地不怕,以数十年间"刀尖上舔血"的日子,推翻了一个有几千年历史的老王朝,从此夺得天下,并推举老八为他们新的王朝——巴比伦国国王。

登上国王王座的这位老八,又是一个怀有宇宙大同之梦野心的诗人政治家(他的诗歌,是"一个黑暗的人写的","一个空虚之手暴君之手写下的,但里面有一个梦,大同梦")。为了扬名万世,他不顾12兄弟和天下百姓的劝告而横征暴敛,决意要修造一座巨大无比的太阳神神庙。神庙终于修成,而国中的百姓也死了将近一半。于是,曾是其把兄弟的12反王重新起来造反,但不幸的是,其中的11位被抓获处死,只有最小的第十三反王在众兄弟的掩护下安全脱逃,到西边建立了一个沙漠草原之国,在逃离时,他带走了"十三反王"中老大的儿子猛兽,并偷走了巴比伦王的婴儿宝剑。

第十三反王不但是众反王中最年轻最勇敢的一个,还是世纪交替之际最伟大的诗人。青草、宝剑等四位青年乃至红,都是受他的影响熏陶而成为诗人的。青草等三位青年此番参加诗歌大赛的一个秘密使命,就是受他的指派杀死巴比伦王以复宿仇的。

……眼看着只剩下怀有秘密使命的这三位青年诗人,开始残酷的诗歌角逐了。猛兽因听从了女巫"三兄弟必须分开单独行动"的告诫,也不忍兄弟间的相残,提前用火枪干掉了自己。决赛时,青草为了让吉卜赛不受心理干扰地完成共同的使命,也决然自杀。当最后的胜利者吉卜赛上场时,他的精神已几近崩溃。现在,他离实现自己的使命只有一步之遥。当裁判官大祭司宣布了他继承王位的资格,他从巴比伦王手中接过象征王权的宝剑后,毫不犹豫地刺向对方。

然而,吉卜赛刺死的,却是他当年深爱过的红——精神错乱的红由于意识被操纵,自己要求装扮成了巴比伦王,而老谋深算的巴比伦王则装扮成了大祭司。中了奸计的吉卜赛愧愤难当,当场执剑自裁。

红在临死前神志恢复,认出了装扮成大祭司的巴比伦王,并让他找来宝剑做最后的告别。而本是为了前来寻妻的宝剑,此时无可回避地跻身于这场血腥的残杀之中。

两个最关键的人物终于直面相对。嘈杂模糊的舞台使两人的对话如在大山的洞腹之中,只能听见片言只语。宝剑向老迈狡诈的国王愤怒地兴师问罪:你杀死了我两个儿童般纯洁的兄弟,我现在就要拧断你的脖子去喂狗……

但血气方刚的宝剑根本不会想到,整个事态都是完全按着巴比伦王的设计进行的。

此时已喝下毒药,只有一个时辰可活的巴比伦王临终道出了事情的真相:红是我的女儿,你是我的儿子。你自小失踪，红长大后就出门寻找哥哥，没想到遇见了你，爱上了你，与你结了婚。后来有人告诉了她，她就离开你回到家乡，从此就发了疯。我只想把王位传给你，我干了一切为你可干的事，给你留下了这铁打的江山和黄金的土地……

这最终的真相将宝剑亦置于负罪的境地，使宝剑感觉到了他与国王两人生命的肮脏，他随之面对国王这样说道："黑暗的今夜是你我的日子，明天的巴比伦河上又将涌起朝霞的大浪。我的兄弟和爱人又会复活在他们之间。在曙光中，只有你我不会复活。"

接着，已经成为王子的宝剑斥退廷臣、走出王宫，在开满野花的道路上一阵狂奔之后拔剑自刎。

——这就是《弑》。弑便是杀！杀君、杀父之杀；以及兄弟间的残杀，人类内部的残杀，它因此而显现着大地的灰烬品质。但是，当这种残杀又高扬着以太阳和诗歌为旗帜的角逐，它所呈示的，则又是大地的火焰品质。

"大地的秘密已囤积太多。"而《弑》，便是要破解这囤积太多的大地的秘密：权谋争斗、王位角逐、血缘迷乱、骨肉相残、你死他疯、无一胜者。黑夜收裹一切尸体，朝霞又使大地复活。而指使这一切，导演这一切的，不是炫目的王权本身，而是来自最黑暗最古老也是最为本质的大地的魔性！这魔性含纳着神性、爱、建造、太阳神庙的属性，又是它本身的邪恶、狞厉、毁灭天性和地狱品性的自在呈示。代表着大地黑暗的本质和法则。

面对如此触目惊心的作品我们不禁会问：三四年前那个歌唱河流、月光、爱情，为村庄、草原而感伤的天才少年诗人此时安在？

我们于此不难看出，《太阳·你是父亲的好女儿》之与《太阳·弑》两部作品之间的内在延续性——人物构成上，血儿之于公主红（这甚至包括她们的名字在感觉上的同一色彩），也那、五鸟、札多、"我"，之于猛兽、青草、吉卜赛、宝剑。场景地址上西部沙漠草原和废墟上的石门，之于巴比伦国的太阳神庙及其西边的草原沙漠之国。

然而两者之间却又存在着截然的分野。前者是抒情的、炽烈的，具有一个烂漫少年向着流浪艺人过渡的江湖气息的温润；而后者则是一种绝对的父本范型，它集阴沉、残酷、手段、权谋、威严、王座于一体，以一种强力父性在太阳神庙和人类大同之梦中诗性与野心的高蹈，出示大地之魔的品质。如果说，它尚不关天空的事的话，那么，这便是大地上最终也是最权威的力量。笨重黑暗、金刚不坏。

《太阳·弑》显示着海子在他成长历程中一种断裂性的跨越。他长久地将自己压缩在少年天才的位置上，不肯向青年期过渡；而当少年天才的写作积压到一个爆炸的临界点时，他又直接越过青年期而跳入阴鸷宏富的壮年期，进入那种巨匠类型的写作。这种跨越，犹如锐利的鹰隼之于翅翼垂天的鲲鹏之变。

的确，这部诗剧中环环相扣的机谋诡诈，以及对深不可测的险恶人性的体认，与那个纯净温暖的"天才乡村少年"完全判若两人。而作为诗剧，他于其中对多种语言系统的调动和匪夷所思的戏剧性情节设计，同样让人惊诧。诸如诗剧中来自中国历史和民间本土的各种语言元素，逼真地还原出了大地原生性的粗糙质地，以及民间场景驳杂的多声部交响。

比如诗剧中多处出现的像《摘棉花谣》《看守瓜田谣》这类中国民间谣曲："小河流水哗啦啦／我和姐姐摘棉花⋯⋯""老怪物，上了场／没有枪的也有了枪／老怪物，上了场／不是王的做了王⋯⋯"；再比如"仗是山上打，人在病中死"这种民间谚语；所谓的"十三反王歌"——"十三反王打进京／你有份，我有份／十三反王掠进城／你高兴，我高兴／⋯⋯十三反王进了京／不要金，只要命／人头杯子人血酒／白骨佩戴响叮叮"，这类集童谣的活泼和江湖的野悍于一体的民间原生语言意味。

而公主红许多这样的独白：在这铺设着全套自来水管道的巴比伦城，"没有大雪封山时人类心底的暖意"，"我爱一切旧日子，爱一切过去的幸福。爱那消逝了的白云"，则又呈现着心灵在对自然美色的憧憬中，致命的温情和典雅。

更让人惊诧的是，海子在这部诗剧中，还表现出了一种常人所不能的特殊能力——对精神错乱者思维状态的准确把握和语言上的逼真拟仿。比如，宝剑与失散许久且已精神错乱的红首次见面后，向红问道："这些日子你上哪儿去了？找得我好苦啊。"而红的回答则是："我哪儿也没去，我待在我女儿家里。她前些日子刚生下我……"随后，她又向宝剑这样说道："我不是公主，我是公主的影子……她走到哪儿我就跟到哪儿。我是身不由己，我是她的证人，我是她沉睡的证人。你看见，我们影子总爱在地上躺着睡着……我们可以没有身体的睡在那儿……""我们是一些酷似灵魂的影子。在主人沉睡的时候，万物的影子都出来自由地飘荡。"诸多事实表明，精神错乱者往往能看到常人看不到的事物的"真相"，因而，也能发出常人所不能发出之言。的确，这是我见到的关于影子与人的最独特最精彩的说法，也是我见到的关于影子与灵魂最独特最精彩的说法。

毫无疑问，这种语言格调上的强度反差，或者叫作杂色，正是海子杰出的语言能力的呈示。更是一部作品获得丰富性的重要元素。

诗剧中以下这样一些荒诞的情节设计和语言处理，更是会在我们的阅读中引发一种不可名状的知觉高潮：

比如已经处于神经错乱中的红对宝剑介绍她的两位车夫："这是我的两位车夫，一个叫老子，一个叫孔子；一个叫乌鸦，一个叫喜鹊。"继而，疯公主又进一步对宝剑演示："老子！乌鸦！快叫一声！给沙漠上的王子听听！"剧中的动作提示是，"那老人哇哇呜呜地叫了一阵"。接着，她又唤来"孔子"同样地演示了一遍。当你想象着两位圣人在一位疯公主的指使下，于舞台上肥鹅一样拍着膀子呱呱地表演，无论如何都会忍俊不禁。在我看来，这大约是对这个世界荒诞本质最具表现力的荒诞表达之一。在这里，疯公主的混乱思维和确切的原型特征抽象相缠绕，便产生了亦真亦假、假中有真，进而让人捧腹的荒诞效果——孔子一生中四处讲经布道，其行为和学说的入世色彩，与老子留下5000字的《道德经》后出关隐遁的神秘，的确与叽叽喳喳的喜鹊同略显语笨的乌鸦，形成了一种对应。

因之，海子对于特殊事物本质抵达中这种荒诞化、谐谑化的处理，往往便释放出微妙的、意味丰富的多义性。又比如巴比伦国王从"在这个阴暗的死亡渡口／我自身的魔已经消失／却出现了这么多熟悉的幽灵"这样的独白中登场后，接着又突然跳入一个大相径庭的语言场景："这么多死去的同志们，同志们，你们好！／矛！盾！戟！弓箭，枪，斧，锤，镰刀！"——这样的台词表述，实在是微妙至极。矛、盾、戟、弓箭等冷兵器与巴比伦王身份和时代的对应；枪、斧、锤、镰刀，与向"同志们"致意的现代政治大人物身份的对应（它起码让人想到了苏联时代的政坛大人物们），当会使你在会心的一笑之后不再置言，使人不可置言的东西便是"妙"，所谓妙不可言。

这是不可言传的会心之笑，你在下边的场景中，还会被挑起神经性似的开怀大笑。那是诗歌竞赛失败后即将被处死的酒鬼，从幕后到前场做无用的落荒而逃时的丧胆狂号："我再也不想当诗人啦！／我再也不当诗人啦！／我不是诗人啦！我是烈士啦！／我永垂不朽啦！⋯⋯"在 20 世纪 80 年代以来的中国，所谓的青年"诗人"多如过江之鲫，三教九流也混迹其中，这一情节设计，正是对这一现象荒诞性的呈现。

《太阳·弑》是 1988 年海子创作的一部奇迹性的作品。它将人类文化中的多种信息，尤其是把本时代与广大民间的众生百态植入古典场景的大幻象中，展现出人类历史寓言和社会政治寓言特有的震撼力。

关于这部诗剧，当你设想着歌德如果只有《少年维特之烦恼》而没有写出过《浮士德》，那么歌德的名字便根本不配使人敬畏时，你可以同样以此看待《太阳·弑》相对于那些杰出的麦地、村庄、草原的短诗，之于海子作为一个诗人的意义。

《太阳·你是父亲的好女儿》中，有一个由盲眼石匠打造的类似神殿前的高大的石门。而长诗《土地》在"七部书"中就是那座石门性质的作品。骆一禾在为《土地》单行本所写的序言中，认为它是七部书里最完整、最有涵括力的一部，是"七部书"的顶峰。综合其他材料看，骆一禾的看法也表达了海子对这首诗的自我判断。

《土地》完成于1987年8月。而在8月30日，海子书写了一首特意在诗后注明是"醉后早晨"所写的《日出——见于一个无比幸福的早晨的日出》的短诗。这是一首使他兴奋得简直不能自已的诗：

在黑夜的尽头

太阳，扶着我站起来

我的身体像一个亲爱的祖国，血液流遍

我是一个完全幸福的人

我再也不会否认

我是一个完全的人我是一个无比幸福的人

我全身的黑暗因太阳升起而解除

我再也不会否认　天堂和国家的壮丽景色

和她的存在……在黑暗的尽头！

这种大醉之后，经清晨的朝阳浴洗如获再生的清旷的幸福感，具有一种巨大的情绪感染力。而从以上时间判断，他之如此痛快地大醉了一场，无疑是因为历时整整一年后，其长诗《土地》的终于完成。联系到他1986年11月18日那篇日记中："《太阳》第一篇越来越清晰了。我在她里面看见了我自己美丽的雕像……我现在可以对着自己的痛苦放声大笑！"这对正在创作中的《土地》预期性的兴奋；再依据这首诗中他看到的"天堂和国家的壮丽景色"，"我全身的黑暗因太阳升起而解除"这一升起中的"太阳"，我们更不难感觉到他这场痛快的大醉是缘之于这部《土地》的完成。

这无疑表明了海子本人极为看重这部长诗。

我之所以称《土地》为神殿石门性质的作品，是因为这部作品本身的重量及其神性充溢的品质。海子所有的作品都充斥着激情，这使他既得之于此，也失之于此。因为情感过烈往往会导致作品被烧伤；心气太狠，投入过大，常常会使材料的元素洪流形成对作品框架失控性的泛滥。《太阳·断头篇》就是一个典型例证。海子"太阳系列"中诸多的长诗都未完成，在某种意义上也是基于这一原因。而《土地》中的激情，却得到了形式框架的有效控制，因而体现了长诗写作中关键的"完形"能力。海子在1987年11月14日的日记中写道:"现在和这两年,我在向歌德学习精神和诗艺。"这其实是在说,他已从追慕荷马而至仰望歌德。因为在海子看来,《浮士德》最为主要的,就是宏大指向上的"完形"品质。而荷马诗史,则是浩瀚的,泛滥性的。

这部作品之以"土地"命名,首先是基于土地作为万物之本的派生力,及其伟大的承载力。而他以一年的12个月作为这部长诗的12章,实际上是以自然界生命的一个轮回,规定了这部长诗的构架。将蒸发性的物体控制在一个容器内,强力压缩是唯一的办法,压缩不是减少,而是单位容积内密度和重量的增大。也就是一个物体质量意义上的"沉"。

这部长诗给我最强烈的感受,是它内容涵盖上对《圣经》那种"全书"类型的想象。换句话说,《圣经》从创世记到史记到先知书到箴言、雅歌等希伯来民族的全书性质,便是海子在这部《土地》中所要奔赴的目标。需要特别强调的是,在从事这一工程时,海子以燃烧的激情和良好的控制力,通过对全诗各部分材料的有效剪裁和提炼,使12个章节以清晰的独立单元,确凿地凸起,犹如在太阳神殿广场竖起的12根石柱。这因而使它既不似《断头篇》,也不像我将要在后边谈及的《诗剧》和《弥赛亚》那样,呈现着一派烟焰燃烧的弥漫感。

关于这部长诗的构架和主旨,第一,它是海子对有自己疼痛记忆沉注于其中的20世纪中国土地的理解，比如第三章的"土地固有的欲望和死亡"，第四章的"饥饿仪式在本世纪"，第十章的"土地的处境与宿命"。第二，是从这一苦难土地上生长起来的诗人自己，对这片土地上"大地的艺术"刻骨铭心的丰富感应，比如第五章"原始力"由豹子等猛兽象征的血腥的大地之鼓，第六章"王"中以"陶土的灯，野猪的灯"和史前崖画为代表的粗糙的原生态艺术，第七章"巨石"中以西藏为原型的岩石式的建筑艺术，第九章"家园"中敦煌、云冈、麦积山、龙门的佛窟艺术。最后，经诗歌而进入由艺术和神性合一的，人类最终的自由之道——第十二章"众神的黄昏"。在轮回的意义上，黄昏也就是朝霞。

《土地》的写作从时间上说，是在紧追着《断头篇》之后的第三个月开始的。因之，它的主体基调，是《断头篇》中海子所钟情的印度毁灭之神湿婆神的延续和充分展开；原始力和王的野蛮、肥硕、粗重、凶残与海子本人内心痛楚激越的血战。从而使之既复合了土地浩瀚的灾难这一本质，又映现了作为土地之子的诗人寻求超越之道，而置自己于两面巨大的铜钹拍击中的热穆：

沉闷的心脏打击我！露出河流与太阳
我漠视祖先

在这变异的时刻　在血红的山河

一种痛感升遍我全身

关于海子的长诗不及短诗的说法，似乎是当代诗界的一个定论。但此处所引述的这一诗段，把它作为一个独立的断章放在海子最优秀的短诗中比较，我以为也绝不逊色。而在海子的《土地》和整个的"太阳系列"中，这样的断章则比比皆是。

野蛮、粗重的原始力的土地上，是一匹抽身为灵的凶悍矫健的豹子，"诗歌的豹子抓住灵车撕咬"；"大教堂饲养的豹子　悲痛饲养的豹子……追赶我就像追赶一座漆黑的夜里埋葬尸体的花园"；"灰蓝的豹子　黑豹子　这些梦中的歌手／骑着我的头颅"；"豹子　在丰收中　骑着我的头颅"……海子完全被豹子的气息所附体，恍然一个新生的王者，年轻、凌厉，不断踩踏着大地的原始生命洪流，然后纵身一跳，在神殿广场那12根石柱的顶端，如同踩着梅花桩般地扭动着腰肢，伺机追逐下一个目标。

这时,《土地》献给太阳神殿广场上的12根石柱已栽立完毕：敦煌、麦积山、龙门、云冈；耶路撒冷、罗马、埃及；海子在第二章"神秘的合唱队"中排列的诗人谱系："暴君家族最后一位白痴"的荷尔德林，以及雪莱、梭罗、陶渊明、韩波、马洛、庄子；第八章"红月亮——女人的腐败或丰收"中的洛神；第十章"迷途不返的人——酒"中的叶赛宁；第十二章"众神的黄昏"中，灯中囚禁的奴隶和巨人米开朗琪罗，太阳和土地上盲眼的荷马……于石柱顶端一一鼎现。"豹子"俯瞰自己的山河，发抒了这样的胸臆：

我的诗　追随敦煌　大地的艺术

我的诗，有原始的黑夜生长其中

灯中囚禁的奴隶　孤独星辰上孤独的手
在你的宫殿镌刻我模糊的诗歌

荷马啊
黄昏不会从你开始　也不会到我结束
…………
荷马在前　在他后面我也盲目　紧跟着那盲目的荷马

土地上的生命在人类的诗意要求中解脱了苦难和沉重，却在一个轮回的意义上再次被土地赋予了重量。

扑入大地和黑暗的艺术，扑入艺术奴隶般的米开朗琪罗和大地黄昏中的歌者荷马的艺术，伺机下一个目标的"豹子"，将向何处再次发起血淋淋的冲击？

严格地说，《土地》是一首没有彻底完成的诗篇。在其第二章"神秘的合唱队"诗人谱系最后的韩波、马洛和庄子三人作为标题的名字下，无一例外地只在括号中注明了"颂歌体散文诗"，却都没有正文。从这个意义上说，它又的确使《土地》成为"太阳系列"的太阳神殿前，一部石门性的作品——门由此打开，现有的这个诗人谱系，将随着海子在太阳神殿内步步深入的看见，而在一年多后的《太阳·弥赛亚》中更加庞大。

《太阳·弥赛亚》是一部未完成的作品，末尾也未标明写作日期。骆一禾在他的《海子生涯》一文中，把《弑》视为海子长诗的最后一部。他写道："在海子《七部书》中以话剧体裁写成的《太阳·弑》，可验证是他长诗创作中最后的一部。"

而我把《弥赛亚》列为海子"太阳系列"中最后的一部，是依据海子本人在这部长篇开始的"献诗"部分的表述——"让我再回到昨天/诗神降临的夜晚/雨雪下在大海上/从天而降，1982/我年刚十八，胸怀憧憬/背着一个受伤的陌生人/去寻找天堂，去寻找生命"，最后：

却来到这里，来到这个夜晚

1988年11月21日诗神降临

  从诗中的情绪迹象看，长约210行的这个"献诗"部分，似乎是一个独立书写的篇章，它明显地暗含着海子以对自己诗歌生涯的回顾，作为即将离开这个世界的交代这样一种心迹。"献诗"部分1988年11月21日动笔，12月1日完成。而《太阳·弥赛亚》则由"献诗""太阳""原始史诗片断"这样三个部分构成。其中主体部分的"太阳"和"原始史诗片断"，动笔的时间似乎要早于"献诗"。但无论如何，当海子以"献诗"对其进行重新组装时，无疑又对后面这两章施行了全面的修改手术，尽管它最终未能彻底完成，但一个相对统一独立作品的所有要素已经具备。也就是说，它以残缺的形体具备了独立的、作用于阅读的完整性。《弥赛亚》就是在这个意义上成为海子长诗绝笔的。

  所谓的"弥赛亚"，本为希伯来语 māshiah，古代犹太人君王和祭司的称谓。在基督教中，则被用希腊语称作基督，是基督教对耶稣的专称，意即上帝派遣的救世主。耶稣本人30岁左右时在犹太各地传教，宣称"天国将至"，人类应当忏悔原罪，以爱心救己救世，并抨击犹太教当权者。后因此被拘捕，在接受审讯时宣称"我的国不属这世界"。遂被处以极刑,钉死于十字架。死后第三日复活,第四十日升天。

在海子写下《太阳·弥赛亚》前边的"献诗"部分时,我想他一定是悲欣交集的,而我的阅读也处在悲欣交集中。"通向天空的火光中心雨雪纷纷",生命冲腾的火光在最后的时刻,转换为落在大海上的纷纷雨雪。这是生命以它火光的余焰与宇宙中大劫的雨雪,在至死的相克中生成的最后一幅茫然而绮丽的幻象。接下来,便是火光熄灭,雨雪铺天盖地。

在这最后的时刻,他说:

在此之前我写下了这几十个世纪最后的一首诗

献给你,我的这首用尽了生命和世界的长诗

献给你,我的这首用尽了天空和海水的长诗

所谓的"这首长诗",从宽泛的角度上说,是他自1985年开始与太阳相遇以来的整个"太阳系列",也可用他拟议中的"太阳七部书"来表述;而具体地说,当是指他的《太阳·诗剧》和《太阳·弥赛亚》。在对"太阳七部书"的反复阅读中,我的一个强烈的感觉是,这两部长诗实际上是一部更为宏大的长篇中,各自独立的两个单元,并且,这部长篇起码还应该有之三,乃至之四。

而这个长篇的总标题便应该就叫作《太阳》,所谓的"诗剧",则是对《太阳》这个长篇体裁的标注。

我们现在把这其中的一首用《太阳·诗剧》来命名,试想,"诗剧"这个作为一种文体的专有名词,怎么能够成为一首诗的标题呢?

其实,搞清这个问题并不困难,在《海子,骆一禾作品集》这部诗选中,编者就移植了该诗在《十月》上发表时的标题原版——"太阳(诗剧·选自其中的一幕)"。骆一禾开列的"七部书"篇目也有相似的表述——"诗剧《太阳》。"

而我之认为《太阳·诗剧》和《太阳·弥赛亚》是诗剧《太阳》这一长篇的两个单元,首先是因为它们各自标题之下括号中的标注。据此可做出这样的综合表述:

诗剧《太阳》——

1. "X"(《太阳》中的一幕)

2.《弥赛亚》(《太阳》中天堂大合唱)

A. "献诗"

B. "太阳"(第一合唱部分:秘密谈话)

C. "原始史诗片断"(作为"太阳"这段经文的补充部分)

"1. "X"(《太阳》中的一幕)",这是我的表述,其下的所有部分都是该诗的原版表述。我之所以这样表述,是根据其下的表述所进行的逻辑推理。《弥赛亚》之作为"(《太阳》天堂中大合唱)"的一部分，那么，就可以断定它只是这个总名为《太阳》的诗剧中的一个单元。而现在的《太阳·诗剧》标题下的标注"(选自其中的一幕)"，所说的正应该是"(选自《太阳》中的一幕)"。"'太阳'是选自《太阳》中的一幕"这个表述肯定会让人不知所措。所以，像"(《太阳》天堂中大合唱)"这一单元有个《弥赛亚》的标题一样，这个以赤道为地点的诗剧，作为"(选自《太阳》中的一幕)"也应该有个标题。这个标题，就是我所称的"X"。海子当初将它冠之以《太阳》拿出去发表，只不过是权宜之计，如果他最终会将这个长篇诗剧《太阳》写完，并能亲自对它们进行有机组装，无疑会给这个"X"做出确切命名。这是其一。

其二，是因为这两部长诗在海子主体情绪的体现上，那种突入天空和太阳之后，一派大火焚烧、烈焰熊熊的相同图像，两者之间紧密咬合的承续性。相同的主体情绪中的写作只能为同一主题所召唤，不可能是互不相关的多种产品。

但尽管如此，为了论述的方便，我在下面还是分别使用《太阳·诗剧》和《太阳·弥赛亚》这一标题。

《土地》中逡巡于神殿石柱顶端的豹子，于此突入通向太阳之路，开始了它自焚性的仰冲。这条道路，海子把它称之为"赤道。太阳神之车在地上的道"。《太阳·诗剧》在文体上虽是诗剧,但却没有《弑》的那种可表演性。因为这其中被称之为"人物"的,是太阳、猿、鸣这样三个意念性的形象,并且没有对话、情节发展、动作提示等作为剧的诸种要素,只有这三个意念性形象与各自的派生形象——太阳之于太阳王,猿之于三母猿,鸣作为声音的象征之于"民歌手"的声音、"宝剑"的声音的独白。此外,"人物"中还有一个报幕者——由"盲诗人"担当的司仪。

虽说它没有《弑》的那种可表演性,但海子还是在朋友的鼓动下,一起拜访了空政话剧团团长兼导演王贵,尝试使之舞台化的可能。孙理波曾回忆了这样一段往事:

一天晚饭后,海子来我的屋里,送我一本他刚打印的诗集《太阳(诗剧)》。我翻了一下里面的内容,有司仪、有合唱,顿时感觉像是古希腊的某个剧本。便说,这是一部可以用来演出的本子啊。他抬头朝我笑了笑,我说,你还别不当真,我带你去见一位话剧导演。

随后的一天下午,他们坐车到了市区,然后步行到位于灯市口附近王贵的家中,王因当时导演了一部反映知青生活的《WM.我们》的话剧而受到批判,此时正赋闲在家闭门思过。

听了海子对诗剧的介绍后，演员出身的王贵立马来了精神，站起来做了几个动作，想象着把它演绎成一台戏的情景，并对本子表现出很大的兴趣。随后，还提出如何把现有的诗剧改编成话剧剧本的问题。"走出王导的家，在灯市口大街海子一路高兴，一路都在与我谈论（这个话题）。"

孙理波后来为此又与王联系过几回，但因对方当时正在做检查没有心情而告吹。

《太阳·诗剧》开始的第一句便是，"我走到了人类的尽头"。关于这一表述，我以为它既是悲惨的，也是骄傲的。没有真正突入生命形而上的绝望之境的人，是无论如何不会被其悲惨的心境揪出这样一句话来的。而它的骄傲就在于步入这一绝望之境后，不但没有被毁灭，反而能涅槃性地面对天空说话。"走到了人类尽头"的人，便意味着他不再是人，他步入天空的幻象中，便意味着他以这幻象中的一个发声器，来表述人类不能看见的天空中的景象。这也就是这部诗剧中的"人物"，都是非人的意念性形象的原因所在。它实际上正是一匹土地上野蛮的豹子，扑向赤道后的一分为三，成为——太阳、猿、鸣。

然而此时的海子又尘根未断——我们不能忽略这部作品动笔于1985年，而至1988年6月1日才一次性修订完毕这一背景。所以，它必然压缩了海子现世的许多复杂情感。因此,紧追着"我走到了人类尽头"之后,他又强调——"也有人类的气味/我还爱着"。也因此,他又记写了自己在"人类尽头的悬崖上",所见到的三行神谕:

一切都源于爱情
爱情使生活死亡。真理使生活死亡
与其死去!不如活着!

这当然是海子本人感悟到的三行神谕。前两行既表达了生命残酷的悖论——生命源于爱,以爱的刻骨铭心而转换为爱的折磨、爱的沉重,而毁于爱;又体现了人类以爱为种属延续链条的古老而伟大的力量。这里映现的,当是海子爱情纠葛中的心理信息。如果后面"三母猿"的出场一定要有什么意念依据的话,那么,当是与他曾经的三个女友有关。而海子之感到他一定要冲入太阳,并非完全异想天开的谵妄,而是出于一种"超人"的思想:打破大地万物之间的平衡与和谐。和谐的本质就是万物在对应、适应关系的建立中,所呈现的平衡状态;但恒定的和谐又会走向"反和谐",使这种平衡关系走向束缚、老化、僵死。如同爱的和谐同时意味着爱的依赖、爱的束缚一样,这也同样是大地的本质。而只有不断地打破这种和谐,生命才能不断地向更高形态上升。它的终极，就是抵御爱的滋润、爱的束缚，达到一个生命完全的自足——亦即佛教中的大力金刚。人类世界能够由人的生命而最终进入这一境界的，在海子看来只有三位，这就是世界三大宗教的创始人耶稣、释迦牟尼、穆罕默德——"三只胃像三颗星辰来到我的轨道"。而即使如此，还未抵达海子想象中的终极——他们的事业仍是有关地上的事业。海子的终极，就是超越大地——这是一个与太阳重合的位置。

"让我离开你们 独自走上我的赤道"，"让我独自度过一生"。然而，大幻象中烧伤了的他又偶尔怀着人类的清醒："我为什么突然厌弃全部北方 全部文明的生存？"他因而要化身为日。但他又非常清楚，"面南而王是一个痛苦的过程"。这因而导致了他在后面忽而刚果雨林，忽而澳洲、南极、印度、爱琴海的飞翔于整个地球上的精神搏杀：无数的斧子，"汪汪"鸣叫的火，"嘎嘎"啼呼的血，抬着大海和沙漠前进的无头勇士，飘忽凌厉的剑……在这部作品里，如果我们尚能从诸多电光一闪的诗句中，获得某些人类经验刻骨铭心的感受的话，那么，它"火轴"展开的天空，则是一场没有头绪可理的宇宙混战。其情景，恍然就是在"俱庐之野"展开的，印度历史上那场毁灭性的"十八日"大血战。至此你会突然明白，海子为何会对《摩诃婆罗多》这部印度大史诗，有着超乎寻常的喜爱。

而这场宇宙混战中唯一清晰凸显的,就是"日 抱着石头 在天上滚动"这样一个"魔头"的形象。

诗歌的杯子纷纷在我的头颅里啜饮鲜血。

——他的诗歌就是在这种越过人类知觉边界的状态下产生的。

那些树下的众神还会欢迎我回到他们的行列吗?

——他在《太阳·诗剧》的末尾这样发问。这种发问既有太阳神角色式的自负,又有一种俗世的茫然。

大火焚烧,大火由翻卷冲腾的黑红色而至清澈纯粹的炽亮。宇宙在大火中清澈,现出本质——在《太阳·弥赛亚》中,站着这样三位人物:成吉思汗、维特根斯坦、赫拉克利特。这是站在宇宙本相中三个大地上的人物。

成吉思汗代表着人类生命的青春,代表着炽烈的原生生命那种摧枯拉朽、排山倒海的意志力和能量。

哲学家、语言学家和逻辑学家维特根斯坦研究数学中的哲学问题,他在繁复的大千世界拔冗去赘,以石头和几何线条描述宇宙本质。

古希腊哲学家赫拉克利特用火描述宇宙的生灭规律：火是万物的本源，宇宙万物中一切都是火符合规律的燃烧和熄灭的结果；宇宙处在以火为本的上下垂直形态的循环中，即"土变水，水变气，气变火"和相反的"火变气，气变水，水变土"构成了生命的上升和下降之道；上升之道和下降之道是同一条道路。这一表述对海子极为重要：生命在这种上天入地的致命循环中，产生唯那类"超人"独有的生命的大质量。

"世界起源于一场秘密的谈话"——这是《弥赛亚》第二部"太阳"标题下的题注。参与谈话的人物有铁匠、石匠、打柴人、猎人、火；在第三部分的"原始史诗片断"中，又介入了一位名叫"二十一"的陌生人。而这所有的人物，其实都是海子一分为若干的他自己。这个"二十一"，是1985年与太阳相遇时，时年21岁的他，石匠对应维特根斯坦，猎人对应成吉思汗，打柴人也就是火对应着赫拉克利特，而最终都是海子生命中若干精神元素的代表。

这所有人物都在天空与大地连结的天梯间，上上下下地出入——这就是这出诗剧的地点。

而这里所谓的"世界"，就是他的这首"太阳"。或者说，是他的"太阳系列"——它与世界叠合，也与宇宙叠合。

"青春！蒙古！青春！"

"疯狂的太阳　把他的职业　他的战争
和他的侵略本性　赋予了蒙古人种"

"成吉思汗　我与你
锁在同一火链子上
绕着空荡荡的
北方的　和平的天空"

"我不能在这时要求和平"

——这是住在他生命中的成吉思汗。

"公式　石头
四面围起
几何形式
简洁而笨重"

"事物巨大

事实简单

事件纯粹而精确

事情稳定"

——这是住在他思想中的维特根斯坦。

"我们身边和身上的火来自别的地方

来自球的中心"

"大自然与人类互相流动

大自然与人类没有内外"

——这是使他与自然宇宙合一的赫拉克利特。

"在天空上行走越走越快,最后的速度最快是静止

但不可能到达那种速度"

——这是作为铁匠的他自己的火中打铁。

进入太阳,就是进入绝对的宇宙终极。这里的表述已经不是诗歌,他是在"找不到形式"而接受"火的惩罚"中,从

哲学角度上,以数学公式定律式的方法,描述"人、宇宙、诗歌"相叠合的本质,亦即由诗歌牵引寻找并进入宇宙的绝对真理,这个绝对真理也就是他的诗歌。

从哲学的角度说,数学语言对于宇宙的描述比之任何类型的语言都简洁、精确,也因而更为美妙,更合"大美无言"的诗意标准。

然而,它却又的确不是艺术范畴中的诗歌。哲学家也并不是诗人,他们进入世界的方向相同而表述形态相异。所以,与《太阳·诗剧》一样,《太阳·弥赛亚》的结尾又表现了海子从太阳中抽身为人,进入作为艺术的诗歌这一出发点。

> 他在本性上是一个欢乐的人
> 是一个少年人
>
> ……从大神的道路
> 走回到人的道路上来吧
> …………
> 羊儿在山坡上吃草
> 他本性是一个欢乐的人
> 少年人。住下来

——这是他对自己的提醒,也是他明显感觉到自己已难以从赤道上"全身而退"的可怜的渴望。

于是,《土地》中由雪莱等王子型诗人组成的"神秘的合唱队",又在这部作品的末尾,也是他整个诗歌生涯的终结处,被他力图再次延续。但这时候,他在自己的意识空间已找不到那些光洁的天才王子,而是一群走过苦难中大火的一生、几近精变了的垂暮的异人——9位人类艺术家族中长老式的盲眼歌者:持国、俄狄浦斯、荷马、老子、阿炳、韩德尔、巴赫、弥尔顿、博尔赫斯。他们被海子从不同的世纪和不同的国度组合在一起,名之为"视而不见"合唱队。

海子1988年写作或修改的数部长诗有着内在的呼应性,《太阳·诗剧》中飘忽的影子式的剑,在《太阳·弑》中成为主角;《太阳·你是父亲的好女儿》中的血儿,在《太阳·弑》中已经成为疯了的公主,在这部《太阳·弥赛亚》的最后,又以疯公主的形象出现。

在世人眼中疯了的公主,作为一个感官直指本质的精灵,对应着此时此刻海子的思维幻象。她感觉到了寒冷,她在越来越粗的光束中感觉到了彻骨的寒冷。这时,天堂在下大雪。而这一彻骨的寒冷感与天堂的大雪,应正是海子的身体已被大火烧空后,渐至冰凉的直觉,也是他生命即将走向终点的表征。而大雪中这支"视而不见"的合唱队,是在为一个旧的世纪送葬,还是为一个新纪元的曙光歌唱?大雪中的天堂一派清澈的光明……

而少年海子,就是从他"太阳七部书"那大火幻化的赤道虹桥上,融入天堂这样一派清澈的光明中。

我们或许还记得海明威《乞力马扎罗之雪》开头的那匹豹子:在海拔19710英尺(1英尺=0.3048米)的乞力马扎罗雪山,那个非洲土著居民称之为上帝神殿的西高峰旁,躺着一具豹子的尸体。"豹子跑到这样高寒的地方来寻找什么呢?没有人做过解释。"而海子,不正是自己笔下那只野蛮的豹子,倒仆在天堂的大雪中?

纵观海子一生的诗篇(真正的创作期不过五年),我们不难感觉出"太阳七部书"在其中的重量。从某种意义上说,正是这个"七部书",把他带入那个绝望而辉煌的高度。需要特别指出的是,海子1985年以后的短诗,尤其是1987年后的短诗,实质上都是伴随着"太阳七部书"的写作而产生的。是"七部书"这一粗闷的太阳火轴,旋转辐射出的火星。它们统一在一种足可称作伟大的精神意志中,被天堂所召唤,所接纳。

海子的诗歌,不但影响了一代人的写作,也彻底改变了一个时代的诗歌观念。而当他的麦地、村庄、草原类的短诗被一代青年诗人所模仿，成为一个时代的诗歌资源时，这个"太阳七部书"却以不可登临的高度，拒绝了模仿。从俗世的角度说，拒绝模仿就是拒绝了自身影响的传播和扩大；而从艺术的角度上说，拒绝模仿就是对自身的高贵品质、神性品质的保持。一切伟大的作品，具有神性品质的作品，都是不可被模仿的！因为远远超出了一个时代的理解力和想象力，因此，它们在自己的时代又是孤独的。

有鉴于此，伟大的尼采曾充满激情和自信地宣告："我的时代还没有到来。有的人死后方生。"

而海子在《太阳·诗剧》中，则说过这么一句笨拙而气概非凡的话："多少年之后，我梦见自己在地狱做王。"

尼采、凡·高、荷尔德林、陀思妥耶夫斯基这些"天才的白痴"们那激动人心的作品，都是在他们死去的若干年后，由地平线上微弱的声息，而逐渐成为轰炸新世纪眼睛和耳朵的雄浑交响。

因此，对于海子的"太阳七部书"，我们不妨认为，理解它的时代还未到来。

4. 诗学文论:"七部书"之外的第八部

"太阳七部书"在当代诗界现有的理解能力中,留下了诸多悬疑,比如它文体上的小说、诗剧形式,海子本人从当代诗歌现场,向着中古、远古艺术文本"倒退"的缘由,等等。

要弄清这些问题,海子诗歌之外的一些诗学文论,便成了一个重要的参考。这其中主要包括:《诗学,一份提纲》《我热爱的诗人——荷尔德林》,以及三篇日记体的诗学笔记。这些完全为高密度的太阳光子所充斥,综合了各种超凡精神现象的描述和艺术现象考辨的文本,与"七部书"的各篇,有着等量的意义。进一步地说,它应该是海子"太阳系列"中一个自成系统的单元,"七部书"之后的第八部。

在《诗学,一份提纲》中,基于对人类精神艺术大空间中的综合考察和理解,海子把有资格进入太阳家族谱系的诗人和作品,分为三个级次。

第一级次,是那些光华四射的天才型诗人:雪莱、叶赛宁、普希金、荷尔德林、爱伦·坡、马洛、克兰、狄兰、韩波、凡·高、尼采等(海子把人类历史上那些杰出的思想家、艺术家、小说戏剧作家,都纳入他自己的诗人的概念中)。他们都是天才型诗人,但大都是短命的天才,是那种将造化赋予一个杰出艺术家一生的能量,压缩在短短的数年时间内,做疯狂挥霍的那一类。他们被指定进入上帝的快车道，因命定的生命节律无法控制而身不由己。疯狂、野蛮、尖锐的生命高能量与超密度的压缩，使他们的写作随时处在爆炸的临界状态，继而导致生命的彻底爆炸——不是当即毁灭，就是成为白痴。诸如凡·高和荷尔德林的诸多作品，就是在已经进入神经颠乱状态而尚未完全成为白痴时的创作。这样的创作，已经处于爆炸的前兆中，因之便呈示着爆炸碎片的光芒、气浪和致命性。这样的艺术家的命运是悲惨的，他们被上帝安排在这个地球上，似乎只是为了在爆炸的临界状态说出那道破天机的一句，走上那赤道般的一段，然后被上帝收走；或如荷尔德林那样，"被上帝废弃不用"。海子称他们为王子——太阳之子。

这是最让海子激动和热爱的一种生命类型。因为"他们悲剧性的抗争和抒情，本身就是人类最为壮丽的诗篇。他们悲剧性的存在是诗中之诗。他们美好的毁灭就是人类的象征"。海子在他们身上所看到的，正是与之完全吻合的他自己。因而，他进一步这样说道："我珍惜王子一样青春的悲剧和生命。我通过太阳王子来进入生命。因为天才是生命最辉煌的现象之一。"

第二级次，便是高出王子的"终于为王"者，是"伟大的顶峰"。人类艺术史上能够进入这一级次的，是荷马、屈原、米开朗琪罗、但丁、歌德、莎士比亚这极少的一类人。在他们身上，不存在"天才"这一概念的表述。他们体现的，是父性的纪念碑式的创造力，完形能力，亦即"亚当型巨匠"。

在海子的诗学文论中，又把艺术家的创造性人格分为三种类型：母性的，王子型的，父性的。

母性代表着大地的实体，具有幽暗、迷醉、深刻、复杂、性爱的舞蹈和肉欲的放逐，对于沉溺、深渊、死亡的天然趋向。

父性则代表着原始生命力与大地合而为一的主体力量，呈示人类生命的上升趋向。父性人格的建立，就是生命从大地沉溺性的束缚力这种母性实体中的挣脱。与天才型王子偏执于自身原始力的悲剧性生存——天才和魔鬼、地狱深渊、疯狂的创造与毁灭、欲望与死亡、血、性与宿命……而不能自拔相反，父性创造人格与原始力量间的关系是正常的，具有对这种原始力量稳健的控制能力，并以此战胜向下沉溺的母性，把女儿、母亲变为妻子——亦即把一切变为自己的上升能力。用直观的语言来表述，就是他们矗立于大地而指向天空。这正是人类艺术形态中，那种纪念碑和金字塔的造型。

"亚当型巨匠"无疑具有天纵之才赋，但他们凭借的却不只是天才。上帝为他们安排了另外的生命道路：流放的命运（如但丁）、奴隶的体力（如奴隶般作业于教堂穹顶下的米开朗琪罗)、不懈的勤奋(所有的巨匠无不如此)、伟大的耐力(如歌德)。这因而构成巨匠的健全生命能力,使他们得以把浪漫的抒情主体、野蛮的原始力和古典世界的宏观背景相融汇,以对于纷繁材料元素及彼此间冲突强有力的控制,使之在史诗的宏大场景中,实现造型上的均称与完整,最终呈示纪念碑式的、带有悲剧痛楚感的壮丽人格。比如被缚于高加索悬崖上的普罗米修斯。

这类人就是父亲。父性艺术人格。

而王子,海子又用不无偏爱心情的文字描述到,他们是"旷野无边的孩子"。

对母性艺术人格类的诗人艺术家,海子的表述则不无轻蔑之意,他们是:"小国寡民之极的土地测量员(卡夫卡、梭罗、乔伊斯);抽象和脆弱的语言或视觉的桥的建筑师(维特根斯坦、塞尚);近视的数据科学家或临床大夫(达尔文、弗洛伊德)。"在海子看来,他们的致命弱点就是沉醉于"抽象之道",对"阴影"和"深渊"的向往,"主体与壮丽人格建筑"则完全贫乏。

第三级次,也就是最高级次,则是非个人能力所能实现的"人类的集体回忆或造型"。海子的举证如下:

1. 公元前2800年—前2300年的埃及金字塔。
2. 公元4世纪—14世纪的敦煌佛教艺术。

3. 公元前17世纪—前1世纪的《圣经·旧约》。

4. 更古老的无法考察且不断丰满的两大印度史诗和《奥义书》。

5. 公元前11世纪—前6世纪的荷马两大史诗。

6. 《古兰经》和波斯的一些长诗汇集。

关于这类作品,海子进一步诠释道:"这是人类之心和人类之手的最高成就。""它们代表着人类的庄严存在,是人类形象与天地并生。""它们超于母本和父本之上……是伟大诗歌的宇宙性背景。"

这就是海子综合了人类的精神现象和个体艺术标本后,关于诗歌三个级次的划分。它首先给我一个强烈的印象是,海子似乎已读完了这个世界上所有该读的书:诗歌的、小说的、艺术的、哲学的、神学的。他已看完了这个世界。他关于诗歌的概念,也远远超出了文体的范畴,而囊括了地球上人神合一的集体精神造型。他偏执地几乎否定了一切的现代主义艺术(这种偏执之外又含有根据自己不同时期的艺术理想,对一些既有认识的冷静修正。比如他在1984年《河流·原序》的短文中表示的,对塞尚画作的推崇,以及此处对于塞尚的否定;此处对维特根斯坦的轻蔑,以及《弥赛亚》中对维特根斯坦的崇尚),把它们归之于贫乏的时代,父性主体建造精神缺失的幽暗性产物。而那些激动人心的巨匠型艺术,只存在于以金字塔为象征的东方史诗时代;思想艺术大革命中欧洲的文艺复兴时代;以歌颂"自然"强调"天才"和"民族风格"为旗帜的18世纪德国文学的"狂飙突进运动"时代——这个时代产生了古典哲学巨人黑格尔、康德,产生了诗歌巨人与天才歌德、席勒、荷尔德林。在这样一个大空间中,除了严格的文体意义上的史诗作品外,其他诸如古希腊以埃斯库罗斯为代表的三大悲剧诗人的作品,席勒的《阴谋与爱情》,歌德的《浮士德》都是以文体上的悲剧或诗剧的形式出现的。基于对现代世界物欲化导致的人类主体建造精神的丧失,以及文学艺术中技术主义的泛滥这样一个判断,海子整个"太阳七部书"所要做的,实质上只有一点,就是要复活建立在原始力量中心的古典主义文学艺术那震撼人心的精神力量。而包括文体上的悲剧、诗剧,这种对当代诗歌而言已属于"恐龙"的艺术形式,因为它体现着古典主义的精神力量,因之,海子在他的长诗中做出这样一种文体上的选择,也就顺理成章。

这也就是某位当代诗人所说的,海子的诗歌,"使中国现代诗主流'倒流'了"。

将海子自己的精神心理类型及其诗歌,与他在此划分的三个诗歌级次相对应,我们便不难感觉到,这三个级次在道出了极端意义上的真知,表述了一种宏大视野中罕见的艺术标准时,其出发点,实质上是1987年的海子,对自己的类型指认和当下位置的指认,以及此后走向和目标的悬置。他1984年后的数年诗歌生涯,基本上是处在那类"天才王子"的位置上。这包括他行为上的漂泊流浪,所谓"天才与魔鬼"的心理构型,等等,他自己关于"原始力量"所描述的一切特征,以及天才的另一面——他麦地类诗歌及其他诸多短诗中光芒四射的纯净。他的许多长诗不能彻底完成,对庞大材料元素的泛滥缺乏控制能力,等等,都表明了他的这个位置。而他自己,当然也清楚自己的这一位置。所以,他才爱着那些以青春之血爆炸成太阳碎片的短命的天才们:"他们来临,诞生,经历悲剧性生命充盈才华焕发的一生,就匆匆退场,都没有等到谢幕,我常常为此产生痛不欲生的感觉。但片刻悲痛过去,即显世界本来辉煌的面目。这个诗歌王子,命定般地站立于我面前,安详微笑,饱含了天才的辛酸。"

其实对一个诗人而言,能够跻身于这一行列,在这样的位置上立一会儿,也"该有多好"。

但如果这样,他也就不是海子了。他无疑清醒地意识到自己"太阳系列"的诸多长诗之不能完形,对于一个企图写出"大诗"的诗人意味着什么。并且,他也清醒地意识到自己进军"大诗"的精神心理结构上的局限,比如他与其他王子型诗人一样的偏执、极端;比如他已意识到的、自己之与米开朗琪罗那奴隶般的体力,歌德的长寿与耐力的欠缺——"我相信天才，耐心和长寿"，海子在1986年的《给你》中写出这一诗句时，意味着他此时就意识到了这个问题。而他所能做到的，就是拼上命的勤奋。作为诗人的海子就是这样的——当他已经看到了目标时，便不管这目标是多么遥不可及，都会做恃力而为的极限冲击。"《太阳》的第一篇越来越清晰了。我在她里面看见了我自己美丽的雕像：再不是一些爆炸中的碎片"——在认识到这一问题后，他便非常忌讳自己诗歌的"碎片"性质。

"现在和这两年，我在向歌德学习精神和诗艺，但首先是学习生活"（1987年11月14日《日记》）；"但丁啊，总有一天，我要像你抛开维吉尔那样抛开你的陪伴，由我心中的诗神陪伴或女神陪伴升上诗歌的天堂，但现在你仍然是王和我的老师"（1987年5月30日《诗学：一份提纲》）。

作为这一学习和极限冲击的结果，就是完成于1987年8月的《太阳·土地》和1988年9月22日的《太阳·弑》。是由这两部作品体现的、在他强健的笔力控制中凸起的宏大、均称、完整的造型力。这两部结实的长篇的完成，使他有理由相信，自己已部分性地进入了王者们所在的第二级次。

但是，在这个"王座"上还未做进一步的实绩盘整，他便又迫不及待地向着最后的一个级次冲刺。这种猴子式的急躁，再一次表明了他终究属于王子类型，而非王者类型（从意象上说,他率领三千童子在《弥赛亚》中从"天堂"杀出杀进,与孙悟空的大闹天宫何其相似)。更为严峻的事实是:这最后的一个级次又绝非人类个体能够独立进入,因为它是在若干年的时间长度,乃至几代人的手中不断恢宏的"集体造型"。

然而,海子有自己的办法。

这一办法,首先建立在对于当代诗歌现状这样一个幻象性的判断上——他在这份诗学提纲第四部分《伟大的诗歌》(1987年6月—8月)的末尾这样写道:我在此还想"表达一种隐约的欣喜和预感:当代诗学的元素倾向与艺术家集团行动集体创造的倾向和人类早期的集体回忆或造型相吻合——人类经历了个人巨匠的创造之手以后,是否又会在20世纪以后重回集体创造?"这也就是说,他认为当代青年先锋诗界,已经出现了一种"艺术家集团行动"和"集体创造的倾向"。这一判断的依据是什么呢?他没有做出说明。而作为一种猜测,我以为他所指的极有可能是1986年前后,四川青年先锋诗人所共同营建的文化史诗群落。当然,这也包括了跻身于其中的他自己。然而,这又是一个虽实有其事但却含有一厢情愿成分的依据。因为到了1987年他写出以上这段话时,四川史诗群落的集体建造者们已基本上分崩离析。除了蛮力十足的廖亦武仍在相继堆垒着他的长诗《巨匠》《死城》《黄城》等现代史诗向度上的大制作外,欧阳江河、宋氏兄弟、石光华、万夏等主体成员都相继离去，洗心革面般地以截然相反的姿态进入短制，进入文本，进入"纯粹"。但当时在昌平的他并不完全清楚这些情况，他第二年，亦即1988年4月前往四川，应该说便含有"集体行动"的这一梦想。但那里并没有他期望的气氛和反应，即使他与之相处得最为愉快的沐川宋氏兄弟，对他正在奔赴中的"太阳系列"，也表达了他从原先的《河流》水系列到《太阳》的火系列，调整得不够理想的这么一层意思。从沐川折回成都后，海子与成都诗人进行了范围更大的接触。但正如我在前面已经描述过的，在成都诗人基本上均已"弃暗投明"的氛围中，他梦想中的"集体行动"已完全失去了提出的前提。

但这并没有使海子受到挫伤。

1990年2月，西川在骆一禾去世半年多后那篇题名为《怀念》的文章中，透露了这样一个信息："一禾曾有一个宏大的构想，那就是海子、我和他自己，一起写作一部伪经，包括天堂、炼狱和地狱……"

骆一禾这个构想的出发点是什么呢？我想它正是对海子"集体造型"实施性的设想。

从骆一禾与海子相继去世的1989年到今天，我一直觉得这个世界上如果有一部关于海子的书的话，也必然该有一部关于骆一禾的书。如果海子给人留下的，是一个生命令人不可思议的惊奇,那么,骆一禾纯净的青春之血唤起的,则是我们对于人性光辉的感动和致敬。从某种意义上说,没有骆一禾,就很难有我们现在看到的海子。他是这个世界上最清楚海子才华的人,因而他珍惜海子甚至超过了珍惜他自己。他以一个兄长的身份,在海子的个人生活上,作品发表的途径上,为海子提供了没有第二个人所能做到的一切。而他的诗歌,则与海子交替着互为背景:骆一禾的诗开启着海子,海子的诗激发着骆一禾。大约从1987年开始,他们两人的诗歌在意象、意念乃至心思上,都呈示着一种罕见的相互映照。我们记得海子《土地》中那只腾挪暴躁的豹子,也同样能想起骆一禾在其短诗《黑豹》中,那只处于爆炸临界点的"黑豹"。

骆一禾长达3000行的《世界的血》,既看到了万物严酷的一面,又看到了万物壮丽的一面。"从这部长诗中,我们已经找不到具体的场景和细节,有的只是紧张的幻象,仿佛诗人已经高高升起,无所不在,与此相适应的诗歌语言陡峭而绚丽。"与其说他晚期诗作中描述的是"天堂",不如说是充满了噩梦的"地狱"。但在这地狱中只有搏斗——这是西川的描述。从这幅图景和弥漫其间的主体情绪来说,我们不难感觉到它与海子的"太阳系列"处在同一空间。到了1988年,骆一禾在《世界的血》和同期进行的长达5000行的《大海》的写作中,已经完全与海子汇流。汇流不是混同。骆一禾以激情的青春之血进入的，则是以大海为场景的绚丽和壮阔，具有血与大海蒸发的润泽与丰沛。同海子烈焰焚烧的空间相比，更富整体氛围中的亲和感与吸引力。如果说，海子是黑暗中一只野蛮的、扑向太阳的血淋淋的豹子，骆一禾则一直身处光明中，优雅、高贵、干净，是王子与圣徒自身的显形。他的诗歌也同样显示着残缺而灿烂的天才迹象，比如他诸多短诗的语言表述中，那种甚过海子的语无伦次，正是神魂附体后的感受无法用现世语言清楚表述的特征。所以，他在海子离去的60多天后接着撒手人寰，似乎并不完全是因为悲伤和为海子的后事而劳碌过度。他也已经到了自己命定的时刻，他与海子共同的诗歌道路已经走完，他为海子必须做的事情也已做完。上帝在召回了他早慧的天才后，接着又召回了这个天才孪生的兄长。兄弟俩在人间的使命已经完成。

据诗人邹静之回忆，他之与骆一禾相识，"最初的惊异是他可以把《圣经》新旧约的原文背出来"。骆一禾与海子，都是熟读"经书"之人。而他们概念中的"经书"，是指人类文化史上有数的一些经典，比如中国先秦文化中的经典以及《诗经》《楚辞》，印度的两大史诗，古希伯来民族的《圣经》，古希腊的荷马两大史诗，埃斯库罗斯等悲剧诗人的悲剧，以及但丁的《神曲》，歌德的《浮士德》等。海子在"太阳系列"中，多次表达了自己的写作之作为"经书""经卷"的意念,而骆一禾这个"伪经"的概念,显然与海子相关,我们有理由这样设想:当海子以孙猴子(或孙大圣)般的羊角扶摇之势钻入天空,看到了他诗歌的真髓最终必须进入"经"的形态时,他一定对骆一禾念叨过这个终极之境的概念。而骆一禾则一点就透,乃至不谋而合,并进入实施性的构想阶段。但是,骆一禾这里的"伪经"表述,显然是以《神曲》为蓝本,这与海子的原意却不甚相同。海子所要做的,是非人类个体所能独立抵达的第三级次上的"经书",亦即"集体造型",而《神曲》无论如何伟大,却属于人类个体的"能够"之列。海子要做的是什么呢?

他所要做的,正是"集体造型"方式上的一首"大诗"。是统摄在一种主体精神中,由处于当代精神艺术前沿的诗人们联手制作,又像先秦时代的《诗经》那样,略去个体的名字,亦即所有个体全部"匿名",而最终鼎现在20世纪地平线上的这样一首大诗。

这首大诗,当然与一个时代众多杰出诗人的诗歌合集不同。它是含纳了每一个体奔向极限的智慧,不同地域、不同生命文化背景中个体的特殊精神艺术元素,又以宏观意义上一个粗大的精神主脉相统摄,比如一个时代的卓越诗人群体朝着太阳共同奔赴的——这样的一首。

就像金字塔,在帝王与人民集体向太阳致意的精神理想中，由几代匠人的集体智慧、心意、汗血、体力完成的，鼎立在天地之间的那种精神艺术造型。

关于"金字塔"这个比喻，是我极而言之的表述。而《诗经》那种"匿名"式的集体制作，则很难说就没有付诸操作的可能性。只要联系到四川先锋诗人们已经给出的那种"史诗群落"上的规模和氛围，联系到海子本人宏大的"太阳系列"，联系到骆一禾浩瀚的《世界的血》与《大海》，联系到西川等诗人那种纯诗的钻石（你可由此强烈地感受到，中国青年先锋诗人在20世纪80年代不到10年的时间中，已经干出了什么），悬置在理想中的这一"大诗"，难道没有理论上实施的可能？

——海子这一未见诸自己任何诗文的设想，是在1999年5月有关海子的交谈中，西川与我谈起的。

至此，我们就会对海子在《诗学：一份提纲》中这样一段表述恍然大悟。海子这样说道："这一世纪和下一世纪的交替，在中国，必有一次伟大的诗歌行动和一首伟大的诗篇。这是我，一个中国当代诗人的梦想和愿望。"这个原先使人感到缥缈的，所谓一次"伟大的诗歌行动"和"一首伟大的诗篇"，正是以此为基础的告白。

这就是海子进入那一最高诗歌级次的办法。

从表象上看，它是异想天开的；从本质上说，它是一个

"祖国的宝贵诗人",对人类辉煌精神幻象"血海深仇"般的致命冲击;从立意上说,它是一种天真状态中的儿童思维,又是一种腹有良谋,操纵万物的王者思维。在这样的设想中,诗歌已完全不是他个人的事,更不是一种"私人写作"。海子被一个时代先锋诗人们共同营造的诗歌氛围所激励,又以从整个人类文化大时空中摄取的血潮,回过头来做大鹏垂天之翼的翻卷抟打,使由此蒸发出的血红痛楚的山河,在与当代诗人们想象力全面复活的交汇中,集体创作出一种呈现本时代主体精神造型的诗篇。他汇入其中,也凸现于其中,这种凸现既是他自己,也是这其中的每一个。恍若太阳乌托邦中的众神。

然而,能汇入这一伟大行程中的脚步,在20世纪80年代末已逐渐零落。海子未能料到,商业技术主义时代会以那样快的速度,对中国现代主义诗歌写作群体形成肢解。的确,诗歌的技术主义时代由此已经开始,成为一种新的时尚。接着是后现代主义的解构——对宏大造型的瓦解,对理想主义激情和意义的颠覆。

于是,儒雅的骆一禾突然九垓振袂,浩嗨一声:"我在一条天路上走着我自己!"

而激战于赤道上的海子,则独坐于天空下一块冰冷的巨石,眼中蓄满泪水地喃喃:"在这一千年里我只热爱我自己……"

是的，他们的时代尚未完全展开就已结束，绚烂的天堂开始下雪，大雪飘洒在天堂，也飘洒在大海和他们双声合唱的村庄和麦地……

我感到冷了

把我救出去！
让我离开这里！

——海子在《太阳·弥赛亚》末尾，借疯公主之口这样绝望地告呼。

1989年3月26日下午5时30分，海子在秦皇岛龙家营至山海关间的一段铁道上卧轨，被他想象中的"太阳神之车"带进太阳。

是的，我不相信这一死亡方式和地点的选择没有缘由。海子在《太阳·诗剧》中将事件发生的地点设定为"赤道。太阳神之车在地上的道"。从意象对应的角度讲，我们还能找出比横贯在大地上，由钢轨和枕木组成的铁道更像"赤道"的物象吗？有比喷烟吐焰的火车更像"太阳神之车"的物体吗？

这应是渴望进入太阳的海子,最终选择的最有效的方法——他由此进入了赤道,并被太阳神之车带进太阳!

至于这个地点,我要说的是,它与大海紧紧毗连,是由北京乘火车出发与大海距离最短的一个地方。此处的渤海湾之外就是浩渺的太平洋。而太平洋,又是海子离世前一段时间,几个最顽固的情结之一。

九 | 形而上死

1. 几个相关事件

海子之死——确切地说,是作为诗人的海子以卧轨自杀的方式之赴死,使整个中国诗坛为之震惊。在 20 世纪 80 年代中国先锋诗界由西尔维娅·普拉斯的自杀,把"死亡意识"上升为一个前沿话题,并对中国的一代学人王国维和朱湘自杀的玄学意义进行猜测的时候,我们实际上并无能力弄清,一个活生生的,有着巨大精神能量的生命突然赴死的秘密。前边的逝者离我们太远,远得只成了一个"隔世"的话题。我们既可以隔膜地表示缄默,也可以不着边际地借题谈玄。而眼前的这一位,就出现在我们中间,与我们处在同一社会文化场景中。因此，他的死，便绝对不可能与我们无关。这样，当我们力图解析他的死因时，也是在对同一生态环境指数中的我们自己，进行的一次精神查体。而关于海子这最终的生命结局，一般性的联想则使这样几个隐约的事件凸显了出来。

其一是在"幸存者俱乐部"受到的挫伤。这个"俱乐部"约成立于1988年上半年，其成员资格与组织性质用苇岸的话来表述就是，"一个对中国诗歌有所贡献的诗人组织"。进一步说，是对中国现代主义诗歌写作有所贡献的，以当年的《今天》成员为班底的这样一些元老，加上1980年代崛起的以北京为核心的青年诗歌新秀，而构成的一个组织。1988年7月出刊的第一期《幸存者》诗刊，依其目录排序收入了这样一些成员的作品：唐晓渡（作品为序言，为该群体所做的理论阐释）、芒克、多多、雪迪、黑大春、大仙、张真、林莽、海子、西川、王家新、杨炼、一平（作品为诗论）。应该说，处在北京作协会员门外的海子，对能进入这样一个更为精粹的诗歌组织当是非常看重的。这期《幸存者》收入的他的诗作，就是长诗《土地》的节选《饥饿仪式在本世纪》。

然而，继1987年的"北京西山批判"之后，海子在这个"俱乐部"中又一次受到指责——"他写长诗是犯了一个时代性的错误，并且把他的诗贬得一无是处"（见西川的《死亡后记》）。这次发出这一指责的，是朦胧诗的元老多多。多多有自己作为中国新时期地下诗人和先驱的背景与资历，也认为自己有资格教导一下这个乍入诗坛便不知天高地厚写长诗（史诗）的后生。也许他还认为，这是对后生一种严厉的关爱。然而，海子由此受到的，却是一次严重的情感伤害。我想这并不是由于海子的承受力太差，事情的逻辑过程应该是这样的：当你满怀真诚地对待一个人，尊重一个人，而对方却根本无视你的这种情感，甚至把这尊重当作他教训你的资格时，其所受的伤害将不难想见。为此，海子曾在骆一禾跟前伤心地哭过。骆一禾则为此而在致一位诗人的信中表示了他的愤怒：海子的生存和诗歌写作环境，是一种没有环境的环境。"所以，我之难过也就如斯了，我之不惮指责某些北京诗人集团，也就如斯了，北京有许多土霸王，我也没有力气再和你谈这些人了。"

这事件对海子大约不只是冷风擦耳性的刺伤，可以作为这一判断反证的，是多多后来因为此事对自己的自责。在海子离世后仅七天的1989年4月2日的"首届幸存者艺术节"上，"为自己的直率而伤了海子的诗人多多痛悔不已，失声痛哭了很久"（见苇岸《怀念海子》一文的修订版，载《不死的海子》一书）。

其二，是来自四川尚仲敏的一篇文章。我在前边已经说过了1988年4月，海子那次不无愉快之感的四川之旅，说到他对尚仲敏的好感以及对骆一禾"我们应该在北京帮帮他"的建议。然而,大约是这一年的秋季,海子在四川的《非非年鉴·1988年理论卷》上,读到了尚仲敏一篇题名为《向自己学习》的约7000字的文章,其中有这样一段不乏俏皮色彩的文字:

有一位寻根的诗友从外省来,带来了很多这方面的消息:假如你要写诗,你就必须对这个民族负责,要紧紧抓住它的过去。你不能把诗写得太短,因为现在是呼唤史诗的时候了。诗歌一定要有玄学上的意义,否则就会愧对祖先的伟大回声……和我相处的几日,他一直愁眉苦恼,闷闷不乐,通过仔细观察,我发现他的痛苦是真实的、自然的、根深蒂固的。这使我敬畏和惭愧。

他从书包里掏出了一部一万多行的诗,我禁不住想起了《神曲》的作者但丁,尽管我知道在这种朋友面前是应当谦虚的,但我还是怀着一种惋惜的情感劝告他说:

有一个但丁就足够了!

在空泛、漫长的言辞后面,隐藏了一颗乏味和自囚的心灵。对旧事物的迷恋和复辟,对过往岁月的感伤,必然伴随着对新事物和今天的反动。我们现在还能够默默相对、各怀心思,但用不了多久,他就会成为我的敌人。

不难想见，这样一段文字，会给一个天真处世的心灵以怎样的暗伤。

1988年11月底，四川绵阳的诗人雨田在进行他的诗歌流浪之旅期间，到了昌平的海子处。这也是继万夏之后第二个四川诗人到昌平造访。海子复又以他天真的热情，接待了这位陌生的四川诗友。两人诗歌上的交谈甚是投机，处在高度兴奋中的海子似乎又进入了他的创作中，表示要将万夏和雨田写进他的诗剧，甚至进一步为两人安排好了角色：万夏将以一个扫大街的清道夫形象出现，而雨田则将以一个流浪乞丐登场——这使我们不仅可以想起《太阳·你是父亲的好女儿》中也那、五鸟之于一平、王恩衷的形象对应，也可以想见海子时时沉浸于诗歌中那种造物主式的"造物"想象状态。第二天晚上，意兴勃勃的海子不知不觉中念头一转，拿出了那本《非非》，说了句"他妈的，成都的尚仲敏开始批判我了"后，便在房间里来回走动，以嬉皮士式的腔调对雨田读了上述的那段文字。不难想象，海子私下不知多少次读过这段文字，此时他又将它拿出来，并在一个四川诗人面前做这种反讽式的朗读，是要表达他对此事的根本不在乎吗？然而，这种行为的本身，正从相反的角度强调了他无法消解的"在乎"。而骆一禾对此同样耿耿于怀，在雨田于北京同骆一禾、海子商定准备成立一个诗歌同仁组织回到绵阳后，骆一禾又专门去了一封信，其中特意提到了此事，并提醒雨田在物色人选时一定要注意这种"'人和'条件上的暗伤"。

其三，是来自醉酒后对伤害女友的自责。这一件事大约发生在1989年3月16日。这期间，海子的初恋女友、已去了深圳发展的B回到昌平办事，这自然有看望海子的含义在。海子诗歌中有许多迹象表明，B与海子的恋爱关系虽然早已结束，但时而仍有友情性质上的通信往来。从海子写于2月3日《折梅》一诗中"寂静的太平洋上一封信"，"是她给我写的信"，以及1月7日《遥远的路程》中"我站在元月七日的大雪中，还是四年前的我"，"四年多像一天，没有变动"等来看，如果我们把这个"四年前"的时间特指推向1985年，就会发现那正是他与B初恋的时日。另外，还有一个特殊的现象是，1989年2月左右，海子集中性地写下了诸多与大海和太平洋相关的诗：《面朝大海，春暖花开》《折梅》《拂晓》《太平洋上的贾宝玉》《献给太平洋》《太平洋的献诗》等。这些诗，在他生命的最后日子中，形成了一个引人注目的特殊板块。1989年的2月正值春节前后，也是学校的寒假期间，像往年一样，海子又回到了查湾老家。按一般的推理来说，他应是在这期间收到了B的信。这封信应该有一个重要信息，这就是B正在做办理出国的准备。为证实这个推断，我曾在这部书写作期间，专门与B在呼和浩特的家人通过电话，告曰：B已于1990年前后移居国外。

（与此相关的还有另外一个信息：2001年下半年，B从美国给海子的父母写了一封信。但此信却被北京一位海子的热衷者，以研究的名义拿走。此人姓胡，曾是我书写《海子评传》时热心的协助者。但这件事之后，这个人和这封信，从此都没有了下落。而这封信的内容，海子的母亲因为"看不懂"，现今已无法复述。）

所以，这段时间海子所有关于大海与太平洋的诗歌，应该都与B直接相关，它既是对此时身居海滨深圳的B的意念，也是对设想中太平洋对面的B的意念。而B在此时来到昌平，应该还有与海子做提前告别这样一层含义。

B是政法大学八三级学生，按其1987年毕业离开学校算，这离别后的第一次见面，也不到两年时间，但是，就是在这样一个时间长度中，他们两人都已不是原先的自己了。所谓的"人成各，今非昨"那种陆游与唐婉分手后沈园邂逅的感伤，当然也不会不控制着善感的海子。

3月16日，教研室的同事们搞了一次聚餐，心情抑郁的海子喝着喝着就醉了……第二天醒来后，他的第一个反应，就是自己醉后大约讲了许多原先与B之间不宜讲的事。遂向同事们询问，尽管同事们做了否定的回答，但他还是对自己的感觉深信不疑,并认为这是对 B 的最大伤害。自己简直是罪不容恕。四天之后,当他敲开友人苇岸宿舍的门时,已是一脸的憔悴,并且第一句话就是:我差点死了。

这一事件,也就是此后一些文章中谈到的,海子自杀最直接的原因。从海子此后的两份遗书来看,这也许的确是导致他自杀的原因之一,但却是一个形而下的原因。

其四,就是所谓的练气功走火入魔。对此,我将在后面重点论述。

2. 桃花的幻象和七份遗书

3 月 26 日海子卧轨前后的情况大致是这样的:

伴随着从 1987 年开始的"太阳七部书"向着极限的冲击,以及这一冲击中的体力精神透支,在进入 1989 年后,海子的大脑时而出现幻视幻听现象。应该说,他对自己进入"赤道"后走向今天这一步不能没有预感。他对那些短命天才精神生命轨迹的洞悉,特别是他了如指掌的荷尔德林毁于"天才生活"的脑伤以至接着的白痴状态,都不能不是他心理上的阴影。但当这征兆开始在他的生命中显现时,他仍然心绪难宁。

2 月份还在查湾过寒假时,海子曾给政法大学哲学教研室主任去过一封信,大致的意思是"我因病需要在武汉治疗,先想请半年假,谢谢×主任"。此后,他觉得身体状况也还可以,就又提前结束寒假回到了法大。

关于海子的这一举动,我想可能与这样几个事情相关:其一,海子此时已有了轻度的大脑幻视幻听现象,而他之所以要去武汉治疗,很可能与常远的妻子孙舸有关,孙舸1988年以"人体科学"方面的特长(亦即人体特异功能?),"被中国地质矿产部免试特招进入中国地质大学(武汉)地质矿产系攻读专科与本科"(毕业后就职于北京的中国地质大学人体科学研究所,从事矿产勘查、人体科学研究),海子打算去武汉治病,应当是找孙舸寻求或探讨治疗之道。其二,他此时收到了B要到北京的信。所以,开学后,他还为自己先请假而后又放弃这一矛盾行为,专门以书面的形式,给主任做了一个礼貌而诚恳的说明,并在这说明的最后表示:我今年要安心上课,在教学上做出成绩,争取年内评上讲师。这个表态既令人忍俊不禁又让人不无感慨,一个在自己的"大诗"中上天入地的诗歌圣童,他生命中的另一点位,却落脚在对一个讲师职称的宏愿上。这个宏愿,是为他查湾的父母所考虑的吗?

综合以上信息我们不难感到,在以巨大的毅力推进自己诗歌进程的同时,海子的心理已处于焦虑的游移状态:从这个心思忽而跳入另一个心思,并一直飘浮着,仿佛车轮的打滑。所谓的"魔障",已开始在他的生命中频繁作乱。

接下来这段描述中的部分材料,来自常远。它是2005年我进行《海子评传(修订本)》的工作时,由常远提供的。1999年,我在书写这部评传的第一个版本《扑向太阳之豹——海子评传》时,曾就有关问题给常远去过一封信。他当时因心有顾虑不曾回信。2004年4月,也就是这部评传的首版本出版已整整三年后,我意外地接到了常远从北京打来的电话,说读了《海子评传》后,没想到我会对他做如此客观的描述(海子去世后,他曾一度被传闻描述成海子自杀的罪魁祸首)。因之愿与我做进一步的信息交流。然后应我的要求,传来了这些资料。

将这些资料和我已有的资料综合起来看,海子去世前一共写了七份遗书。由于多数的遗书前边未写有"遗书"或"遗言"二字,可以把它们称之为不是遗书的遗书。为了表述时的一目了然,下面在引用这些遗书时,我将依次标上序号。第一封和第二封,相继写于他去世前三天的3月24日凌晨。全文如下:

一

今晚,我十分清醒地意识到:是常远和孙舸这两个道教巫徒使我耳朵里充满了幻听,大部分声音都是他俩的声音。他们大概在上个星期四那天就使我突然昏迷，弄开我的心眼。我的所谓"心眼通"和"天耳通"就是他们造成的。还是有关朋友告诉我，我也是这样感到的。他们想使我精神分裂，或自杀。

今天晚上，他们对我幻听的折磨达到顶点。我的任何突然死亡或精神分裂或自杀，都是他们一手造成的。一定要追究这两个人的刑事责任。

海子
1989.3.24

二

另外，我还提请人们注意，今天晚上他们对我的幻听折磨表明，他们对我的言语威胁表明，和我有关的其他人员的精神分裂或任何死亡都肯定与他们有关。我幻听到的心声中的大部分阴暗内容都是他们灌输的。

现在我的神智十分清醒。

1989.3.24　夜 5 点

按准确的时间表述，这里的 1989.3.24 "夜 5 点"，应该是这一天的"凌晨 5 点"。而他大脑中致命的幻听现象，似乎都是在夜深人静时才发作的。接下来,海子在1989年3月24日,度过了一个继续为后事做准备的恍惚而清醒的白天。

接着,又进入了让他异常敏感的黑夜——3月25日凌晨3点,海子从梦中突然醒来,发疯般地发出"我不行了"这一绝望的呐喊,以致单元楼上的许多同事都听到了这一声音,并有人赶到他的房间来看个究竟。尴尬地敷衍走同事们之后,海子坐在桌前又开始书写遗书。一份写给家人,一份给骆一禾,一份给校领导。

这三份遗书,原文依次如下:

三

爸爸、妈妈、弟弟:

如若我精神分裂,或自杀,或突然死亡,一定要找中央政法管理干部学院常远报仇,但首先必须学好气功。

海子

1989.3.25

四

一禾兄:

我是被害而死。凶手是邪恶奸险的道教败类常远。他把我逼到了精神边缘的边缘。我只有一死。

诗稿在昌平的一木箱子中,如可能请帮助整理一些。《十月》2期的稿费可还一平兄。欠他的钱永远不能还清了。遗憾。

海子
1989.3.25

五

校领导：

从上个星期四以来,我的所有行为都是因暴徒常远残暴地揭开我的心眼或耳神通引起的。然后,他和孙舸又对我进行了1个多星期的听幻觉折磨,直到现在仍然愈演愈烈地进行,直到他们的预期目的——就是造成我的精神分裂、突然死亡或自杀。这一切后果,都必须由常远或孙舸负责。

常远：中央政法管理干部学院；孙舸：现在武汉。

其他有关人员的一切精神伤害或死亡都必须也由常远和孙舸负责。

海子
1989.3.25

在以上的第一份和第五份遗书中，有一个重要的关节，这就是"上个星期四"这一时间概念。这一天，正是3月16日，也就是海子与教研室的同事们聚餐醉酒后，认为自己说了与B初恋中不宜说的往事，而深感自责的那个日子。看来正是由于这一强烈的精神刺激，他原先大脑中轻度的幻视幻听才突然加剧。这也就是我在前边所说的，海子自杀的形而下的因素。

应当就是从那一天往后的时间里，海子开始做他离开这个世界的准备。而到了3月25日凌晨，这些准备似乎已经做完——他的所有已誊清的手稿，未及进一步修改的草稿，都用塑料绳扎成一捆，连同由一女性笔迹抄写在一个笔记本上的诗一起，都整理好，放在他从查湾老家带来的一个小木箱中。遗书写完后也放进了抽屉。在即将离开这个世界之前，他又把自己所住的两间房子彻底打扫了一遍，常用的所有书籍、画册也都归整摆好，如同西川在《怀念》一文中所记述的，他所珍爱的七卷本印度史诗《罗摩衍那》被放在室内最显眼的一张桌子上，而整个房间干干净净，干净得"像一座坟墓"。

大约在3月25日清晨7点左右，海子离开学校。

此时，离海子的殒命还有34小时。据西川在《死亡后记》一文中推测，海子应该是从当天中午就到了山海关，并一直待到第二天下午。

接着就是3月26日下午5时多,海子在山海关铁路上的卧轨。但此时,政法大学和海子所有的朋友对此事却一无所知。

也就是在这一时间区段,有一个人急了。这个人就是常远。

因为3月25日凌晨3点那声灵魂出窍般的绝望呐喊后,海子就成了同事们关注的焦点。但天亮以后,他却失踪了。到了第二天,也就是3月26日,海子仍无音信,同事中就有人将此事告诉了法大校方,并打开了海子的宿舍,随即也就看到海子留下的五份遗书。于此,这些遗书中一再提到的常远,就成了焦点人物。但直到海子已经自杀后的3月26日晚,所有的人对海子的去向仍不清楚。也就是在这天晚上,被笼罩在议论中心的常远,写下了《关于海子(查海生)——致有关部门》这么一份约两千多字的书面说明材料。在回顾并介绍了他与海子的交往和友情后,他继而这样写道:"我祈盼有关方面务必努力尽快找到海子。只要找到他,就能够把这件事情彻底澄清;否则,必将给我徒添数不清的麻烦和苦恼。"

3月27日,山海关车站根据海子身上一份遗书所述的身份,打电话给北京车站,北京站继而通知了政法大学。政法大学在大约是给骆一禾单位打电话未通的情况下,转而打通了海子另一位当年的北大校友,时在《文艺报》任编辑,并活跃于诗歌界的老木。老木再打电话给骆一禾，两人又一起打电话告知了西川。同时，法大的电话也辗转到查湾海子父亲查振全的耳边：海子病了，请速来北京。当海子的父母亲于3月28日动身赶到北京，得知事情的真相后，立时便懵了。

接下来，就是由法大的一位副校长带队，与海子的父母、骆一禾及海子在法大的几位同事一起去了山海关。等一行人员返回政法大学后，带回的已是海子的一盒骨灰。

政法大学最后会同法医对海子做出的死亡诊断书认定，海子是死于"精神分裂症"。始终参与了此事的骆一禾，对这一结论当场表示了坚决的否定。而骆一禾的这一否定，又有什么依据呢？

综合另外一些资料看，海子在上述的五份遗书之前，还给骆一禾写过一份类似遗书的文字。之所以说是"类似"，是因为在正常的情况下看，它似乎是海子给骆一禾有关自己身体精神状态和写作近况的一个介绍，但当海子自杀后，它在骆一禾的眼中就有了实际上的遗书的意味。关于这份遗书，虽然我们已无法找到它的原件，但其中的基本内容，却在骆一禾1989年4月28日给广东诗人袁安的信件中做了披露。

为了叙述的方便，这里且把这份遗书的序号设定为"六"。关于海子的这份遗书，骆一禾在这封信中的原文表述是这样的:"他遗书里说过他出现了思维混乱、头痛、幻听、耳鸣的征兆,伴有间或的吐血和烂肺了的幻觉。"骆一禾继而对此这样解释道:"这是脑力使用过度以后脑损伤的症状。可以说是脑痉挛罢。"据骆一禾的一位友人介绍,海子的这份遗书写得比较缥缈,整个语言氛围带有幻象中的心理发抒性质,但却异常清醒地提供了如上所说的大脑病理症状,以及对骆一禾处理其遗作的托付。这应该就是骆一禾对海子是死于"精神分裂症"这个结论,坚决否定的依据之一。之二,则是来自海子带在身上的这最后一份遗书。

这份遗书全文是这样的:

七

遗言

我叫查海生,我是中国政法大学哲学教研室的教师,我自杀和任何人没有关系,我以前的遗书全不算数,我的诗稿仍请交给《十月》的骆一禾。

海子
89.3.26

以上就是海子去世前,留给这个世界的七份遗书。从文字的表述和心理信息孤立地看,这最后的一份遗书应该说是非常地清晰、干净，不存在任何神经错乱的迹象。它要表达的一个最主要的意思就是：我与这个世界没有任何过不去的事。既然与任何具体的人无关，那么也就与任何具体的事无关。他之所以要在离世前做这样的强调，应该既含有对常远的洗刷，也是为了拒绝他人对自己死因做世俗角度上的猜测。因此，这当是他形而上之死的最有力的证据。而他在此关于诗稿交给骆一禾的表述，实际上则是一个公开的授权声明。遗书中第一层意思关乎死，第二层意思关乎诗，我们由此不难感受到，他清白地为诗而死的心理信息传递。而这一点，也正是骆一禾拒绝海子是死于"精神分裂症"最重要的依据。

下面，我将援引常远《关于海子（查海生）——致有关部门》中的部分材料，对常远与海子的日常关系做一大致介绍。

常远：1964年生人，与海子同龄。1985年毕业于位于西安的西北政法学院法律系；1985年7月到设在昌平的中央政法管理干部学院任教。住在昌平西环里15号楼6单元601号。而中国政法大学的青年教师们，当时也住在该楼。海子所住的，是15号楼6单元302号。也就是说，他们两人住同一栋楼的同一单元。常远住六楼，海子住三楼。此后，法大昌平校区建成后，两人都搬了过去，仍然住同一栋楼。常远住2单元102号，海子住3单元301号。两人不但住得很近，而且大学时代都是法律专业，并且还有前边已经说过的，海子的一篇法律专业论文在其主编的内刊《探索》上发表，这层更早的关系。

常远在这份材料中，这样谈到海子以及两人的来往：

我与海子（查海生）一直都是关系比较要好的朋友。

他是一个聪慧过人、心地善良、学贯文理、思想深邃、愤世嫉俗、无拘无束、对日常琐事满不在乎、充满浪漫气息的人，但在面对我们这个现实的社会系统时，也会不时表现出一些思想单纯、思考问题过于简单的倾向。在夏天，他常常独自一人行走在北京昌平的街道上，手里抓着西红柿或大葱，边走边嚼，明亮的双眼透过镜片漠然地观察着市井万象，而这时，却可能在头脑中冷静地思考着人类乃至所有生命存在的意义……

这些，就是海子给我留下的基本印象。

…………

因我们都较早地参与了系统科学／系统工程在法治和其他社会领域的应用研究，都对世界宗教（他对东西方多种宗教都有深刻认识，但非常推崇西藏文化）和古老养生之道具有浓厚的兴趣，加之又住同一单元，自然会有许多共同语言和许多交往。我们经常互借书刊，一起看电影、吃饭、谈天说地。

……我最后一次遇到海子，大约是今年开学后不久。他神采飞扬地对我说：他又去了一次西藏……再往前的会面，可能就是今年放寒假前的一天，我在中国政法大学昌平校区家属区食堂附近遇到他。当时我还骑自行车带了他一段，他又与我谈论起藏传佛教和古代养生之道。我建议他发挥"内行"的想象力，写一部既有优美的诗歌语言和理性的科学思考，又有"非想非非想"神秘奇境的哲理——科幻型电影剧本，探索人类生存与发展的终极意义。他说：以自己当前的水平恐怕一时还写不了，况且影视科技还有待进一步发达到足以表现这些复杂事物的程度……

常远和妻子孙舸，都从事过专业性的"人体科学研究"。而这门学科，以及这里所说的"古老的养生之道"，一般都含有气功或人体特异功能研究这一主体内容。另据相关资料介绍，在一段时间内，常远与海子经常一起探讨并修炼气功。而自海子的幻视幻听现象比较严重之后，便老觉得常远作为一个气功高手，在他背后搞小动作，甚至要废了他的功。

正是基于这个原因，诗歌圈子中的一部分人，才把海子的死归之于"练气功走火入魔"，继而延伸出海子"写作难以为继"，"以死来抬高自己"……

是的，从以上的数份遗书中，我们不难看出其时海子意识的谵迷。但是，我们又如何能完全把它归结为"练气功走火入魔",而不是骆一禾所说的天才性写作中,那种用脑过度的"脑内伤"呢?

如果事情果真完全是这样的话,我们又将如何解释凡·高、雪莱、叶赛宁、马雅可夫斯基等天才诗人的自杀,以及荷尔德林、尼采、陀思妥耶夫斯基等人的精神病变?因为没有任何资料表明,那份长长的短命天才的名单中,有谁曾与中国气功发生过关系。

综合以上所有资料和因果关系判断,我的结论是这样的:海子这些遗书中所有关于气功的说法都是显性的,表象的;而用脑过度的脑内伤则是隐性的,支配性的。也就是说,脑内伤造成的谵迷在前,此后,他却在谵迷状态把这种谵迷归结为气功所致。

所以,面对海子这样高烧状中的谵迷,你又如何能得出他是"以死来抬高自己"这一世故、阴险得不可思议的结论?如果真是这样的话,那也就同样等于说,荷尔德林、陀思妥耶夫斯基,以及中国的先锋诗人食指等,都是以他们非正常的精神状态,来抬高自己。

至于说海子的自杀是因为"写作难以为继",我想这更是非常可笑的。因为就在离世前的两个月,甚至是仅12天之前,他却写出了自己一生中标志性的作品、也是当代诗歌史上的名篇——《面朝大海,春暖花开》(1989.1.13)和《春天,十个海子》(1989.3.14 凌晨 3 点—4 点)。尤其是《面朝大海，春暖花开》一诗，它已在人民教育出版社 2002 年修订版的中学语文教材中，被收入高中语文课本。

此外，还有一个重要的事实是，就在 1988 年 4 月份的那次四川之旅中，海子在沐川的宋氏兄弟处小住时，曾演示过他的气功。但是，在宋渠的印象中，那完全是一种即兴式的戏耍，他对此似乎并不投入。而相反的记忆是，海子很踏实，好交往。因为所住的十多天时间当中，海子一直在兄弟俩专门为他提供的一间房子中玩命写作。兄弟俩在海子死后回忆起这一情景时，把它视之为高负荷的写作中，海子对自己生命与身心的巨大透支。

另外，就一般的常识而言，气功对于任何一个真正投入的修炼者，都是一种"日课"，必须按部就班，持之以恒，以期日渐精进。而孙理波对此的回忆则是：受常远指点，我与海子有时经常在晚上打打坐，"海子打坐的时间可能比我长一些"，如此而已。更不用说他常常处在漂泊途中，既然不可能按部就班，也就谈不上全身心的投入。但是，这并不意味着他没把气功当回事，其中的另外一个事实是，海子曾高兴地告诉过西川，他已开了小周天。

是的，我在前边曾多次提到了海子诗文中在我看来是气功状态中的迹象。这在其诸多作品中还有更为典型的表现——

"你在晴朗宽阔的北方大平原不会感到这股地气,仿佛是阴沉沉的火的一种变体。传说中退向山坡的走火入魔的陷入无限平方陷入相互混淆的根须陷入纠纷使人摸不着头脑不着边际的缺水的雷同的沉闷的粘土堵塞了我的耳朵。我涂抹了这两孔窑洞,相交于三角形的脊背和底边上"(《太阳·你是父亲的好女儿》)。

火,但阴沉沉的,熔岩的熔液和泥石流混合的、呕哑的、暗红的这种涌动状态的火,正是气功中以阳气聚成的火,打通体内阴浊的壅塞那一瞬间之"前"的状态。在随之打通这一壅塞的刹那之"后",继而便冲涌起沉闷的力,冲涌起强度,也冲涌起绚烂的幻象。这是气功中人体感官刚刚离开正常轨道的基本状态。它处于艺术想象力的最佳层位,是内力冲开壅塞之后,阴阳之气随之合流的通畅。此时火色亮润,虽有异态的厉烈,但仍蒸发出一派绚烂壮丽之相。这便是海子作品最常出现的那种图像:"我的诗歌之马大汗淋漓,甚至像在流血——仿佛那落日和朝霞是我从耶稣诞生的马厩里牵出的两匹燃烧的马、流血的马……"创作中的艺术家若能始终把自己调节控制在这种炽亮的幻象状态,便无异于如获神助。

由此再上行一步,便是过犹不及的爆炸,意象炸作四射的碎片:不可逼视的强光、尖啸、盲目、凌厉而直接,弹无虚发,粒粒致命。但却彼此不相呼应,无主体氛围统摄。这在海子的作品中所占比重较小,但却极为触目:"你并非黑夜之子。断送。革命札记。火把节皇后。毛泽东。飞行。沙漠,失败者的天堂。奴隶。燎。王国内血腥的土质。大火。蒙古!蒙古!极端的诗歌。我要问一问,谁在没落的土中做王。主。明。诗歌与毒药。早早结束的生活。现在无一幸免于难。夜色。红卫兵组诗。皈依存在。阴郁的战斗史。惟一鸣响的钟啊!"——这是《诗学,一份提纲·曙光之一》关于设想中的"太阳·地狱篇"的一段,写于1987年11月15日。作为一件独立的作品,你不能从中获得一个艺术品必须具备的完整要素。它只有思想与精神炸裂的碎片,但却给出了它"星球战乱"式的空间,使阅读受到一种茫然的,又是高强度的光子扫荡。当然,我们还不难觉察到,这些碎片此后大都进入了"太阳系列"之中,成为其中满地滚动的冒烟的手榴弹……

我无法忽略海子在1989年2—3月间,也是他生命最后时分集中书写的,一批有关"桃花"的诗:《桃花开放》《你和桃花》《桃花时节》《桃树林》,"桃花开放"的《桃花》、"曙光中金黄"的《桃花》。桃花,这是什么样的"桃花"呢?——

温暖而又有冰凉的桃花
红色堆积的叛乱的脑髓
…………

你的头发在十分疲倦地飘动

你脱下像灯火一样的裙子，内部空空

  一个让人震惊的事实是，距海子一百年前那个醉心于"向日葵"的凡·高，"用全部生命追求了一件世界上最简单，最普通的东西——太阳"的凡·高，在其生命的最后岁月，竟也倾力创作了一幅题名为《盛开的桃花》的油画。这种天才生命同一的思维指归，是因为他们"红色堆积的叛乱的脑髓"，最终都处在那桃花怒放的幻象中？我想回答是肯定的。当"桃花"成为生命的主体意象，也就意味着他们巅峰中的生命，开始从太阳的炽烈向着桃花"温暖而又有冰凉"的状态降位——他们内生命的大火已经烧空，他们装在"大大的头"中的脑体已经用伤！

  "有过'天才生活'的人，大都死于脑子：卢梭过了12年天才生活，死于大脑浮肿；荷尔德林的天才生活大约是6年，写了很多颂诗性的作品，最后近于白痴。他们都有一个骤然凸起的黄金时期，前后都平常，最后都出在脑病上。"——当骆一禾以此来解释海子的死因时，我以为他已是站在真相中来说出真相。此时是1989年4月28日，30多天后就轮到了他自己——"脑血管突发性大面积出血"。而说出以上的话时，他应该是已经完全被大脑中的同一景象一把攫住。

在当代中国,还有一个极为相似的个例,这就是诗人食指完全由诗歌支配了的命运轨迹。这位出生于1948年,中国早期朦胧诗的启蒙者,在"文革"初期的高中时代就曾写下过话剧《历史的一页》,并被在北京的厂矿学校上演。继而在1968年那个根本没有现代诗歌环境的年代,写出了以《这是四点零八分的北京》为代表的,一批走向现代主义转折点上的诗篇,内在地启动了中国现代主义诗歌的进程。他无疑是那个时代的"先觉者",继而却在数年"天才生活"之后的1971年,住进了精神病院。到了20世纪末期,他的病情基本上痊愈,虽然不时还写一些诗歌,但再也不复当年的光芒。

气功状态超出常态的大脑燃烧,几乎是共时性地在海子的诗歌生命中来临。他留给家人遗书中有关气功的谵语,只是生命燃烧状态中,超出了他意识支配能力的一种幻觉。海子的生命是强有力的。他离开这个世界前数年时间中的写作所体现的,就是他对自己生命燃烧状中绚烂幻象强有力地支配和驾驭,使之在整体形态上,统一于自己朝向太阳辉煌进军的宏大诗篇之中。不时爆炸的碎片,没有肢解这一整体,反而成了更加夺目的光芒。

"我的一切叙述上的错误和混乱都来自世界和自我的合一",他在《太阳·你是父亲的好女儿》中的这一独白,正表明了他对辉煌幻象的有力支配。他写于1988年11月6日《我热爱的诗人：荷尔德林》，这篇他生命中最后一篇诗学文论，在表述和洞见上的清澈、纯粹、本质，同样表明了这一点。

所以，关于气功的走火入魔，乃至"天才生活"中的脑伤，都不完全是他走向自杀的最终因素。同样也不纯粹是1989年3月16日醉酒后对女友伤害的自责。这其中无疑存在着更为本质的形而上的因素。

3. "适时而纯洁的死亡"

"真正严肃的哲学问题只有一个：自杀。判断生活是否值得经历，这本身就是在回答哲学的根本问题。"

——萨特在《荒谬和自杀》一文中这样开宗明义地说道。在把自杀上升为一个哲学问题来探讨时，他又进一步地做出如下表述：

"人们向来把自杀当作一种社会现象来分析。而我则正好相反，我认为问题首先是个人思想与自杀之间的关系问题。自杀的行动是在内心默默酝酿着的，犹如酝酿一部伟大的作品。"

"自杀的发生有许多原因，总的说来，最清楚明显的原因并不是直接引起自杀的原因。"

"那些自杀的人又常常可能确信生活的意义。"

那么，对于海子而言，引起他自杀的根本原因到底又是什么？

在中国当代诗人中，没有任何一个人能像海子那样深刻地理解荷尔德林，因而像他那样热爱荷尔德林。而荷尔德林诗歌之外两部最重要的作品：长篇小说《徐佩里翁》和诗剧《恩培多克勒》中两位主角的精神走向和命运结局，则确切地为我们解释了海子的形而上死因。

满怀英雄主义和理想主义梦想的希腊青年徐佩里翁，在他激情的理想追寻中走向为祖国而战的战争中时，也随之进入伤残、伤害、情感纠葛、辗转困顿的生存黑暗中。当降格为掠夺、暴行和谋杀的战争粉碎了他的理想，这个充满梦想的朝圣者追随他的心灵之神回到故乡希腊。然而，失去信仰的一代已使他的故乡面目全非；使他的故乡永远失去了黎明中宁静神秘的神性。他作为一个梦的追寻者走出故乡，又作为一个追寻的失望者返回故乡，而故乡则再次使他失望。这因而使他领悟到这样一个可怕的事实：关于这个世界，"我如果不是来得太早就是来得太晚"，他因而感慨生不逢时，继而悲叹走投无路："我关于人类的梦做到了尽头！"那么，解脱之道又在何处？

如果从本质上说，徐佩里翁只是一个少年式的理想之梦迷惘的追寻者，那么，荷尔德林随后创作的诗剧中的主角恩培多克勒，则是一个英雄主义理想融会为英雄主义人格，具有成熟心智和无畏品格的英雄。然而，这个英雄仍需在生存形而下和精神形而上的铁砧上锻打。荷尔德林赋予了恩培多克勒无数次生命的极度狂喜，灵感的迷醉，也给了他清醒之后深刻的沮丧。他因为狂喜时的骄矜而亵渎了神，因而充注于他体内的力量和智慧被神收回，从乘坐着四轮马车高高飞翔的天空，摔回残酷的大地，并受尽折磨和屈辱。他被众人嘲笑，并被赶出城市，赶进最深的孤独中。他伤痕累累，身心破碎。

然而就在这个时候，奇迹出现了：生命沉沦于地狱般的历练，使他确信自己已经获得了一种资格——当他喝下大自然赐予的山泉，大地的纯洁和力量神奇地回到了他的生命中。

现在，恩培多克勒开始用行动回答徐佩里翁的解脱之道。残酷的命运感此时被英雄化地提升为沉沦感。如果追梦者徐佩里翁追求的是高贵的生活，存在的纯洁和统一，那么，把所有梦想都扑灭在一种终极认识中的恩培多克勒，则不再要求一个伟大的生，而只要求一个伟大的死——由英雄的毁灭和幸福的终结所组成的庄严结局。

这就是一个领悟了终极法则的英雄和智者的道路——超越喧闹的人群走进神圣的孤独；超越卑污的现世走进纯净的

诗歌；超越破损的生命走进辉煌的死亡。那是人类最终的自由之所——回归宇宙故乡。

恩培多克勒于此发现了一个全美的生命之道：在大自然严酷地夺走你的生命之前，选择"适时而纯洁的死亡"——亦即庄严的自杀。适时而纯洁死亡的根本意义，在于死亡的不可回避：生命的完整由于生存的摧残而破碎，自杀则赶在生命彻底的枯老衰败之前，借助融入宇宙而永葆其纯净和新鲜。纯净和新鲜是艺术的最高法则，也是精神的本质性构成。对于诗人而言，精神必须得到完好无损的保护。

纵观海子的诗歌生命道路，他令人惊讶地几乎完全复合了由徐佩里翁到恩培多克勒的精神行旅。他在《太阳·弑》中关于世界和自己的关系，几乎表达了与徐佩里翁完全一致的认识，他借疯子老头的嘴对宝剑，也对世人说道："孩子，你要知道，来的时间错了；而且你也的的确确来错了地方。"继而借红临终前的独白进一步发挥："有时，我们的时间错了——就像私人的钟比公共的钟快了一点或慢了一点；地点错了；也许我们扮演的角色也错了……"并且，他更有与徐佩里翁一样的浩叹："我走到了人类的尽头。"而他之把自己不断地置入形而上的绝望之境：他之进入太阳为王，他之坠入地狱受难——这种极端两界的出入，则无疑与恩培多克勒处于同一精神轨道中。

所以恩培多克勒"适时而纯洁的死亡",正是海子形而上死的最终解释。

海子诗歌中大量的迹象表明,他在更早的时候就对"适时而纯洁的死亡"有着自己的理解和心理准备。

还是在1985年时,他就写下了"我请求／在夜里死去";接着又于1986年相继写下了《死亡之诗·之一》《死亡之诗·之二:采摘葵花》以及《自杀者之歌》。这当是他进入探求死亡与自杀这一生命终极命题之门的开始。再接下来,赴死的意念便时隐时现地亘贯为一条主线通向他生命的终点:

我歌唱云朵

我知道自己终究会幸福

和一切圣洁的人

相聚在天堂

——(《给母亲》1986年)

在七月我总能突然回到荒凉

…………

我戴上帽子 穿上泳装 安静地死亡

——(《七月的大海》)

我死于语言和诉说的旷野

——(《星》1988年5月)

在春天,野蛮而悲伤的海子

....

沉浸于冬天,倾心死亡

——(《春天,十个海子》1989年3月14日)

——这是海子牵魂摄魄的死亡情结。

在这平静漆黑的世界上

难道还会发生什么事

死亡是事实

唯一的

事实

是我们天然的景色

....

死就是生

....

以行动定生死

…………

钟

打击在这个浅薄的时间

除了死亡。还能收获什么

除了死得惨烈。还能

怎样辉煌

——(《太阳·断头篇》1986年)

这一次,我的诗,出自死亡的本源,和死里求生的本能,并且拒绝了一切救命之术和别的精神与诗艺的诱惑。这是唯一的一次轰轰烈烈的死亡……在一个衰竭实利的时代,我要为英雄主义作证。

——(《〈动作·太阳断头篇〉代后记》1986年)

生存是人类随身携带的无用的行李　无法展开的行李

…………

如果我死亡

我将明亮

我将鲜花怒放

…………

在岩石上

我真正做到了死亡

　　　　——(《太阳·土地篇》1987年7月）

我的青春　我的几卷革命札记
被道路上的难民镌刻在一只乞讨生活的木碗上
…………
在死到临头
他是否摔碎
还是留传孩子

晚霞燃烧
厄运难逃
我在人生的尽头
抱住一位宝贵的诗人痛哭失声
却永远无法更改自己的命运

　　　　——(《黎明和黄昏》1987年）

　　我透过大火封闭的牢门像一个魔。对我自己困在烈焰的牢中即将被烧死——我放声大笑。我不会笑得比这个更加畅快了！我要加速生命与死亡的步伐。我挥霍生命也挥霍死亡。

我同是天堂和地狱的大笑之火的主人。

——（1987年11月14日日记）

雪的日子　我只想到雪中去死

——（《雪》1988年8月）

我把天空还给天空

死亡是一种幸福

——（《太阳·弑》1988年9月22日）

——这是海子高傲而痛楚的赴死激情。

如果以上的死亡情结和激情，是在观念性质和抽象意义上与海子发生关系，那么，以下的死亡意识则出于个体艺术生命具体的精神反应：

太阳用完了我

——（《太阳·土地篇》1987年7月）

在火光中，我跟不上那孤独的

独自前进的、主要的思想

在火光中，我跟不上自己那孤独的

没有受到关怀的、主要的思想

我跟不上自己快如闪电的思想
在火光中,我跟不上自己的景象
我的生命已经盲目
在火光中,我的生命跟不上自己的景象

女神之火
筑向无底的蓝天
追不上了
正在死亡的泥土搂抱住我
追不上了,他和旧我
急得嚷起来
火,追不上了刀和内脏

——(《太阳·弥赛亚》1988年)

我看见这景色中只有我自己被上帝废弃不用
…………
我看见我的斧子闪现着人类劳动的光辉
也有疲倦和灰尘

遥远的路程

作为国王我不能忍受

我在这遥远的路程上

我自己牺牲

　　　　　——(《月全食》1989年3月9日)

你在一种较为短暂的情形下完成太阳和地狱

内在的火,寒冷无声地燃烧

　　　　　——(《桃花时节》1989年3月14日)

——这是刻骨铭心地死亡的预感,以及他赴死的全部理由。

在那些长诗中,他还分别有这样三个诗行的表述:

我看见了不该看见的

我到达了不应到达的高度

我走到了人类的尽头

此外,还有这样三个哲学和物理学原理上的表述:

在天空上行走越走越快,最后的速度最快是静止

> 诗歌不是故乡／也不是艺术／诗歌是某种陌生的力量／带着我们从石头飞向天空

> 一切伟大的作品都是在通向天空的道路上消失

啊，萨特的论述是如此透彻："自杀的行动是在内心默默酝酿着的，犹如酝酿一部伟大的作品。"

而关于海子以上的这些表述，我以为再无须阐释。它是人类一位个体对艺术之于宇宙关系认识的终极和终结，也是这样一位个体通过诗歌之旅对宇宙终极的抵达。关于这个世界，他的话已说完，他的路已走完。

如果一个生命在抵达了这样的位置后还继续存在，那么他的存在形式便难以想象。荷尔德林自己的案例是：在30岁左右几年的"天才生活"结束后，他便白痴一样地由一位木匠陪伴，在漫长的昏暗中等待死亡，直至73岁时油尽灯灭。

"适时而纯洁的死亡"——海子以"恩培多克勒之智"将自己的生命固定在一个如日中天的形态上。在我们看来是恐怖的、不可思议的自杀，在那些天才诗人的心目中就是这样的简单。在这一立意中，饱含着他们对人类最灿烂的青春生命，爱怜不尽因而是以死相守的高贵。

我们人类的每一个体，都有自身的缺陷。作为普通的社会公众，我们常常是用自己的平庸乃至委曲求全，换得了生存空间的宽敞。这种生命的指向，无不以社会生活中的满足和生命存活的长度为目标。因此，那些天才艺术家和诗人的命运才格外令人感伤和珍重。造化在他们身上规定的，不是普通的生命，而是前定的命运，这样的命运具有个人的不可支配性，而只有对造化赋予其使命的服膺和完成。他社会生存中所有难以理清的一团乱麻，都是他被选拔出人群服膺天遣使命的结果，一旦这一使命完成，他们的终结方式只有两个：或者神圣的自杀，或者沦为白痴。

海子为他最后的时刻做好了充分的准备。进入1989年后，从1月到3月中旬，除了"七部书"的一些收尾工作外，他又写下了近30首短诗。而在这所有诗歌中，他走向生命终点的迹象已经表露无遗。

1月13日，他写下了《面朝大海，春暖花开》这首后来被广为传诵的名篇。这首诗温暖、晴朗、与世界一团和气。但当你读到"陌生人，我也为你祝福／愿你有一个灿烂的前程／……愿你在尘世获得幸福"，而"我只愿面朝大海，春暖花开"时，你会觉得他已完全把自己视作"尘世"之外的人。他真的已完全与这个世界和解，但那不是浪子回头的和解，而是彻底自我完成后的解脱，是沐浴在天堂之光中与现世的和解。

2月13日，他写了《黎明·之二》。那是再一次的最后告别,他对这个世界说,"我把天空和大地打扫干干净净／归还给一个陌不相识的人"。

他短诗最后的写作终止于1989年3月15日,那是在一派桃花盛开的绚烂幻象中,对1987年一组桃花诗歌的重写、改定。(创作于这一天的《桃花》可视为这一工作的余绪)所以,真正属于绝笔的诗篇,便应是1989年3月14日黎明时分写就的《春天,十个海子》。这首诗的第一句便是:"春天,十个海子全部复活。"

海子的最后一部长诗是与此同时进行的《太阳·弥赛亚》。弥赛亚在大地上的事情没有干完,他在宣称"我的国不属这世界"之后被罗马教廷处死,死后第三日复活,40日之后被上帝召至天国。而海子,则在这未完成的最后的《弥赛亚》中遁去。那时节,寒冷的天堂在下大雪,而他,则又站在自己的短诗中说:"春天,十个海子全部复活。"

"一个民族愈文明,它的风俗习惯就愈没有诗意",因此,"诗需要的是一种巨大的粗犷的野蛮的气魄"(狄德罗);所谓的诗人,应该是"有道德的原始人"(卢梭)。而海子,就其本质而言,正是这个意义上一匹四只趾爪摁着泥土,从大地上腾起的野蛮的豹子,一只五脏俱裂而咆哮着扑向太阳的血淋淋的豹子。

古老大地固有的血涌和文明的变异——

共工怒触不周山、断头刑天与天帝之大战、愚公移山、夸父逐日……

病太子、先王遗诏、密不发丧、毒药与酒、太监纳妾、香奁诗、春宫画、垂泪对宫娥……

孔圣人、张天师、三寸金莲、鸦片烟枪、花柳梅毒、祖传秘方、人血馒头……

一看二慢三通过、六六大顺、九福长寿、八八八一路发……

芬兰桑拿、脂肪肝、印度神油、硅胶丰乳手术、防盗门、小蜜、硕鼠……

机器猫、电子狗、数字化生存、后现代主义、玩、血色黄昏、安塞腰鼓、查湾紫云英、青藏高原……

大地呕哑的嗓音和元素的洪流。天空，一匹血淋淋的豹子。

十 | 后缀：一个备注和若干补充

这本书到此已经结束，而关于海子及其诗歌，在未来很长的时间内，仍将是一个话题。"有一万个读者就有一万个哈姆莱特"，这个原理同样适用于海子。为此，这里再提供一个备注并补充若干资料，为读者审视海子生前死后的文坛环境，以及对其诗歌的认识进程提供参照。

这个"备注"，与南京的文人王干相关。王干在当代文坛是一个时而有特殊表现的弄潮者，由于其笔触和面目超常的多变性，所以给人的印象丰富而模糊。在我的印象中，他在新时期的文人生涯大约与这样一些事情有关：1980年代初从事先锋诗歌批评；1980年代中期以后突然淡化先锋角色，以与资深作家王蒙做两代人的文学对话而名噪一时；继而转入对小说和当代文学创作动态性的批评领域；1990年代游走于几本先锋杂志诸如《钟山》《大家》等之间,从事刊物间的联手行动和诸如"新写实主义"等立派扯旗的策划。他1996年末与北京"后现代主义"的发言人张颐武南北呼应,对韩少功长篇小说《马桥词典》"拙劣模仿""完全照搬"另一部外国小说的"兜底揭露",使之再度成为明星人物;继而又因所言不实被起诉,再接着是法庭上的败诉及此后的敛声匿迹。然而,1999年下半年的王干再次有了特殊的表现,这就是他突然推出了一篇题名为《记忆北京》的小说。而这篇小说,则与海子有关。

小说的主角是一位名叫石头的青年先锋诗人。石头突出的先锋性表现在于,他把自己在北京中国美术馆附近一条街巷里的宿舍,变成了流浪艺术家聚集的沙龙。在这个沙龙里,一群乌合之众过着完全是乌烟瘴气的生活:石头房子污迹斑斑的墙壁上,是多情人刻下的弓箭、心脏和女人身体,被美化了的性器官,种种毛茸茸充满性气息的图案。麇集于此的流浪艺术家们惊世骇俗的话题永远围绕着"女人与政治、宫廷内幕与炒汇诀窍、诗歌与性的比例",他们喝啤酒、喝五粮液、喝二锅头、喝自来水,醉成一堆烂泥后,便歪七竖八猪猡一般地昏昏大睡而去,整个房间弥漫着脚丫子从耐克鞋中拔出的熏人臭味。而大睡之中的石头,嘴里却呓语连连地念叨着一个叫"娜"的女人的名字。这因而惹恼了众醉鬼,事情进而发展到为争风吃醋而即将拔拳相向的地步。继而是"我"以抓阄的提议制止了这场内讧，但抓阄的结果却出人预料，竟是"我"在娜的暗中帮助下，获得了娜。石头遂与其众兄弟输红了眼的赌徒般向我围来——他们要破坏游戏规则，但"我"终而在娜当场地明确表态中与娜一同离去——这就是石头典型的先锋艺术家的日常生活。

王干在小说中描述的诗人石头还有这样几个重要参数：

1. 他在1990年前完成了以死亡为主题的3000行长诗《太阳》。

2. 他具有固执的死亡与自杀的谈论兴趣。

3. 他终于在1990年前于山海关卧轨自杀。

4. 他是当代第一位自杀的诗人，时年25岁。

"一个平生没见过海却爱歌颂海的25岁的诗人，25岁的人生灿烂而黯然。石头，我的好石头，我们不是说好了去内蒙古流浪的吗？"——王干还以这种幸灾乐祸的口吻表示了他对这位傻石头的悲痛。

王干的这篇小说发表在1999年第4期的《江南》杂志上，1999年8月25日的《中华读书报·时代文学》专刊在第12版做了节选转载，该刊在第9版的"本期导读"中对此做了特别推荐和这样的编者提示："虽然看小说是不能对号入座的，但王干的这篇作品还是让我们想到了现实生活中的诗人。"不能对号入座却又能让我们想到现实生活中的诗人，起码编者对王干关于现实中的石头原型心领神会,并暗示读者往原型上去联想。这就是王干这篇小说的实际效果,这无疑也符合他的本意。

当然,在以上四个参数的框架中,任何一个诗坛关注者都不会弄错小说中石头之于海子的原型对应。

不记得是谁曾对当代文人之卑劣无行,对本该是纯洁的文坛之卑污失范曾做出过这样的表述:这是一个官司不断的文坛,那些失去了艺术创造力的文人们以不断变幻的可疑面目和身份——文化掮客、皮条客、经纪人、精神流氓……于其中进进出出地滋事生非,使这个文坛已变成了一个民国时代的戏园子。

王干这篇小说中石头之于海子的形象对应我们无须再做论证。然而,就是这同一个王干,却在1991年写过一篇有关海子和骆一禾的纪念文章《诗的生命》——"海子的诗与凡·高的画在本质上是一致的,他们都能让人感到生命燃烧时的状态是多么辉煌与炽烈……当越来越多的诗歌成为世俗生活的一部分的时候,海子的诗只能沉默。沉默有时是一种高尚精神的外壳";"海子和骆一禾按照诗的方式写作,按照诗的方式生存,他们是纯粹的诗人。在通往现代史诗的艰险旅途上,他们为史诗提供了一个重要元素,这就是'麦地'意象。"王干在文末引用了海子的《答复》一诗后,竟以恍然是在两位艺术圣徒之前俯跪的姿态这样写道：

"这两位同在中国农村度过少年时光的青年诗人已成为我们的'麦地'，我在阅读你们时'被你灼伤'，你不能说我一无所有，你不能说我两手空空。"

这简直就是一个天大的玩笑。当你将这同一个人不同时间中的两篇作品对照阅读时，你会立时发懵，你搞不清这个王干究竟是一个什么人，他的哪一篇文章说的是人话，哪一篇文章说的是昏话。如果这两篇绝对自相矛盾的文章，对王干并不意味着他是在自己扇自己嘴巴的话，那么，它们便在都是昏话的这个性质上消除了自相矛盾。也就是说，一切的艺术洞见和观念在王干的文章中都没有实质意义，他只是要在文坛上表演。而决定他什么时候说什么话的因素只有一点，这就是以对文坛时尚及潜在势力走向的特殊嗅觉而提前站队，以保持永远的风头人物位置。其本质是出于对自己艺术能力的深刻恐惧，他深知自己无法做到诚实而勤奋的写作，锐利而有光芒的写作，因此，不凭借这种追风之技在文坛就没有位置。他之在20世纪90年代初的海子热中为海子与骆一禾唱赞美诗，又在90年代末另一种先锋势力对海子发出质疑时，而立时对海子吐唾沫，其动机和原因都源于此。他对海子与骆一禾"你不能说我两手空空"的祈诉，也同样出于对自己艺术能力平庸的恐惧。

这个冷色的"备注"到此结束。

接下来，先补充两份暖色调的资料。它们均出现在2009年，也就是海子逝世20周年之际。这两份"资料"，比较典型地体现了当代诗界对于海子及其诗歌认识进程中起伏的曲线，或者说，是海子诗歌在时间的潮间带激起的回声。

第一份资料，来自前边专门说到过的尚仲敏，是他在2008年11月首次看到这部评传的第一个版本《扑向太阳之豹——海子评传》后，因着其中关于他与海子过节的描述，于2009年1月特意所写的一篇回应文章。标题为《怀念海子》，现全文转录于下：

燎原先生在《海子评传》一书中，写到了我与海子的一些往事与过节。20年过去了，现在回想起来，可谓恍若隔世。我从90年代初下海从商，不再写任何东西，其原因之一就是倦于文人之间的恩怨、功名之争。但当我偶然看到这本《海子评传》时，我觉得我有责任还历史以真实，同时告慰海子的在天之灵。

1.海子1988年上半年来成都，四川诗人表现得不尽热情。一方面因为四川诗人的恃才自傲，另一方面是因为海子本人的沉默少言和过于内敛的性情所致。当年的诗坛纯粹是一个江湖，所谓大侠辈出，各路豪杰横空出世，诗人相见往往对酒当歌、壮怀天下。而海子则显得玉树临风、儒雅得有点书生气。

尽管他才气逼人、智慧的光芒在不经意中、在举手投足中仍能划过那个时代的黑夜，但他的确与四川诗人显得格格不入。海子更多的时候像个知识分子、像个思想者、像个人类苦难的守护神。尽管他当时穿着一身牛仔服，头发还很长，外表时尚而叛逆，但在本质上仍是个内秀甚至羞怯的年轻人。

他是一个黑夜的海子，背负着人类的痛苦走遍大地……

2. 我非常坦诚地接待了海子。当时我在一所电力学校教书，有一间房子，有一张床，有一点微薄的工资。海子在我那里住了下来，大概有一周左右，我们朝夕相处。他很少喝酒，但我每天仍会去买一瓶一块一毛钱的沱牌曲酒，买些下酒菜，我们甚至会通宵达旦地饮酒长谈（我喝得要多些）。说实在的，我很喜欢海子，一是因为他的大学生身份，二是因为我们曾有过共同的经历，三是因为他的纯净的内心。我们是同龄人，经历过同样的高考，有过类似的大学四年生活。那时我们多年轻啊，只有24岁。海子甚至常常表现出一些孩子气。他身心健康，"面朝大海，春暖花开"……

我当时给他说过最多的话是，让我们面对现实，做个平凡的人。如果成就一代大师要以生命为代价，那还不如选择好好地活着。

然而，天妒英才，海子从四川回去不到一年，1989年3月26日，永久地结束了他充满幻想的激情和浪漫情怀的年龄的岁月……

消息传来,当时我正在上课,我震惊了。当我从悲痛中回过神来,我让同学们全体起来,向北默哀。坐在前排的女生甚至有人泪流满面(在我漫长的教学生涯中,我从来不曾把女生安排到后排)。那是一个多么纯洁的年代,全社会都热爱诗人和诗歌。

3.我和海子的一些诗歌观念是有分歧的。他的诗歌有一种强烈的令人窒息的象征意义。他曾反复表达"这是一个黑夜的孩子,沉浸于冬天,倾心死亡……"他主张"伟大的诗歌",他把目标定在死亡的高处。他纯净而又脆弱的心灵,承担了太多的人类命运和时代苦难。

在我们相处的日子里,我曾为他写过一首诗。标题是《告别》:

过往年代的大师

那些美丽的名字和语句

深入人心,势不可挡

但这一切多么徒劳

我已上当受骗

后面的人还将继续

生命琐碎,诗歌虚假无力

我们痛悔的事物日新月异

看一看眼前吧

歌唱或者沉默

这一切多么徒劳

4. 我坚信海子的死不是因为生活所困、自身疾病、情感纷扰等世俗原因。他是被自己的才华焚烧致死的,他的思想所达到的高度非凡人所能及,他在自己虚拟的世界里难以自持,他构建了"伟大的诗歌",而这些方块文字却成了复杂而神秘的迷宫,在这个迷宫里,海子拔剑而起、翩翩起舞,流连忘返,最终精疲力竭……他在最后一首诗中写道:

在春天,野蛮而悲伤的海子

就剩下这一个,最后一个

这是一个黑夜的孩子,沉浸于冬天,倾心死亡

不能自拔,热爱着空虚而寒冷的乡村

5. 在最后,在我怀念我的朋友海子辞世20周年的同时,我想对燎原先生说一句话……如果你真的对诗歌怀有真诚,你就应该回到八十年代,一个字、一个字地读读那个年代的诗,也读读我本人的诗……否则,你就会愧对海子的伟大回声。我虽然与海子诗歌观点不尽相同,但我对他永远怀着朋友的真

诚和敬意。

2009年1月16日草就

与1988年的《向自己学习》相比，尚仲敏21年后的这篇文章，已完全是沉浸于对故人怀念中的真诚与热挚。尽管其中有着对于我本人的不快，但他对于海子由衷的温暖感，也让我感到了暖意。

第二件，来自诗人臧棣。臧棣与海子同龄，皆毕业于北京大学，只不过他1983年考入北大时，海子已经毕业离校。此后，臧棣又在北大读完文学博士并留校任教。20世纪90年代中后期以来，他以诗人和诗歌研究者的身份，成为诗坛新兴的学院派代表。

也是在王干写出《记忆北京》的1999年，亦即海子去世10周年之际，臧棣曾专门写过一篇题名为《向神话致意》的文章，其中有这样一段文字：

作为和我同时代的诗人，海子有许多令人不舒服的地方。我一直希望，在我们这一代诗人中，能够产生出视野广阔、内心强大、想象充沛的诗人。而海子的内心太脆弱，我想他在长诗中过多地借用暴力的修辞和意象，都和他已意识到并试图弥补他的脆弱有关。作为一个史诗诗人,他缺少足够的历史洞察力;尽管他已具备足够的想象力来写作规划中的系列长诗……在许多关键之处,他都明显受困于现代性内部的错综复杂文化纠葛;并且,在我看来,他过于天真地听信了所谓的现代文明已走入死胡同之类的似是而非的说教……这时,他把诗歌的想象力变成了一种表明立场的诊断工具。城市变成了文明的癌症(这令我们想起了T.S.艾略特有关现代文明的著名的诊断:荒原),而乡村,尽管贫瘠、破落,却是焕发生命力和纯情的圣地……如此简约地勾勒现代性所带来的问题,对一个抱负远大的诗人来说,是不相称的;也可以说简单到了有点令人痛心的地步。

这应该是一种学院派立场上的表达。它虽然与王干的《记忆北京》同年出现,但在写作和发表的具体时间上,均约早于王干半年。事实上,它正是当时诗界质疑、鄙薄海子的风潮中,最具影响力的一种声音,也是其中最富理论质量的一篇鄙薄文章。但这篇文章,同样"有许多令人不舒服的地方",别的姑且不论,仅就《向神话致意》这个标题而言,其明显的戏谑口吻,无论怎么看都有些刻薄。

然而,时隔十年之后的2009年,也就是海子去世20周年之时,臧棣却对海子转换出了一种兄弟式的亲切感,并以时间在心头溶解出的别样的暖意,书写了《诗歌雷锋丛书——纪念海子逝世20周年》一诗。从这首诗中,我们约略可以看出臧棣关于海子"许多令人不舒服的地方"的具体所指。而在我的解读中,臧棣感觉到的"不舒服",或者海子之执意要跟人找别扭,皆源自一个滑稽至极的症结——亦即臧棣诗中这样的表述:"你的孩子气曾令我困惑不已。1988年春,/西川打电话来转达了你的要求,你说,/你叫海子,我叫海翁。那我不是变成长辈了吗。"海子居然会有如此的小心思和小脾气,这实在让人忍俊不禁。

臧棣本名臧力,从1980年起,开始在诗歌写作中使用"海翁"这一笔名,这显然比1984年写《亚洲铜》时才出现的"海子"这个笔名,早了4年。然而,早期的海翁诗名似乎并不大,到了1985年后,随着臧棣以海翁的笔名编辑了北大诗人的诗选《未名湖诗选1977—1985》等而声名渐起,海子心头遂产生了一个无法消解的芥蒂:我叫"海子",你叫"海翁",这不明摆着成了我的长辈吗?这显然是一个奇怪的、钻进了牛角尖的思维,因为他完全忽略了海翁的名字在前,海子的名字在后这一事实。当然,这其中或许还存在着两人诗歌观念上的差异等原因,海子遂对此耿耿于怀。接下来,就有了这样一个情节:"1986年的秋天,我把《未名湖诗选》递给你,/你说谢谢。你只翻看了一下目录,/就把它放进了背包……"尽管由臧棣(海翁)编辑的这部诗选也选入了他的诗歌,并特意送给他一本样书,但他却心头有"病",反应冷淡。再接下来则是:"1987年春天,《大雨》编好之后,徐永提议去昌平看你。/你说,你喜欢徐永……"《大雨》是臧棣、徐永等四人的诗合集,两人兴冲冲地从城里跑到昌平找海子,欲借送书的机会聊一聊,然而去了之后,海子却说他只喜欢徐永。这样的表达,无疑会让臧棣觉得自己在自讨无趣,觉得"不舒服"。但他至此仍不明白个中究竟。这样一直到了1988年春,海子终于憋不住了,托西川给臧棣打电话,说破了他与臧棣由各自笔名涉及到的辈分问题。至此,臧棣才恍然大悟:"兄弟,听你的,我当即改掉了我的笔名。"于是,诗人海翁从此变成了诗人臧棣。

当然,这是已进入了中年人生的臧棣在2009年的表达,而10年之前正处在年轻气盛期的臧棣,也没有放过海子给他的"不舒服"。并且,彼时的臧棣也的确不能认同海子的诗歌方向。

然而,还是在这个2009年,在写出了这首纪念海子诗歌的同时,臧棣还以一篇专题文章——《海子:寻找中国诗歌的自新之路——纪念海子仙逝20周年》,表明他比其他人更深刻地"发现"了海子。现摘引其中的部分文字于下:

海子是少数几个能给当代诗歌带来诗歌遗产的大诗人。他同时代的诗人，也许有人比他写得更出色，在技艺上更老练，在诗歌洞察力上更深邃，但是，真正能像海子这样带来诗歌遗产的人是极其罕见的。……还原到1980年代的文化语境，海子可以说是一位气象非凡的有着独特的文化抱负的诗人。那个时代的流行的诗歌习气是，只关心现代审美，而海子却独独牵系当代诗歌的文化抱负……海子是少数几个真正在诗歌与价值的关系上进行认真思索的当代诗人，其中有幼稚的不通世故的成分，但更多的是远见卓识。海子关注当代诗歌的基础，他不能容忍当代诗歌没有一个神圣的基础，他对诗歌基础的敏感超过了他同时代的任何诗人。他尤其不甘愿当代诗歌只建筑在现代主义的地基上，他更愿看到当代诗歌能对人类的创造力做出一种积极的回应；按海子的理解，这就是对价值的回应。这种回应既指涉我们对生命本体的领悟，也涉及我们对人类的生存图景的总体关怀。

…………

海子并没有仅仅将诗歌的行动终止于语言的搏斗，而是将它推进到与世俗的生存图景进行一场价值之战……因为按海子的理解，诗歌的行动直指人类生命的觉醒。即诗歌文化对我们"从生命的本原的幽暗中苏醒"负责。海子曾坦率地声言，他的诗歌理想之一就是"对从浪漫主义以来丧失诗歌意志力"进行一次系统的有效的"清算"。这里,请注意,海子是最早将"诗歌意志"引入当代诗歌观念的诗人,这也是理解他的诗歌的一把钥匙。

....

对海子诗歌的另一个极大的误解是,海子的诗歌体现的是一种青春写作。表面上看,这种说法似乎很有道理……我自己在此问题上也曾多次犹豫。但是我从未怀疑过,海子的诗歌无论从诗歌面貌上还是从诗歌精神上绝非"青春写作"所能盖棺定论的。现在,距离海子辞世已整整20年了。我可以负责地说,海子的诗歌是一种极其高级的文学类型。

当臧棣写出以上文字时,我以为他是站在了海子诗歌混沌隐秘腹地的光源中。他站在光中说出了光。

最后,是2010年以来关于海子的相关信息。进一步地说,是他在社会范畴中"死后方生"的信息。

——2012年3月,在海子当年卧轨的秦皇岛,也是他人生的终点站,当地相关部门创办了"秦皇岛海子诗歌艺术节"。该艺术节由秦皇岛海港区委、区政府主办,海港区文联承办,是一个每年一度的,在3月26日前后纪念海子的大型诗歌活动。参与活动者,有本地诗人、驻秦皇岛多所高校的师生、国内知名诗人和批评家。活动的主要内容为,海子诗歌作品朗诵，海子诗歌和当代诗歌相关主题的研讨。这似乎正是对他离世前心愿的回应，他将在这里享有永远的"面朝大海，春暖花开"。

——2012年7月，在海子写下了"姐姐，今夜我在德令哈"这首绝唱的青海德令哈，相关部门创办了"中国（青海·德令哈）海子青年诗歌节"。该诗歌节由中共青海省委宣传部、中共海西州委、海西州人民政府等部门主办，德令哈市人民政府等部门承办，每两年举办一次。这是迄今为止规模最大、规格最高的海子诗歌节。在首届诗歌节上，相继举行了海子纪念碑落成仪式、海子纪念馆开馆仪式、海子诗歌咏诵大赛、海子诗歌研讨会等系列活动。

海子纪念碑为海子的半身头像，由墨绿色的青海昆仑玉雕制，重约5吨，高1.68米，与近20块雕刻着海子诗歌的石碑一起，组成了海子诗歌碑林；到了第二届诗歌节，海子诗歌的碑刻又增加到30多块。紧挨着碑林的，是占地1300平方米的海子纪念馆，内中收藏了海子诗歌的各种出版物，以及研究、纪念文集和图像资料。

首届诗歌节开幕式的当天下着小雨，白发皓然的谢冕先生致辞时说：不知在座的燎原是否还记得，1988年的这同一个时节，天空应该也同样下着小雨，海子就是在途经这里前往西藏时，写下了他的诗歌名篇《日记》——"姐姐，今夜我在德令哈"……在他离开人世20多年后,这座城市以诗人的名义举办诗歌节,四面八方的人们经过长途跋涉来到这里怀念他。在此,谨以诗人的名义怀念海子,以诗人的名义感谢这座城市。此时,谢冕先生的神思是否又回到了1988年的西藏,他与海子以及我等,同在拉萨的那一时空中?

在随后的海子诗歌咏诵大赛环节,那些以宽袍大袖的草原武士形象次第登场的蒙古族、藏族男子的朗诵,让我一瞬间有点恍惚,仿佛海子生前最热爱的这两个草原民族,在一个特殊的历史时空中,与一位汉族诗人的草原诗歌会盟。

——2014年,"海子诗歌奖"创立。该奖项由北京师范大学中国当代新诗研究中心主办,旨在"倡导青年诗人对诗艺的追求、对理想主义精神的坚守与弘扬"。这个奖每年评选一次,每次评出一位主奖获得者、四位提名奖获得者。之后,举行颁奖典礼。

最后,是海子家人的信息。

以上的这些活动,都有海子家人里的代表参加,诸如其大弟、二弟、三弟,以及读大学的侄子等,而让人意外的,则是海子母亲操采菊老人的到场。

2012年3月,在秦皇岛首届海子诗歌艺术节上,操采菊的出现成了一个新闻。而使大家惊奇的,是第二天晚上的朗诵活动中,她的登场朗诵。老人朗诵的,是海子的诗歌名篇

《祖国（或以梦为马）》，这首诗长约40行，且长行铺排，读来不无艰涩之感。但是，"你想不到，她基本上是背诵完这首诗歌的，哇啊，怪不得海子这么厉害，原来他有这么一个母亲！"——我因当晚有事未曾到场，第二天一位女诗人对我这样惊叹。

但三年之后，我还是见到了类似的一幕。2015年3月26日，由怀宁县政府主办的"海子文化园宣传推介会暨海子诗歌品鉴"，在海子去世26周年这一天举行。据介绍，该文化园预计用地面积1200亩，将以查湾村为核心，采用"名人·原乡·山水"的创意模式，形成园在村中、村在景中的独特景观，进而实现"环境改善、百姓致富、产业发展三个带动"。显然，海子已经成了其故乡可供不断发掘的文化资源，而故乡，也以不断深化的方式缅怀它的游子。早在2008年，怀宁县政府就把海子的故居列为"怀宁县重点文物保护单位"，并立碑以志。

海子的父母都参加了当天的活动。到了"海子诗歌品鉴"环节，在与会者相继朗诵了海子的诗歌，或怀念海子的诗歌后，会议主持者邀请海子的父母讲话，这时操采菊老人站了起来，表示愿为大家朗诵海子的《祖国（或以梦为马）》。坐在旁边的我知道她可能要背诵，遂从旁边拿过一本《海子的诗》，以备不时之需。

我要做远方的忠诚的儿子

和物质的短暂情人

和所有以梦为马的诗人一样

我不得不和烈士和小丑走在同一道路上

众神创造物中只有我最易朽　带着不可抗拒的死亡的速度

只有粮食是我珍爱　我将她紧紧抱住　抱住她　在故乡生
　　儿育女

和所有以梦为马的诗人一样

我也愿将自己埋葬在四周高高的山上　守望平静家园

背诵过程中，她仅仅在一两个地方迟疑了一下，但还没等到我在一旁提词，便又一路行进。

我的事业　就是要成为太阳的一生

…………

太阳是我的名字

太阳是我的一生

…………

骑着五千年凤凰和名字叫"马"的龙——我必将失败

但诗歌本身以太阳必将胜利

  那一刻,我突然想起了海子当年"你的母亲是樱桃／我的母亲是血泪"这一诗句。但将近30年后,时间却转换出一道奇观——这位曾是血泪的农村母亲,在她80岁的暮年,却以一种疼痛的骄傲,与那些因自己的儿子而聚集在一起的人们,朗诵着自己儿子的诗歌。而在这一天的中国大地上,不同地方的不同人群,都在谈论或朗诵着这同一个人的诗歌。

  的确,这是一位早逝的人生失败者,虹化为太阳式的诗篇的最终胜利。

  这天傍晚,我的一位同事发来短信:今天是什么日子,怎么微信圈中全是海子?我回复曰:海子去世26周年。对方恍然大悟:哦,怪不得……

      1999年12月28日 完成首版本于威海神道口
      2005年10月12日 完成修订本于威海神道口
     2010年12月8日 完成二次修订本于威海双岛湾
    2015年9月8日农历白露 完成三次修订本于威海蓝波湾
     2021年4月22日 完成第五版局部修订于威海蓝波湾